Klaus-Uwe Adam
Die Psyche der Deutschen

Klaus-Uwe Adam

Die Psyche der Deutschen

Wie wir denken, fühlen und handeln

Patmos

Bibliografische Information der Deutschen Nationalbibliothek

Die Deutsche Nationalbibliothek verzeichnet diese Publikation in der
Deutschen Nationalbibliografie; detaillierte bibliografische Daten
sind im Internet über http://dnb.d-nb.de abrufbar.

© 2007 Patmos Verlag GmbH & Co. KG, Düsseldorf
Alle Rechte vorbehalten
Printed in Germany
ISBN 978-3-491-36003-7
www.patmos.de

Für Ursula Eschenbach, in dankbarer Erinnerung,
und für Ursa Paul

Inhalt

Vorwort

Wenn ich mein Land betrachte, in dem ich geboren bin und lebe, und unter der Oberfläche von relativer Wohlhabenheit und Geordnetheit all die Zerrissenheit, Bedürftigkeit und den Mangel an Liebe wahrnehme, habe ich – und dies schon seit langem – den Impuls, meine ganze Kraft für dieses Deutschland einzusetzen, unter dessen äußerer Glanzschicht eine Menge Leid, emotionaler Beengtheit und Unausgereiftheit zu finden ist. Alle hierzulande beobachtbaren Unfreundlichkeiten, Hässlichkeiten, Unstimmigkeiten und Übertriebenheiten wollen gleichsam in einer liebevollen Umarmung eingeschlossen und angenommen sein, damit sich schließlich der Blick darüber hinaus auf das Schöne, Bedeutende und Wertvolle unserer Nation richten kann.

Aus diesem Motiv heraus habe ich das vorliegende Buch geschrieben, das in einem Zeitraum von etwa 15 Jahren in mir gereift ist. Es soll ein Beitrag sein zu einer noch zu entwickelnden Psychologie Deutschlands, die es uns ermöglicht, zu mehr Bewusstheit über uns selbst und zu einer neuen Identität zu finden, und die uns hilft, unsere Begabungen mehr zu entfalten. Hierzu will ich durch verschiedene Regionen unserer deutschen Seele führen und ihre psychischen Besonderheiten aufzeigen. Es werden einzelne Thesen aufgestellt, die ich mit Beispielen zu belegen und dadurch schlaglichtartig zu erhellen suche.

Wir werden das Terrain unseres Denkens durchstreifen, das viel Reichtum und Abwechslung bietet, allerdings auch dunklere und »negative« Gebiete aufweist. Wir werden ferner in die noch teilweise unbekannten Gegenden unseres Fühlens eindringen, wo noch wüstenhafte und unkultivierte Landstriche der Bewässerung und Erschließung harren. Wir werden auf unserer Expedition sowohl noch weitgehend unberührte Natur in der Tiefe als auch solche finden, die durch menschlichen Eingriff angemessen oder auch unschön verändert wurde. Mit dem zuletzt Genannten sind Störungen und Komplexe im Reich der Seele gemeint, von denen ich einzelne bedeutsame näher beschreiben möchte. Wir werden des weiteren Zeitreisen in unsere deutsche Vergangenheit, besonders in die jüngere, unternehmen und dort all den unerlösten und erstarrten Aspekten begegnen, die einen Teil unserer Stagnation und Depression ausmachen. Schließlich wird eine Tiefbohrung durch die späteren Ablagerungen hindurch bis zur germanischen Fundamentschicht der Kollektivpsyche erfolgen. Nach einem schwierigen und oft schmerzvollen Weg der Selbsterkenntnis, wozu das Buch einige Anstöße geben will, wird dann die Terra incognita unserer Seele als eine erste grobe Landkarte mit ungefähren Umrissen vor uns liegen. Die Kultivierung einzelner auf ihr dargestellter Regionen unter Wahrung der natürlichen Gegebenheiten, um sie zum Blühen, Gedeihen und Fruchten zu bringen, erscheint sodann als eine Aufgabe vor uns. Ich habe mich hier auf bestimmte Seiten unserer deutschen Mentalität konzentriert, weil diese ganz besonders der Bewusstmachung und der Wendung ins Positive bedürfen. Viele andere Züge und Anlagen, die vielleicht auch eine Erörterung verdienen, mussten unberücksichtigt bleiben.

Dieses Buch ist kein historisches oder politologisches Werk, auch wenn ich manchmal auf Geschichte und Politik eingehen muss, und ich bin weder Historiker noch Politologe. Mein Standort ist ein psychologischer bzw. tiefenpsychologischer, der allerdings »kulturtherapeutische« und gesellschaftliche Konsequenzen hat. In dieser Weise bitte ich, all meine Aussagen und Arbeitshypothesen zu verstehen, die anregen und die Diskussion in Schwung bringen wollen und für die im Übrigen die tiefenpsychologische Erfahrung gilt, dass auch die entgegengesetzte Behauptung richtig oder passend sein kann – z. B. deshalb, weil sie auf einen anderen Teil unseres Wesens zutrifft, der ebenfalls zu uns gehört. In der Psychologie gilt nun einmal das Sowohl-als-auch.

Dank

An dieser Stelle möchte ich verschiedenen Personen danken, denen ich aufgrund ihrer Mithilfe bei der Entstehung des Buches besonders verbunden bin. Da ist zuerst Ursa Paul, die mich zusätzlich ermutigt hat, das Vorliegende, in das mein eigener innerer Prozess eingeflossen ist, an die Menschen in Deutschland weiterzugeben. Zu nennen ist weiter meine Tochter Rebecca, die einen Teil des Manuskripts mit Freude getippt und durch spontane Kommentare zur Heiterkeit der Arbeit beigetragen hat; ebenso mein Sohn Raphael, der auf seine Art geholfen und für gute Rahmenbedingungen gesorgt hat. Sodann danke ich meinem Bruder Bernd für anregende Diskussionen und zahlreiche Hinweise. Das kritische Lesen des Manuskripts besorgten und wertvolle Verbesserungsvorschläge machten Monika Rafalski, Jutta von Eick, Hartmud Brinkhaus und Dieter Schnocks.

Last but not least möchte ich Helga Seckler erwähnen, die mich aufgrund ihrer Kenntnis des Gesamtwerks Jungs auf verschiedene, genau ins Schwarze treffende Textstellen aufmerksam gemacht und dabei emotional und tatkräftig das Vorhaben unterstützt hat.

Die Zusammenarbeit mit dem Verlag war sehr angenehm. Frau Dr. Mathilde Fischer hat mich mit ihrem Glauben an das Projekt von Anfang an motiviert und mit sanftem und einfühlsamem Nachdruck die Verwirklichung begleitet. In Frau Dr. Christiane Neuen hatte ich das Glück, eine außerordentlich engagierte Lektorin an der Seite zu haben, deren Klarheit und Empfehlungen dem Buch zu seiner endgültigen Struktur verholfen und sein Qualitätsniveau erhöht haben. Herrn Ulrich Mattejiet bin ich für die Sichtung des Manuskripts mit dem Blick des Historikers verpflichtet. Allen Genannten ein herzliches Dankeschön.

Klaus-Uwe Adam
Wimsheim, Februar 2007

Einleitung

> Aber die Stille blieb. Sie war in den Dingen, in den
> Gassen, im Land – echolos, traumlos. Es war eine
> Stille wie nach dem Einschlag eines ungeheuren
> Meteoriten. Taube Glieder, taube Bewegungen,
> immer noch. Noch immer setzt sich der Staub,
> langsam, langsam, der Staub braucht hundert Jahre
> und hundert Messen und hundert Schlager.
> Er braucht zweihundert Jahre, allein der Staub weiß,
> was er braucht. Der Einschlag ist immer noch in der
> Luft. Er löscht alles, was vorher war. Er dringt durch
> alles, durch die Haut, die Gedanken, durch das ganze
> verlorene Land, durch dich und mich.
>
> *Wolfgang Büscher* [1]

Vom Ausland wird schon lange beobachtet, was uns selber immer deutlicher wird: Wir Deutschen fühlen uns nicht wohl mit uns selbst, wir leiden an uns. Wir können nicht so recht unsere Position einnehmen, wir finden nicht unseren gebührenden Ort in der Welt. Unter Abwandlung des bekannten Ausspruches könnte man sagen: Etwas ist faul im Staate Deutschlands. Wir sind verzagt und geradezu depressiv, neigen zum Lamentieren und zu Selbstmitleid. Unsere Sicht der Dinge ist zu negativ und wir können nicht zuversichtlich in die Zukunft blicken. Wir sind uns selbst im Wege, wir behindern uns, stolpern über unsere eigenen Füße.

Wir sind bewusst, denken über vieles nach, sind kritisch und bilden uns darauf etwas ein. Wir reklamieren das höchste Umweltbewusstsein in der Welt, trennen sauber den Müll, kämpfen gegen Atomkraft und treiben Solar- und Windenergie voran. Wir decken Missstände schonungslos auf und können uns lang und breit über alle skandalösen Vorgänge in unserem Land und unsere ebenfalls kritisch gesehenen »Freunde« aufhalten. Doch so richtig glücklich werden wir damit nicht. Wir neigen zum Problematisieren und sehen oft Schwierigkeiten und Hindernisse, wo keine sind. Damit halten wir eine unterschwellige Angst in Gang und schüren sie in Abständen aufs Neue, als dürfte sie nicht erlöschen. Wir trauen uns selber nicht, sind nicht im Reinen mit uns. Denn wer weiß? Immer wieder melden sich Schuldgefühle. Und in unserer Vergangenheit, in unserer Geschichte lauern Komplexe. Die haben wir noch längst nicht verarbeitet.

Überrascht waren die Welt und wir selbst auch, als wir bei der Fußballweltmeisterschaft 2006 etwas ganz anderes ausstrahlten. Da konnten wir für eine kurze Zeit die Schwere und die Schatten abwerfen und uns fröhlich und unbelastet geben – eine wohltuende Erfahrung für uns selbst. Vielleicht können wir also auch anders? Nein, wir sind uns bewusst, dass das eine Ausnahme war; wir sind noch nicht so weit.

Die Symptome des »Patienten« Deutschland

Woran kranken wir Deutschen? Was sind die Alarmzeichen und Kernsymptome? Es sind einige wenige Brennpunkte auszumachen, die ich hier als meine Hauptthesen nacheinander an den Anfang stellen möchte.

Zunächst einmal laborieren wir unter einem ausgeprägten einseitigen Denken. Wir besitzen also eine Kopflastigkeit, während die gefühligeren Seiten unseres Wesens zurückgedrängt sind oder an der falschen Stelle zum Vorschein kommen. Wir sind stark im Denken, ohne Frage. Intellekt und Intelligenz sind ausgezeichnet – bei einer neuen Erhebung lagen die Deutschen hinsichtlich des Intelligenzquotienten mit an der Spitze in Europa. Hier liegt unsere Begabung, hier haben wir Spitzenleistungen vollbracht und erbringen sie noch. Doch die Vorherrschaft des Denkens ist Segen und Fluch zugleich. Fluch ist nicht nur, dass durch den »Wasserkopf« des Denkens das Fühlen erstickt werden kann, sondern eine weitere Gefahr besteht darin, dass sich das Denken im Kritischen und Negativen verliert. Wir Deutschen haben uns zu stark auf diesen Pol des Negativismus eingelassen, was unsere Sicht der Dinge schwärzlich getönt hat. Wir haben nicht die rosa Brille, sondern eine dunkle auf. Mit anderen Worten, wir können fast nur noch schwarzsehen und befinden uns damit – und zwar schon länger – in einer kollektiven Depression. Neben dieser gemeinschaftlichen Bedrücktheit scheint heute auch unsere ökonomische Überlegenheit zu bröckeln. Deutschland, einst Musterknabe und Zugpferd Europas, zeigt Tendenzen eines kriselnden EU-Landes und war zeitweilig bereits konjunkturelles Schlusslicht. Ganz abgesehen davon ist es auch in anderen Bereichen ins Hintertreffen geraten. Negatives Denken und Depression münden in ein geringes Selbstwertgefühl bis hin zum Selbsthass. All das findet man hierzulande. Bei uns herrscht viel Negativität, auch wenn sich die Situation in verschiedener Hinsicht bereits zu bessern beginnt.

Der starken Orientierung am Denken entspricht eine Schwäche des Fühlens. Im Vergleich zu manchen anderen Nationen ist unser Fühlen rückständig und unterentwickelt. Dies ist uns gar nicht bewusst. Es ist auch gar kein einfaches Eingeständnis. Wollen wir wirklich wahrhaben, dass das Fühlen nicht unsere starke Seite ist? Wenn wir es zugeben, trösten wir uns meist damit, dass das Denken wichtiger sei. Wissen wir überhaupt, was Fühlen ist? Zu schnell verwechseln wir es mit Emotionalität, und wir haben den extravertierten Gefühlsausdruck der Südländer vor Augen, den wir so nicht imitieren können und wollen. Doch Fühlen ist etwas anderes. Es ist eine genauso diffizile Angelegenheit wie das Denken und kein einfaches Ausleben von Affekten. Können wir uns wohlfühlen mit uns selbst und den Mitmenschen? Können wir die annehmlichen und erfreulichen Aspekte des Lebens würdigen? Können wir selber beglückende oder freundliche Begegnungen schaffen? Das sind die entscheidenden Fragen. Wie wir noch sehen werden, geht das Fühlen mit einer Urteilsfähigkeit und innewohnenden Intelligenz einher, die angenehm und unangenehm, angemessen und unangemessen, taktvoll und taktlos usw. sorgfältig voneinander unterscheiden kann. Ein solches differenziertes Fühlen kann auch die emotionalen Bedürfnisse der anderen wahrnehmen und eventuelle Irritationen voraussehen. Dies ist bei uns kollektiv nicht erreicht. Selbst bei Bundeskanzlern in unserem Land war zu beobachten, dass sie oft in das berüchtigte »Fettnäpfchen« treten, und sie wurden mit dem entsprechenden Beiwort versehen. Menschen aus anderen Ländern werden manchmal noch deutlicher und vergleichen uns mit dem besagten »Elefanten im Porzellanladen«.

Weitere Störphänomene rühren aus unserem Vaterkomplex. Den haben wir, und zwar einen gehörigen, und er ist ein unverwechselbares Ingrediens unserer deutschen Psyche. Seit unvordenklichen Zeiten ist das Vaterthema bei uns virulent. Das heißt, wir befinden uns in einem Konflikt zwischen Autoritätshörigkeit auf der einen und einem Aufbegehren dagegen auf der anderen Seite und haben uns zwischen diesen Endpolen verzettelt und verstrickt. Beides ist in uns angelegt, das Autoritäre und das Oppositionelle, und beides haben wir in der Geschichte gelebt und sind dabei zwischen den Extremen gependelt, zwischen Obrigkeitsstaat und Diktatur einerseits und schwächlicher Demokratie wie in der Weimarer Zeit oder einer »vaterlosen« Laisser-faire-Gesellschaft andererseits. Noch heute prägt das Spannungsverhältnis aufgrund des ungelösten Vaterkomplexes in jedem Einzelnen ungut unser Zusammenleben. Wie viele Querelen und fruchtlose Auseinandersetzungen stammen gegenwärtig noch aus dieser unbewussten Quelle! Man schaue sich nur die Regulierungswut des Gesetzgebers und der gesellschaftlichen Institutionen an, die es trotz des ehrlichen Wunschs nach Bürokratieabbau nicht schaffen, diese Bevormundungen seitens »Vater Staat« aufzugeben! Und die genauso unbewusste Aufmüpfigkeit, die verhaltene Wut und der passive Widerstand gegen diese Regularien führen zu all den Reibungs- und Energieverlusten, die dazu beitragen, die förderlichen Kräfte und den Lebensfluss in unserem Land zu hemmen.

Ein weiteres Symptom in Deutschland ist die Angst, die sich leicht bis zu einer Katastrophenangst steigern kann. Sie gleicht einem Pessimismus, der immer den jeweils schlimmstmöglichen Fall annimmt. Diese Untergangsstimmung hat mit sehr tiefen und frühen Schichten unserer »Volksseele« zu tun, nämlich mit der germanischen Mythologie. Hier wirken die Bilder vom Weltenbrand oder Weltende, die offen oder unterschwellig, aber immer suggestiv in unser Tagesbewusstsein hineinreichen. In dem Inferno von 1945 wurde diese Angst Wirklichkeit, unbewusst von uns in Szene gesetzt. Und wir fühlen uns nicht gegen Wiederholungen gefeit. Jahrzehntelang waren wir fixiert auf die Furcht vor einem dritten Weltkrieg. Und heute sind wir bei lokalen Konflikten in der Welt schnell geneigt, einen sich entwickelnden »Flächenbrand« anzunehmen. Besonders während des ersten Golfkriegs grassierte diese tiefsitzende Angst, die Groß und Klein ansteckte. Im Jahr 2006 war es unter anderem die Vogelgrippe, an der wir unsere unterschwelligen apokalyptischen Bangigkeiten aufhängen konnten. Unsere generelle Tendenz zu Panik und Hysterie findet immer wieder ein neues Objekt.

Doch in unserer Krise steckt eine Chance. Unsere »Neurosen« und Störungen, unsere Komplexe und Wunden wollen uns über uns hinaus und zu einer Veränderung führen. Dazu müssen wir lernen, unsere Schwierigkeiten und Verletzungen ebenso wie die alten Mythen, auf die wir inwendig noch gebannt lauschen, symbolisch zu verstehen. In all dem ruhen nämlich die Keime des Neuen. Auch in der apokalyptischen Götterdämmerung steckt ein Wandlungsgeschehen, das uns zu einem neuen Bewusstsein führen will. Dieses zu begreifen und umzusetzen erscheint mir eine der Zukunftsaufgaben Deutschlands.

Die behandlungsbedürftige Nation

Als Psychotherapeut und Psychiater bin ich gewohnt, Menschen zu begleiten, die aufgrund eigener ungünstiger Entscheidungen oder durch eine
von außen kommende Traumatisierung eine psychische Fehlentwicklung
erfahren, sich »verfranst« haben und alleine nicht mehr weiterkönnen.
Dabei dauert es manchmal lange, bis ein Schock oder eine tiefgreifende
seelische Verunsicherung wirklich angeschaut und aufgearbeitet ist. Bei
einem sexuellen Missbrauch z. B. können 20, 30 oder mehr Jahre vergehen, bis die oder der Betreffende überhaupt in Therapie kommt. Selbst
dann kann noch eine lange Zeit vergehen, bis das Geschehene wiedererin-
nert wird und der Prozess der Integration beginnt. Diese Verzögerung ist
zweckmäßig, denn erst einmal muss das Individuum psychisch überleben
und mit dem Alltag zurechtkommen. Dazu werden die schlimmen Erlebnisse zunächst aus dem Bewusstsein gelöscht, d. h. verdrängt. Die Psyche
ist aber ein System, das nichts verliert, und somit kann auch nichts endgültig ausgesondert werden. Das Verdrängte ist nur ins Unbewusste verschoben, wo es lange Zeit warten kann. Es ist aber immer da und in der
Regel auch in vielen indirekten Zeichen präsent. Die Menschen, die verdrängen mussten, bekommen – manchmal erst nach Jahren – Symptome
und Störungen. Es treten z. B. Kopfschmerzen, Angstzustände, Depressionen oder selbstverletzende Handlungen auf, die mit der Zeit zunehmen
und so eine Therapie erzwingen. Denn die Psyche hat die Tendenz, sich
von unverdautem Ballast zu befreien und ihre ungestörte Integrität wie-
derzugewinnen. So liegt in den psychischen Krankheitszeichen der tiefere
Sinn, zu Balance und seelischer Unversehrtheit zurückzufinden.

Ganz ähnlich verhält es sich mit der größeren »Person« eines Volkes
oder einer Nation. Auch das Kollektivwesen Volk hat ähnlich wie ein einzelner Mensch eine Biografie, also Vorgeschichte, hat seelische Eigenschaften, Potenziale und Begabungen, aber eben auch Traumata, Störungen
und Entwicklungsschwierigkeiten, mit denen »psychotherapeutisch«, also
heilsam, umgegangen werden kann.

Deutschland als Ganzes ist eine solche »Person«. Es hat seine Lebens-
und Schicksalsgeschichte. Und es hat sich durch eigenes Zutun in eine der
schwierigsten und schuldhaftesten Lagen gebracht, in die sich ein Individuum oder ein Kollektiv bringen kann. Es steuerte in seinen Irrungen und
Wirrungen auf die zwei Weltkriege zu und kam tief zu Fall. Nach dem
Fiasko von 1945 standen erst einmal die Notwendigkeiten der äußeren

Neuorientierung und des Wiederaufbaus im Vordergrund. Wie ein see-
lisch schwer geschockter Mensch musste auch das Wesen Deutschland
seine psychische Befindlichkeit zurückstellen, die Ärmel hochkrempeln
und fürs nackte Überleben sorgen. Es hastete im Leben weiter und floh vor
dem Schmerz, der eigenen Abgründigkeit und den ihm zugefügten Verletzungen, so dass es noch gar nicht zu einer Selbstreflexion kommen konnte.
Wirtschaftswunder und gewonnene Fußballweltmeisterschaft 1954 in
Bern waren willkommene Ablenkungs- und Kompensationsmöglichkei-
ten, durch die die Wunde mit dem Bewusstsein von neuer wirtschaftlicher
und sportlicher Größe überkrustet werden konnte. Ferner ermöglichte es
der Ost-West-Konflikt, die Aufmerksamkeit von sich weg auf das Welt-
geschehen und die äußere Bedrohungslage zu richten.

Inzwischen sind viele Jahrzehnte vergangen, Deutschland hat überlebt,
hat sich wieder aufgerappelt, hat sich eine gewisse Stellung in der Welt
zurückerobert und wieder politischen Einfluss erlangt, und es hat immer
noch eine der stärksten Volkswirtschaften. Und nachdem im Außen vieles
geregelt ist, eine Beruhigung, ja Sättigung eingetreten ist, trauen sich die
Krisen- und Krankheitszeichen stärker hervor. Seit einiger Zeit drängt das
Innere heftiger an die Oberfläche und fordert sein Recht. Endlich ist Raum
für Symptome und Beschwerden, die danach rufen, Selbstschau zu halten
und nach den tieferen Gründen zu fragen. Störungen liegen unabweisbar
vor. Dennoch möchte ich nicht von »Krankheit« reden, sondern eher von
einer tiefgreifenden Entwicklungskrise und der Notwendigkeit ihrer
Überwindung, also von einem – wenn auch oft schmerzlichen und leid-
vollen – Wachstums- und Reifungsprozess.

Die Begriffe »Volk« und »deutsch«

Wenn ich von den Deutschen als einem Kollektiv, als einer Gesamtheit
spreche, so entspricht dies dem, was man althergebracht »Volk« oder
heute lieber »Nation« nennt. Ich möchte an dieser Stelle genauer klären,
was ich darunter verstehe. Ich benutze die Begriffe »Volk« und »Nation«
weitgehend parallel, obwohl der modernere Ausdruck »Nation« mehr das
Staatsgebilde mit fixen geografischen Grenzen und weniger die Ethnie
betont. »Volk« und »Nation« sind für mein psychologisches Verständnis
aber nicht auf eine ethnische Herkunft beschränkt, sondern beziehen alle
Menschen eines Landes mit ein, also auch alle dort ansässigen Ausländer.

Denn diese werden von der Kollektivpsyche mit erfasst, sind von ihr beeinflusst und tragen umgekehrt zu ihr bei. Die Gesamtpsyche einer Nation ist also ständig im Fluss und entwickelt sich weiter, wobei allerdings das beharrende Element groß und langwirkend ist, es also eine innere Stabilität und Kontinuität gibt. »Neuzugänge« werden trotz aller Integrationsschwierigkeiten stärker assimiliert als dass sie das bestehende psychische Feld prägen. Bestes Beispiel hierfür ist der »Schmelztiegel Amerika«, ein Bild, das immer noch adäquat und gültig ist.

So bestand auch Deutschland ursprünglich aus verschiedenen germanischen Stämmen und den Resten der keltischen Urbevölkerung, die assimiliert wurden, zu denen später noch slawische Bevölkerungsgruppen und seit den 50er-Jahren mit den »Gastarbeitern«, Asylsuchenden und Migranten weitere Einflüsse hinzukamen. Die Wurzeln des Wortes »deutsch«, althochdeutsch »diutisc«, altsächsisch »thiudisc«, gehen zurück auf Wortstämme der Bedeutung »Volk«, »Heer«, »Masse« oder auch »Volksmasse«[2] und bezeichnen offenbar die Gesamtheit der von jeher kriegerischen germanischen ethnischen Gruppen. Das Gleiche gilt für die Begriffe »Alemannen« oder »Alamanen«, die mit »alle Mannen« oder »alles Volk« zu übersetzen sind. Die Bezeichnung »Teutonen«, die Cäsar erstmals für einen germanischen Stamm benutzte, hat die gleiche etymologische Ableitung wie »deutsch« und führt wie dieses auf indogermanisch »teuta« (Volk) zurück. Auch die Niederländer gehörten vormals zu den Deutschen, was im Englischen mit »dutch« noch anklingt, und sie waren ja lange Zeit auch Teil des Alten Reiches. Zur Zeit des Dreißigjährigen Krieges war entsprechend die Schreibung »teutsch« üblich, und im 19. Jahrhundert sagte man »Teutschtümelei«, um der nationalen Selbstverherrlichung eine antiquierte Konnotation beizufügen. Im Mittelalter bedeutete »deutschlich« übrigens soviel wie »deutlich«.[3] Wurde hier eine Verknüpfung zwischen dem Deutschen und der Klarheit des Denkens gemacht?

Das kollektive Feld

Das Kollektiv eines Volkes ist nicht nur eine Ansammlung von Individuen, sondern es bildet eine neue übergeordnete Einheit und stellt so etwas wie eine eigene Wesenheit dar. Dies ist aber nicht zu verwechseln und nicht das Gleiche wie der biologisch begründete Ausdruck »Organismus«, der in der Form von »Volksorganismus« in der rassistischen Staatsbetrachtung der

Nazi-Zeit missbräuchlich verwendet wurde. Wenn auf der einen Seite biologistische Sichtweisen, auch scheinbar zeitgemäße, meines Erachtens überholt sind, so bildet doch auf der anderen Seite die Bevölkerung eines Landes, die nicht nur durch die geografischen Grenzen, sondern auch kulturell durch eine gemeinsame Identität zusammengehalten wird, ein Gesamtsystem. Mein Fokus liegt hier auf dem eigenständigen geistig-seelischen Netzwerk und nicht auf dem gemeinsamen Genpool, dessen Bedeutung durch Zuwanderung und transkulturellen Austausch für eine Identitätsstiftung heute immer mehr zurücktritt. Und dieses psychologische Gebilde erklärt sich eben nicht allein aus der Summe dessen, was die Einzelpersonen mitbringen, sondern setzt eigene Dynamiken und Prozesse in Gang.

Dies wird verständlicher, wenn wir die Vorstellung von einem kollektiven Feld zugrunde legen. Jegliche Ansammlung von Menschen, die etwas Gemeinsames haben – gemeinsame Wertvorstellungen einschließlich abweichender Meinungen, eine gemeinsame Sprache und eine gemeinsame kulturelle Vergangenheit – bildet energetisch gesehen ein kollektives Feld. Wenn wir auf die Universalien abheben, also auf das, was allen Menschen gemein ist, kann man sowohl vom kollektiven Feld der Menschheit sprechen als auch vom kollektiven Feld einer bestimmten Menschengruppe. Auch in Deutschland bzw. im deutschsprachigen Raum befinden wir uns in einem solchen gemeinsamen Energiefeld. Dieses Feld hat bewusste und unbewusste Anteile. Der bewusste Anteil, das kollektive Bewusstsein, beinhaltet alles, was uns bewusst ist und uns z. B. in Form von Aufzeichnungen, Berichten, Wissen, geschichtlichen und wissenschaftlichen Daten, niedergelegten Erfahrungen usw. zur Verfügung steht. Noch bedeutsamer, weil sie nicht so offensichtlich wirken, sind jedoch die unbewussten Anteile, das kollektive Unbewusste.

Das kollektive Unbewusste

Das kollektive Unbewusste wurde von C. G. Jung entdeckt und beschrieben. Der Schweizer Psychiater und Psychotherapeut stellte die These auf – wir gehen zunächst einmal vom kollektiven Unbewussten der gesamten Menschheit aus –, dass alle Menschen über einen gemeinsamen unbewussten Seelengrund verfügen, aus dem z. B. alle Mythen und alles Urwissen geschöpft wurden. Das kollektive Unbewusste bezieht sich auf die

21

gesamten Erfahrungen der Menschheit, die bis in die Urzeit zurückreichen. Daneben gibt es das persönliche Unbewusste des Einzelmenschen, mit welchem sich S. Freud beschäftigt hat und das sich auf verdrängte, vergessene oder sonstige unbewusste Daten der eigenen Lebensgeschichte beschränkt und das nur mit dem individuellen Gewordensein zu tun hat. Das kollektive Unbewusste reicht demgegenüber viel tiefer, ist umfänglicher und geht weit über den Einzelmenschen hinaus.

Jung verband die Vorstellung vom kollektiven Unbewussten mit seinem Archetypenkonzept. Archetypen sind unanschauliche psychische Kräfte bzw. prägende Energiezentren in der Tiefe der Psyche, d. h. im kollektiven Unbewussten, die universelle Bilder und Symbole (sog. Urbilder) oder auch Handlungsweisen hervorbringen. Es gibt z. B. die Archetypen »Mutter« und »Vater«, die teilweise schon auf der Tierstufe wirksam sind und sich dort unter anderem im Brut- und Aufzuchtverhalten zeigen. Auf der menschlichen Stufe gibt es eine Reihe unterschiedlicher Archetypen, die unsere seelische Entwicklung während des ganzen Lebens steuern. So bestimmen z. B. die gegengeschlechtlichen Archetypen – der Archetyp des Mannes und der Archetyp der Frau – Liebe und Partnerschaft. Wir werden noch sehen, dass bei uns in Deutschland der Vaterarchetyp zwiespältig aufgeladen ist, wodurch ein Vaterkomplex entstand. Die Archetypen sind ferner bildende Kräfte, die alle Mythen – auch Märchen und andere symbolträchtige Schöpfungen gehören dazu – hervorgebracht haben, so in unserem deutschen Kulturraum auch die älteren germanischen Mythen oder die Heldengeschichten des Nibelungenliedes.

Das kollektive Unbewusste in seinen elementaren Strukturen gehört der ganzen Menschheit an. Die tiefsten Schichten datieren weit zurück, sind deshalb aber nicht weniger wirksam. Die stammesgeschichtlich ältesten Erwerbungen der Menschheit wie in der Vorzeit erworbene physiologische Mechanismen und das damit verbundene instinkthafte Verhaltensrepertoire (z. B. die biologische Hunger-Essensaufnahme-Regulation oder angeborenes Aggressionsverhalten) stellen noch heute eine Basis dar, auf der spätere psychische Strukturen des Menschen aufbauen. Ähnlich ist es bei einem Volk. In seiner Kollektivpsyche bilden die frühesten kollektivseelischen Schichten, in denen die vorhistorischen und historischen Ereignisse gespeichert sind, das Fundament, auf dem seine Existenz beruht. Wir dürfen diese kollektiv-seelischen Strukturen nicht ignorieren, weil sie sonst umso unangenehmer unbewusst Einfluss nehmen.

Jeder Einzelne steht über sein individuelles Unbewusstes mit tieferen

Schichten des Unbewussten und letztlich auch mit dem kollektiven Unbewussten in Verbindung. Wir können uns das mehr oder weniger umfassende gemeinsame Feld folgendermaßen gegliedert vorstellen: Jeder Mensch hat sein persönliches Unbewusstes, darunter gibt es das Familienunbewusste, ein schon weiteres Feld, an dem alle Familienmitglieder teilhaben; schließlich kommt das kollektive Feld einer ethnischen, sprachlichen oder kulturellen Gemeinschaft – und um dieses geht es, wenn ich vom »kollektiven Feld der Deutschen« spreche – und zuletzt das allen Menschen angehörende Feld des globalen kollektiven Unbewussten. Jeder Mensch hat zwar im Prinzip Zugang zu diesen unbewussten Bereichen, doch ist es dem modernen Ichbewusstsein, das sich ja weit von seinen Wurzeln entfernt hat, meist erst einmal verschlossen. Nativvölker gelangen wie die Menschen der Frühzeit viel leichter an diese Quelle oder sind ihr noch näher.

Jedes Land hat sein eigenes kollektives Feld

Alle Menschengruppen partizipieren also am globalen kollektiven Unbewussten, und gleichzeitig haben sie ihr eigenes kollektives Feld. Ferner bildet sich das gesamtmenschheitliche kollektive Unbewusste in den einzelnen Menschengruppen oder Völkern je verschieden ab. Zwar gibt es in den Mythenbildungen und metaphysischen Konzepten der Menschheit universelle Motive, doch die Ausformulierung dieser archetypischen Bilder ist in den jeweiligen Kulturen doch recht unterschiedlich und für diese geradezu spezifisch. Die Griechen hatten ihr unverwechselbares Pantheon, und niemand könnte es mit den Götterdarstellungen und -geschichten der Maya durcheinander bringen. Die jeweilige »Handschrift« ist eine völlig andere und unterscheidet sich so, wie sich die Schriftzüge zweier Personen voneinander abheben. Der Ausdruck »kollektives Unbewusstes« einer Menschengruppe sagt also aus, dass es in dieser Ethnie oder Kultur ein gemeinsames Feld gibt, dem alle Individuen unterliegen und von dem sie geprägt sind.[4]

Und auch in unserer heutigen globalisierten Welt gibt es noch Nationen, Volksgruppen und Kulturen, die ein je eigenes kollektives Feld aufweisen, selbst innerhalb eines Staatengebildes wie dem der Europäischen Union. Niemand würde bestreiten, dass das »Timbre« der italienischen Wesensart ein anderes ist als das der finnischen oder dass sich der typisch polnische Charakter vom irischen unterscheidet. Noch deutlicher wird es, wenn man beispielsweise die indische mit der nigerianischen, die japanische mit der mexikanischen Mentalität vergleicht. Niemand, der verschiedene Länder und deren Menschen kennengelernt hat, würde bestreiten, dass es unterschiedliche Wesensarten gibt.

Das heißt aber: Es gibt unterschiedliche kollektive Felder in den einzelnen Ländern. Das Charakteristische einer Nation oder einer Population bezieht seine Eigentümlichkeiten aus diesem, nur ihm zugehörenden kollektiven Feld, das auf dem landestypischen kollektiven Unbewussten beruht, in dem auch alle verdrängten historischen Erfahrungen und alle untergegangenen kulturellen Hervorbringungen sowie alle scheinbar vergessenen Einzelerfahrungen aufbewahrt sind. Es handelt sich also um eine Art geistig-seelischen Speicher. Denn nur ein Teil aller vorausgegangenen Geschehnisse befindet sich im Bewusstsein eines Volkes, dem bereits erwähnten kollektiven Bewusstsein. Doch das Gedächtnis eines Volkes hat viele »Taschen«, in denen sich viele Inhalte verbergen können, so dass sie auf den ersten Blick nicht sichtbar sind.

Die Unterschiedlichkeiten stammen ferner aus den ungleichen Entwicklungsstufen, welche wiederum davon abhängen, wie weit die Anlagen zum Menschsein schon entfaltet sind und wie weit die Bewusstseinsentwicklung fortgeschritten ist. Manche Völker oder Stämme, die früher »Primitive« genannt wurden und heute besser als »ursprüngliche« oder »Nativvölker« bezeichnet werden, sind noch näher am Ursprung und weniger weit auf ihrem zivilisatorischen Weg vorangegangen. Bewusstseinsmäßig weiter fortgeschritten sind die meisten westlichen Länder, die ja auch industriell und technologisch hoch entwickelt sind, was aber nicht das alleinige und nicht das entscheidende Kriterium ist. Es gibt Länder und Völker in Asien, die spirituell viel höher stehen als wir. Und auch von den sog. Entwicklungs- und Schwellenländern sind uns manche zumindest in Hinblick auf Einzelfähigkeiten voraus; sie sind in Bezug auf gewisse Aspekte differenzierter als wir oder sie haben menschliche Werte des Zusammenlebens besser bewahrt.

Schließlich findet man bei einem Volk den Einfluss benennbarer Störfelder. Es gibt neurotische Komplexe und traumatisch verarbeitete Erfahrungen, die die Entwicklung hemmen oder in bestimmten Punkten verzögern. Solche retardierenden Momente, Entwicklungshemmnisse und Bruchlinien werde ich für Deutschland aufzeigen, für das die Historiker ja in Hinblick auf die Nationalstaatbildung das Schlagwort von der »historischen Verspätung« geprägt haben.

Nun darf ein solches, auf einem gemeinsamen Kulturraum bezogenes kollektives Unbewusstes nicht rassistisch missinterpretiert werden. Es hat mit dem heute prekären Begriff »Rasse« nichts zu tun, auch wenn eine ethnische Gruppe der Ausgangspunkt des Feldes sein kann, sondern steht in erster Linie mit dem Begriff eines gemeinsamen Kulturraums und manchmal auch Sprachraums in Verbindung. Und vor allen Dingen ist mit solchen Unterscheidungen zwischen den Menschheitsgruppen keine Wertung verbunden; es gibt kein Besser oder Schlechter. In allen diesbezüglichen Einheiten oder Kulturen liegt das gleiche menschliche Potenzial, das aber je nach Eigenheit abgewandelt ist und seine eigene unverwechselbare, »individuelle« Färbung hat. Und selbstverständlich gibt es verschiedenartige Begabungen in den einzelnen Völkern, was aber keine Werthierarchie begründet.

Dennoch bin ich mir bewusst, dass ich mich mit diesem Ansatz des kollektiven Feldes auf ein heikles Terrain begebe. Auch bei diesem Thema befinden wir uns sofort mitten in der deutschen Problematik und Vergangenheit. C. G. Jung als Begründer des Konzepts vom kollektiven Unbewussten hatte sich damals, in den 30er-Jahren des letzten Jahrhunderts, in Wortwahl und Ausdruck unglückselig verstrickt. Sein großer Fehler war es, in der zunehmend polemischen Auseinandersetzung mit Freud, der Jude war, ein »germanisches Unbewusstes« nicht ganz wertfrei einem »jüdischen Unbewussten« gegenüberzustellen Das war natürlich fatal angesichts der Dinge, die später den Juden geschehen sollten. Jung wurde daraufhin eine Nähe zum Nationalsozialismus unterstellt.[5] Seine Schnitzer gehören aber in den Kontext des Konflikts mit Freud, der immer stärker von Animositäten und Kränkungen geprägt wurde. Dennoch sind die Ausrutscher Jungs, der eigentlich kein Antisemit war, schwer verzeihlich, auch wenn man ihm bestimmt nicht nachsagen kann, dass er etwa Sympathie für Hitler empfunden hätte, den er schonungslos als eine pathologische Persönlichkeit mit stark hysterischem Anteil diagnostizierte.[6] Jung sah seinen Fauxpas bald selber ein und konzedierte: »Ich bin ausgerutscht«[7], doch aufgrund dieser Vorgeschichte war es lange Zeit nicht möglich, seine Theorie vom kollektiven Unbewussten und dessen Anwendung auf ethnische und kulturelle Teile der Menschheit angemessen zu würdigen. Dies erscheint erst in neuerer Zeit gangbar, nachdem sich dazu wissenschaftliche Indizien und insbesondere naturwissenschaftliche Belege gehäuft haben.[8]

Wie sieht das kollektive psychische Feld in Deutschland aus?

Auch für uns Deutsche gilt also die Wirksamkeit eines gemeinsamen kollektiven Feldes, das über die Jahrhunderte eine gewisse Kontinuität hat und sich nur langsam wandelt. Eine solche Vorstellung hatte offenbar schon Leopold von Ranke, der vielleicht bedeutendste deutsche Historiker. Sein im Grunde ähnliches Denken kommt in folgenden Sätzen zum Ausdruck, in denen er das »Vaterland« nicht irgendwo außen lokalisiert: »Unser Vaterland ist vielmehr mit uns, in uns. Deutschland lebt in uns; wir stellen es dar, mögen wir wollen oder nicht, in jedem Lande, dahin wir uns verfügen, unter jeder Zone. Dieses geheime Etwas, das den Geringsten erfüllt wie den Vornehmsten – diese geistige Luft, die wir ein- und ausatmen –, geht aller Verfassung vorher, belebt und erfüllt alle ihre Formen.«[9] Auch wenn die Wortwahl veraltet ist, klingt nicht darin schon die Idee des kollektiven Feldes an, an dem jeder Einzelne partizipiert und das in jedem Einzelnen repräsentiert ist?

Bei allen Veränderungen über die Zeit hinweg wirken manche Determinanten unterschwellig in einem Volk lange fort. Viele Charakteristika, die heute nur zeitgemäß verpackt sind und sich rein äußerlich an die moderne Welt angepasst haben, leben als deutsche Grundmerkmale in uns weiter. Und wenn wir als Deutsche letzten Endes auch am gesamtmenschheitlichen Feld und Unbewussten partizipieren, so gibt es doch die spezifisch deutschen Färbungen und Betonungen, typische Ausgestaltungen und repräsentative Besonderheiten, die eben nur uns zu eigen sind.

Welche Einflüsse prägen das kollektive Feld in Deutschland? Ganz am Anfang stehen der mythologische Unterbau der germanischen Mythen sowie andere frühe Schichten. Hinzu kommt der Gang der Geschichte, kommen die historischen Ereignisse, die einerseits durch unsere Wesensart ein gewichtiges Stück vorherbestimmt waren und andererseits eine Rückwirkung auf die Kollektivpsyche haben. Wie die seelische Entwicklung eines Menschen durch lebensentscheidende Geschehnisse oder Traumata beeinflusst wird, die seine aktuelle psychische Situation entscheidend prägen können, so tragen entsprechende einschneidende geschichtliche Dramen und Daten zur psychischen Verfassung eines Volkes bei. Sie stellen seelische Wachstums- oder Hemmungsbedingungen dar.

Konditionierend in diesem Sinne sind auch weit zurückliegende Vorgänge wie die keltische Besiedlung in Süddeutschland sowie dessen Kolonisierung durch die Römer, die später als anderswo erfolgte Christianisierung Germaniens, ethnische Wanderungen und Bewegungen sowie Kriege und religiöse Umstellungen. Ein bedeutendes kollektives Trauma während des Übergangs vom Mittelalter zur Neuzeit war der Dreißigjährige Krieg. Michael Stürmer nennt den von 1618–1648 während Religionskrieg und Staatenkonflikt »die existentielle Katastrophe des neuzeitlichen Deutschland, ohne deren Begreifen die ganze nachfolgende Geschichte keinen Sinn ergibt«[10]. Seit Bestehen eines deutschen Nationalstaats sind der Erste und der Zweite Weltkrieg Einschnitte von überragender Bedeutung. All diese Großkriegsereignisse haben deutliche Spuren im Unbewussten Deutschlands hinterlassen, wobei besonders die NS-Zeit mit ihren Verbrechen und das Jahr 1945 einen traumatischen Komplex darstellen. Weitere konditionierende Faktoren, von denen einige schon genannt wurden, sind die Bevorzugung des Denkens, das im Vergleich dazu rudimentäre Fühlen, die Vater-Autoritäts-Problematik, der auf dem mythologischen Fundament errichtete spezifische kulturelle Überbau, die introvertierte Wesensart mit ihrer Tendenz der Ausrichtung nach innen, die Betonung des Geistigen und der faustische Forscherdrang.

Während einzelne Aspekte wie Denken und Fühlen mehr dem bewussten Bereich zuzuordnen sind, sind viele andere Aspekte der Psyche schwerpunktmäßig im Unbewussten angesiedelt, wie z. B. verdrängte traumatische Erlebnisse, tiefere Komplexe oder die frühen, nicht mehr kulturell gelebten mythologischen Schichten. Sie strahlen aber von dort »unten« auf das aktuelle Bewusstsein aus. Dieser letztere Teil des gemeinsamen Feldes ist uns weitgehend unbekannt, weil unbewusst. So ist uns Deutschen z. B. nicht wirklich zugänglich, dass wir unbewusst von Todes- und Untergangsphantasien beherrscht sind; wir halten unsere Befürchtungen für gerechtfertigt und halten andere, die unsere Auffassung nicht teilen, für unkritisch. Zu diesem unbewussten Bereich bekommen wir nur über indirekte oder symbolische Quellen Zugang, z. B. über die tradierten Reste der Mythen, oder wir finden zu ihm über eine profunde Analyse der Tagesereignisse in unserem Land.

Die erwähnten psychologischen Faktoren und konstituierenden Momente machen in der Gesamtheit das aus, was man »Nationalcharakter« nennt. Zweifelsohne ist es immer problematisch, Pauschalaussagen zu machen, und eine Zeitlang hatte man davon in Deutschland ganz Abstand genommen. Es war verpönt, solche allgemeinen Zuschreibungen vorzunehmen. Alles Generalisieren wurde in der 60er- und 70er-Jahreära affektiv bekämpft, da wir zu einer anderen Zeit mit unqualifizierten und vorurteilsbeladenen pauschalen Einschätzungen viel Unheil angerichtet und Schiffbruch erlitten hatten. Ich glaube, dass wir es heute, da wir uns des damaligen Missbrauchs bewusst sind, aufgrund des gewonnenen Abstands wieder wagen können, mit einem vergleichenden psychologischen Blick auf die Nationen in aller Vorsicht bestimmte Kriterien und Eigenschaften herauszuarbeiten, jedoch ohne sie – um dies noch einmal zu betonen – mit einem Werturteil zu verbinden. Es geht nicht um höher- oder minderwertig, allenfalls um differenzierter bzw. undifferenzierter, was aber niemals ein Abqualifizieren der noch unreiferen Stufe ist. Die früheren Stufen bilden im Gegenteil die Grundlage, auf der die folgenden beruhen.

Ein solches Gesamturteil, wie ich es hier bezogen auf die deutsche Psychologie versuche, ist wie ein Schauen mit nicht-fixierenden Augen, bei dem man ganzheitlich die dominierenden Konturen und Strukturen erfasst und von allen divergierenden Details absieht. Es mag sein, dass sich bestimmte Individuen ein Stück weit vom allgemeinen Nationalcharakter abheben; es ist aber auch möglich, dass trotz markanter Unterschiede die Betreffenden doch in gewissem Maße von ihm eingefärbt sind. Jedenfalls sind bei einem solchen Pauschalblick, der eine Art Zusammenschau vieler Einzelwahrnehmungen darstellt, die Andersartigkeiten der Nationen nicht zu übersehen.

Dabei ist es gar nicht so einfach, Aussagen über sich selbst zu machen. Um ein drastisches Beispiel zur Verdeutlichung zu nehmen: Ein Mensch mit totaler Farbenblindheit, der sich unter ebenfalls Farbenblinden befindet, kann auf die Tatsache, dass es neben Schwarz und Weiß noch so etwas wie Farbe gibt, nicht von selbst aufmerksam werden. Denn die »Gleichgesinnten« um ihn können ihm da nicht helfen. Dazu müsste man »über den Zaun gucken«, um seinen »Fehler« (das, was fehlt) zu erkennen. Außerdem tut es weh, sich dieses Manko einzugestehen. Schon wenn man seine eigenen Augen sehen will, geht das nicht direkt, sondern man muss Abstand zu sich gewinnen und braucht einen Spiegel. So haben mir frühere Auslandsreisen geholfen, bei denen mir besonders in den ersten Tagen, bevor es zu einer Gewöhnung kam, jeweils die Andersartigkeiten krass auffielen.

Psychologische Geschichtsbetrachtung und Kulturpsychologie

Auch wenn ich viel auf geschichtliche Zusammenhänge eingehen und besonders die Politik Deutschlands vor den beiden Weltkriegen schildern werde, so handelt es sich bei diesem Buch doch nicht um eine historische

Veröffentlichung. Ich bin kein Historiker und mein Anspruch ist nicht, geschichtliche Zusammenhänge unter vielleicht neuen Auspizien darzustellen. Ich berufe mich stattdessen auf renommierte Geschichtswissenschaftler und -vermittler, die dieses Gebiet beackert und lesenswerte Werke darüber geschaffen haben wie z. B. Gordon A. Craig, Joachim Fest, Sebastian Haffner und Christian Graf von Krockow. Mein eigener Blick ist dagegen ein psychologischer und insbesondere tiefenpsychologischer, den ich dann allerdings auch gerade auf die historischen Tatsachen richte.

Bedeutende Geschichtsschreiber haben schon immer psychologische Aspekte anerkannt und ein Auge dafür gehabt. Beispielsweise kommt Joachim Fest, der eine biografische Geschichtsschreibung favorisiert und die geschichtsträchtige, historisch große Person und ihre seelische Beschaffenheit beleuchtet, diesem Anspruch entgegen. Gordon Craig, der – wie ich meine – eine ausgesprochen emotionale Historiografie durchführt, also vornehmlich auf die Gefühlsparameter in der Politik und die gefühlsmäßigen Beziehungen der Staaten und Staatsmänner untereinander eingeht, leistet einen noch gar nicht erkannten, geschweige denn gewürdigten Beitrag zur Psychologie der Geschichte, nämlich in Hinblick auf das Fühlen. Überhaupt werden allmählich immer offensichtlicher und zielstrebiger psychologische Sichtweisen einbezogen.

Mein Ansatz, der die Tiefenpsychologie an die zentrale Stelle setzt, basiert auf zwei Grundkonzepten aus dem Werk C. G. Jungs. Erstens auf dem von ihm erarbeiteten Wissen über die vier Orientierungsfunktionen Denken, Fühlen, Empfinden (sinnliche Wahrnehmung) und Intuieren, die heute auch als Ichfunktionen bezeichnet werden – weil das Ichbewusstsein sich damit orientiert – und die aber außerdem ins Vor- und Unbewusste reichen und von diesem beeinflusst werden. Zweitens auf dem Konzept des schon genannten kollektiven Unbewussten und der Archetypenlehre, die ebenfalls von dem Schweizer Psychiater begründet wurden. S. Freud hatte den Anfang gemacht in der Psychologie des Unbewussten, und C. G. Jung hat sie enorm erweitert. Durch diese beiden Pioniere der modernen Tiefenpsychologie, die immer noch so modern und ebenso wenig ausgeschöpft ist wie die moderne Physik, besonders aber durch Jung, haben wir heute ein fundiertes Wissen über das persönliche und kollektive Unbewusste, über unbewusste Komplexe und die symbolisch-psychologische Bedeutung der Mythen. An manchen Stellen habe ich diese Fäden aufgenommen und weitergesponnen, habe damit die Entwicklung des Bewusstseins bei uns und anderswo untersucht und bin so zu

Ergebnissen gekommen, die ohne das bereits errichtete Fundament und das von Jung und Freud gelieferte umfängliche psychologische Rüstzeug nicht möglich gewesen wären.

Die Anwendung dieses Handwerkszeugs auf die Historie und auf alle Äußerungsformen einer Nation, eines Volkes oder einer Kultur stellt in mancher Hinsicht ein Novum dar. Was ich zu unternehmen versuche, ist ein Beitrag zu einer tiefenpsychologischen Geschichtsbetrachtung bzw. zu einer solchen Kulturpsychologie. Das Objekt einer derartigen Geschichtswissenschaft ist nicht mehr das Individuum, der einzelne Mensch, sondern eine ganze Population, eine Gesellschaft, ein Kollektiv, und zwar verstanden als kollektives Feld und unter Einbezug des kollektiven Unbewussten. Eine solche tiefenpsychologische Beleuchtung der historischen Phänomene und der Bewusstseinsentwicklung könnte auch die heutige Geschichtsmüdigkeit überwinden helfen und ein neues Geschichtsbewusstsein anregen: Die Historie wird wieder interessant und geradezu faszinierend, wenn wir sie unter dem Aspekt in den Blick nehmen, wo die Menschheit oder eine Menschengruppe in Hinblick auf ihr Bewusstsein steht und wie sie sich von den unbewussten Voraussetzungen her dorthin entwickelt hat. Denn alle historischen Phänomene, alle politischen und militärischen Ereignisse, alle Elaborate der Kunst- und Kulturschaffenden sind zeitbedingt und spiegeln zusammengenommen den momentanen Zustand des Bewusstseins und Unbewussten der Bevölkerung eines Landes. Diese tiefenpsychologische Sicht kann Schluss machen mit dem Vergessen der Geschichte, das zeitgenössische Mahner wie Christian Graf von Krockow als lebensgefährlich ansehen. Und wenn dieser Autor in seinem Buch *Die Zukunft der Geschichte*[11] fragt, welche Bedeutung die Geschichte in der Zukunft für uns haben könnte, so liegt – wie ich finde – eine Antwort in dieser tiefenpsychologischen Geschichts- und Kulturbetrachtung, auf deren weitgehend unbekanntem Terrain es noch viel zu erforschen und zu entdecken gibt.

Kapitel 1
Die gebrochene Identität

Was wird bloß aus unsern Träumen
In diesem zerrissnen Land
Die Wunden wollen nicht zugehn
Unter dem Dreckverband

Wolf Biermann[12]

Kann man als Deutsche oder Deutscher sich selbst lieben?

Im Sommer 2006 zur Fußballweltmeisterschaft gab es nie gesehene Bilder in Deutschland. Junge Menschen mit Zylindern oder anderem Kopfschmuck in den Farben der deutschen Trikolore, die Gesichter und Haare schwarz-rot-gold bemalt, mit Deutschlandfahnen um den Körper gewickelt oder diese schwenkend fuhren jeweils nach den gewonnenen Spielen begeistert, ausgelassen und sich und die Nationalmannschaft feiernd durch die Straßen – ein friedliches und lustiges Flaggezeigen im Verein mit anderen Nationalitäten, wie es in der Bundesrepublik neu ist. Hier möchte sich ein lange unterdrücktes und bislang zwiespältiges Nationalgefühl – ich möchte lieber sagen: eine Nationalfreude – erstmals in einer guten Weise einen Weg bahnen. Der Beginn einer Veränderung hin zur Normalität? Ein Anfang, ja, und ein hoffnungsvolles Anzeichen. Etwas aus der Psyche Deutschlands will nach oben, doch dass es unter der Oberfläche immer noch anders aussieht, dafür sprechen die anschließenden Beobachtungen.

Vor einiger Zeit konnte ich bei der 14-jährigen Freundin meiner Tochter Folgendes miterleben: Sie hatte sich in einem Secondhand-Shop ein Arbeitshemd und eine Tarnjacke der Bundeswehr gekauft und war ganz zufrieden damit, bis auf eine Kleinigkeit. Mit einem bedauernden Blick auf die Schulter und die dort angenähte deutsche Flagge sagte sie, dass sie das irgendwie übernähen oder mit einer anderen Flagge austauschen müsse. Eine andere Episode: Ein Mädchen, ebenfalls ein Teenager, kommt strahlend von einem Einkauf zur ihrer Mutter zurück und meint, dass sie ein »schönes T-Shirt« gekauft habe, das sie nun hervorholt. Es ist ganz schwarz und zeigt auf der

Vorderseite unter der Aufschrift »Heavy Metal« groß einen Totenkopf aus aufgenähten glänzenden Pailletten. Ein drittes Beispiel: In einer anderen Familie stellen die Eltern fest, dass ihr 7-jähriger Sohn eine Piratenfahne mit dem gleichen Symbol des Todes an seine Zimmertür geheftet hat.

Solche und ähnliche Begebenheiten können einem vielerorts und jeden Tag in Deutschland auffallen. Sie sind höchst symbolisch. Es ist heute kein Problem, mit einer amerikanischen oder einer britischen Flagge an der Kleidung herumzulaufen, doch die deutsche ist – abgesehen von der Episode der Fußball-WM und außer bei sonstigen länderübergreifenden Wettkämpfen – schon in der jüngsten Generation immer noch weitgehend tabu. Wir können im Grunde noch nicht wirklich und beständig »Flagge zeigen«, d. h. zu unserer deutschen Identität stehen.

Beim Totenkopf kommt mir gleich in den Sinn, dass dieses Emblem mit Stolz von der SS getragen wurde und dass Todessymbolik und Todessehnsucht lange Zeit eine große Bedeutung in Deutschland hatten. Sollte eine geheime Verbindung zwischen heute und der Zeit vor über 60 Jahren und weiter zurück bestehen und dies unbewusst durch den Gestus heutiger junger Menschen aufrechterhalten werden? Sollte das Sinnbild des Todes – um hier nur ein Phänomen beispielhaft zu nennen – ein Kennzeichen der deutschen Psychologie sein, das sich durch die Generationen zieht? Grüßen hier sozusagen die Toten, die noch nicht zur Ruhe gekommen sind, die Ermordeten und die durch den Krieg Getöteten? Im Oktober 2006 »spielten« Bundeswehrsoldaten in Afghanistan mit gefundenen Knochen und Schädeln. Der Aufruhr in Deutschland, der durch das Delikt selbst kaum gerechtfertigt erscheint, hat aus tiefenpsychologischer Sicht möglicherweise mit dem unterschwelligen Wissen um ähnliche makabre Aktionen der SS zu tun.

Ich bin der Meinung und möchte dies in diesem Buch aufzeigen, dass wir alle – und am ungeschütztesten die unter Zwanzigjährigen – die Atmosphäre unserer Gesellschaft aufnehmen und von ihren unbewussten Energien beeinflusst und geprägt sind. Das offenbart sich vor allem in der Zwiespältigkeit gegenüber der eigenen nationalen Identität, besonders seit 1945. Jahrzehntelang habe ich das Leiden am mangelnden nationalen Selbstwertgefühl hierzulande und eine überall wahrnehmbare Gebrochenheit beobachten können, wie sie sich mir direkt in Form von Scheu und Befangenheit oder indirekt in der Kehrform von Selbstüberhebung und vorgetäuschter Selbstsicherheit zeigte. Viele schämen sich, Deutsche zu sein – besonders in der zweiten Hälfte des letzten Jahrhunderts war das so, aber auch heute ist dies noch nicht vollständig überwunden – und bewegen sich im Ausland mit einem untergründigen Minderwertigkeitsgefühl. Dies fällt uns selbst häufig gar nicht mehr auf, sticht aber Ausländern deutlich ins Auge. So schildert der dunkelhäutige Asfa-Wossen Asserate in seinem Buch *Manieren*, wie er mit Erstaunen feststellen musste, dass dieses von Äthiopien und ganz Afrika so geschätzte Deutschland sich selbst ganz misstrauisch und kleinmütig sah:

»Unvergesslich ist mir ein Erlebnis in Paris, wo ich mit französischen Freunden, die sehr gut Deutsch sprachen, eine Ausstellung besuchte. Wir beugten uns gemeinsam über eine Vitrine und tauschten uns auf deutsch darüber aus, was wir sahen, als mich von hinten eine deutsche Dame, dem Aussehen nach eine Intellektuelle, anstieß und mir zuraunte: ›Sprechen Sie doch nicht so laut, es merkt ja jeder, dass Sie Deutsche sind!‹ Als ich mich umdrehte, war ihr Erschrecken größer als das des Papageno beim Anblick des Monostatos.«[13]

Ich konnte über eine lange Zeit ähnliche Erfahrungen machen und Eindrücke, Gedanken und Ideen sammeln, die mir viele Erscheinungen in Deutschland in ihrer Bedeutung erhellten und die sich schließlich zu Thesen verdichteten. Ich begriff eines Tages auch, dass in diesem Konfliktstoff und Gefühlschaos, das mit der Frage der deutschen Identität verbunden ist, eine lohnende Aufgabe und eine große Chance stecken. Ich begann, mein Unbehagen ernst zu nehmen und beschloss, ihm auf die Spur zu kommen.

Wenn man sich selbst überprüft, wie die eigene Beziehung zu seinem Land ist, stößt man sofort auf schwierige Gefühle. Hier gelangt man unmittelbar zum Kern, denn es ist schwer, einen Zugang zu der Vorstellung zu finden, sein Land zu mögen. Ich für meinen Teil spüre, dass ich da einen inneren Graben überwinden muss. So ging es mir lange Zeit allein schon dabei, wenn ich mich besann, dass ich Deutscher bin. Wahrscheinlich werden mir dies meine »Mitdeutschen« nachfühlen können, wenn sie bei solchen Aussagen nach innen lauschen und sich auf ihr Feinempfinden einlassen.

Man kann diesen Fährten einer gefühlsmäßigen Irritation folgen, indem man sich vorsagt: »Ich liebe die Deutschen« oder »Ich liebe mich als Deutsche(r)«. Sehr schnell wird man auf die Kluft stoßen, die sich zwischen uns und einem normalen, unbefangenen kollektiven Selbstverständnis auftut. An diesem Punkt gibt es ein inneres Holpern und Stolpern – eine Art Abgrund, der sich dort auftut, wie leicht zu spüren ist. Ich möchte im Folgenden diese diffizilen und wunden Stellen ausleuchten und auf diese Weise dazu beitragen, die Lücke in unserer deutschen Identität aufzufüllen, zu überbrücken und endlich zu schließen. Einfach darüber hinwegzugehen und so tun, als wäre da nichts, ist heute nicht mehr möglich. Wir hatten das Problem jahrzehntelang mehr oder weniger verdrängt oder eine falsche Sicherheit vorgeschützt. Die Zeit erscheint jetzt aber mehr als reif für eine profunde Aufarbeitung und Selbstreflexion. Das sage ich unter Würdigung all der Arbeit, die bei dieser Aufgabe schon geleistet worden ist.

Bislang zeigt sich die gestörte Identität vornehmlich gerade darin, dass sich der einzelne Deutsche im Grunde selber nicht mag. Deshalb mögen wir Deutsche uns auch gegenseitig nicht besonders. Und das ist trotz einzelner Hauruck-Versuche, einen beschwingten Patriotismus einzuführen, immer noch so. Wir halten es in unserem Land mit uns selbst nicht gut aus. Das könnte auch eine Triebfeder sein, warum wir in punkto Reisen an der Weltspitze liegen. Wir sind sehr entdeckungsfreudig und aufgeschlossen gegenüber Neuem, haben Bildungs- und Sonnenhunger und sind schon von daher sehr reiselustig. Doch fliehen wir nicht im Urlaub auch deshalb ins Ausland, um uns von dem irgendwie rauen und feindseligen Klima hierzulande zu erholen? Viele von uns möchten noch dazu am Ferienort möglichst keinen anderen Deutschen begegnen. Das heißt, wir wollen endlich einmal nicht an uns, unser Wesen und unsere Problematiken erinnert werden.

Die Wir-Vermeidung

Neben den eingangs erwähnten gibt es noch andere und alltäglichere Signale, die das distanzierte oder gebrochene Verhältnis von uns Deutschen zu uns selbst anzeigen. Ein solches unspektakuläres Zeichen dafür ist, dass wir uns scheuen, »wir« zu sagen. Da heißt es in den Nachrichtensendungen, in der Politik, beim Sport oder bei Wirtschaftsthemen: »Im Länderspiel gegen ... haben *die Deutschen* so und so gespielt.« Oder: »Der Exportüberschuss *der Deutschen* liegt in diesem Jahr bei ...« Zum Teil wird über *die Deutschen* gesprochen, als handele es sich um eine exotische, interessiert-distanziert zu betrachtende Spezies, mit der wir im Grunde nichts zu tun haben. Wir vergessen, dass wir von uns selbst reden. Wir können uns eben nicht so recht mit diesem Land und seinen Menschen identifizieren. Ich möchte in der Hinsicht eine Zäsur setzen und wieder mehr »wir« sagen.[14]

Dabei bin ich mir darüber im Klaren, dass die Wir-Vermeidung vor allem daher rührt, dass das Wir-Gefühl vormals fragwürdigen Zielen diente oder manipulativ und missbräuchlich verwandt wurde. Im Ersten und Zweiten Weltkrieg entstand unter der Mehrheit der Bevölkerung eine mitreißende Begeisterung, die die Menschen zu einer verschworenen Gemeinschaft zusammenschweißte. Teils ergab sich dies spontan, teils wurde es propagandistisch geschürt. Es kam in Sätzen zum Ausdruck wie: »Wir werden den Engländer, den Franzosen, den Russen schon schlagen«, oder: »Wir nehmen es mit jedem Land der Welt auf.« Dieser einstige wilhelminische Hurra-Patriotismus und dieses »Ein Volk, ein Reich, ein Führer« aus den 30er-Jahren haben uns Heutige gegen jegliche rauschhafte Massensolidarisierung, die zu jenen Zeiten zu einer kollektiven Psychose ausuferte, immunisiert und mit Recht vorsichtig werden lassen. Es gibt kein Zurück zu dieser Art eines Wir, wo es heißt: »Der Einzelne ist nichts, dein Volk ist alles«, keine Rückkehr in ein dumpfes Aufgehen in der Gesamtheit. Es darf keine Auflösung der Individualität mehr stattfinden. Sonst wäre es psychologisch gesprochen eine *Regression,* ein Rückschritt in ein früheres Bewusstsein, wie es ja im »Dritten Reich« auch tatsächlich passiert ist. Hier wurden das Ich bzw. der Einzelne der Volksgemeinschaft und das eigenständige Denken von vielen Deutschen dem »Führer« geopfert. Latent besteht bis heute noch eine gewisse Angst vor solch einer Regression. Vielleicht ist das auch einer der Gründe, warum das »Wir« bisher weitgehend vermieden wurde. Wir sind in unserer Individualität, in unserem Ichbewusstsein noch nicht so stark, dass wir ohne eine vage Furcht vor Ich-Auflösung »wir« sagen könnten. Die Schwierigkeit, sich mit seinem Land zu identifizieren, hängt bei uns also auch mit diesem unterschwelligen Unbehagen zusammen, sich wieder im Allgefühl der Masse verlieren zu können.

Die Errungenschaft des modernen Individuums mit seiner Autonomie darf natürlich nicht angetastet werden. Nur auf der Basis eines gesicherten Ich – dazu gehören innere Freiheit, Selbstbestimmung und echte Entscheidungsfähigkeit – können wir uns zu unserer Teilhabe an der Kollektivpsyche bekennen und bezüglich unserer Zugehörigkeit zu einer Nation wieder freimütiger »wir« sagen.[15] Wir tun es dann als fortschrittliche Bürgerinnen und Bürger und aus freien Stücken und nehmen damit unseren Anteil am kollektiven Feld und die Verantwortung für das Ganze auf uns.

Die Bewusstseinsentwicklung vom Wir zum Ich

Es ist wichtig zu wissen, dass sich in der Geschichte und Entwicklung der Völker das Ich des modernen Menschen erst mit der Zeit und erst ab einer gewissen Bewusstseinsstärke aus dem Gruppenbewusstsein, dem ursprünglichen Wir-Gefühl, herauskristallisiert hat. Dies geschieht analog der Kindesentwicklung: Das kleine Menschenwesen lernt im Laufe des dritten Lebensjahres »ich« zu sagen. Davor redet es in der dritten Person von »Sabine« oder »Michael«, wenn es von sich selbst spricht, z. B. in der Form: »Sabine will spielen.« Das Bewusstsein des Kleinkinds ist noch Teil des Familien- oder Gruppenbewusstseins und noch nicht deutlich von den Elternpersonen abgegrenzt. Es schwebt sozusagen noch über dem Kollektiv und hat sich noch nicht als Ichbewusstsein in der entsprechenden Person niedergelassen. Genau dies ist auch der ursprüngliche Zustand bei einem urtümlichen Stamm oder Naturvolk. Auch hier schält sich das Einzel-Ich erst in einem langsamen Prozess aus dem kollektiven Feld heraus.

Menschheitsgeschichtlich ist die Herausbildung eines gesicherten Ich z. B. in der griechischen Klassik zu verorten, doch es handelt sich um einen langsamen graduellen Prozess mit vielen Schritten vor und zurück. Die ersten Ansätze eines Ichbewusstseins in deutschen Landen sind zur Zeit der römischen Kolonisation und dann wieder im späten Mittelalter zu suchen. Doch erst seit der Neuzeit und besonders mit dem Fortgang des deutschen Nationalstaats bis zur Weimarer Zeit hatten sich in Deutschland mehr und mehr ein modernes Ichbewusstsein und ein Bürgerbewusstsein entwickelt, das 1933–1945 wieder regressiv und rückwärtsgewandt der anonymen Volksgemeinschaft geopfert werden musste. Man war Arier, es zählten Rasse und Blut, man war eine Partikel des Volksorganismus und nicht mehr der freie einzelne Mensch. Dies sind die Hintergründe, und somit ist die Vorsicht beim »Wir« begreiflich.

Das große Hin und Her

Die bei uns schon lange bestehende Unausgegorenheit hinsichtlich der nationalen Identität wird auch an dem großen Hin und Her deutlich, das beim Wechsel der Zentren oder Regierungssitze, bei den ständigen Änderungen der Staatsfeiertage und beim mehrfachen Ummodeln der Staatsflagge veranstaltet wurde. Nirgends gab es Beständigkeit.

... bei Zentren und Nationalfeiertag

Man schaue sich nur an, wie die Zentren im Verlaufe der historischen Entwicklung wechselten. Zu einer richtigen Hauptstadt kam es erst spät. Im Heiligen Römischen Reich, das ja bis 1806 bestand, tagte der Reichstag bis Mitte des 17. Jahrhundert erst in verschiedenen Städten wie Worms, Aachen, Augsburg, Würzburg und anderen, bis er sich als Immerwährender Reichstag in Regensburg niederließ. Die Bundesversammlung des Deutschen Bundes (1815–1866) trat in Frankfurt am Main zusammen. Lange konkurrierten Wien, als Sitz des österreichischen Kaisers und Zentrum des südlichen Deutschlands, und Berlin, die Residenz des preußischen Königs und Zentrum des nördlichen Deutschlands, miteinander. Berlin wurde schließlich Hauptstadt des zweiten Kaiserreichs und blieb es über die Weimarer Republik und Hitlerdeutschland hinweg, bis mit der Bundesrepublik Bonn zur »Ersatz-Hauptstadt« wurde. Nach der Wiedervereinigung und dem Ende des Viermächtestatus wurde Berlin wieder gesamtdeutscher Regierungssitz.

Noch unübersichtlicher verhält es sich mit den Nationalfeiertagen, die ja besonders reflektieren, auf welchen »Gründungsmythos« oder auf welche identitätsstiftenden Traditionen sich ein Land bezieht. Im Kaiserreich war der Sedanstag am 2. September nationaler Feiertag, an dem der Sieg über die Franzosen bei Sedan 1870 bejubelt wurde. Man bezog sich also auf ein Feindbild, nicht auf etwas Eigenes. Warum legte man nicht wenigstens den Tag der Reichsgründung zugrunde? In der Weimarer Republik gab es einen auf das Jahr 1919 zurückgehenden Verfassungstag. Unter Hitler wurden der Tag der Machtergreifung, sein Geburtstag und die Reichsparteitage groß gefeiert. Danach kam als bundesrepublikanischer Gedenktag der 17. Juni, der an den Aufstand in der DDR 1953 erinnerte.

Unser heutiger Nationalfeiertag am 3. Oktober wird erst seit 1991 begangen. In diesem Zusammenhang plädieren einzelne Historiker mit gewissem Recht, dass der 9. November als »Schicksalstag der Deutschen« – wie es heißt – ein adäquaterer Feiertag wäre. Der 9. 11. ist schon mit der scheiternden Revolution von 1848 verknüpft, hier war der Höhepunkt der Novemberrevolution 1918, als der Sozialdemokrat Philipp Scheidemann nach dem verlorenen Krieg die Republik ausrief, hier war 1923 der Putschversuch von Hitler und Ludendorff in München, hier fand die Reichspogromnacht von 1938 statt, hier fiel 1989 die Mauer und begann die Wiedervereinigung. Dieses Datum wäre ein Licht und Schatten umfassender Nationaltag gewesen. Dann hätte man sich insgesamt immerhin auf ca. 160 Jahre rückbeziehen können.

In anderen Nationen ist die Rückidentifikation bis weit in die eigene Geschichtstiefe ganz selbstverständlich. Sie reicht bei den Engländern mindestens bis zur Magna Charta Libertatum von 1215 zurück, in der erste wichtige Freiheitsrechte verankert wurden. Die Rückbesinnung der Amerikaner geht ohne Bruch bis zur Gründung der Vereinigten Staaten mit der Unabhängigkeitserklärung von 1776 und darüber hinaus. Bei den Franzosen ist die Revolution von 1789 mit ihren Freiheitsrufen bis heute ein wichtiger Identifikationsfaktor. Auch Napoleon und die 1200 Jahre währende Monarchie davor sind ein fester Bestandteil des Nationalbewusstseins unseres westlichen Nachbarn. Irland erinnert sich mit seinem St. Patrick's Day sogar bis ins 5. Jahrhundert zurück.

... bei der Flagge

Die Unsicherheit in der Identität zeigt sich desgleichen bei den Reichs- oder Staatsflaggen. Auch hier das »Rein in die Kartoffeln – raus aus den Kartoffeln«, auch hier Unbeständigkeit, auch hier gab es nichts, womit man sich über die Jahrhunderte hinweg durchgängig hätte identifizieren können. Nur der Adler zieht sich – zwar in wechselnder Form – als konstantes Merkmal durch unsere Wappengeschichte, doch die Fahnen wechselten.

Da ich immer wieder Länderabzeichen und Ähnliches symbolisch interpretieren werde, hier vorweg ein grundsätzliches Wort zur tiefenpsychologischen Deutung von heraldischen Emblemen und Flaggen. Ähnlich wie von Patienten unbewusst gemalte Bilder, die in der Psychotherapie einbezogen, auf ihren tieferen Gehalt hin untersucht und für den Fortgang der Behandlung genutzt werden, so tragen auch Wappendarstellungen und die Farbgebung und Gestaltung bei Flaggen unbewusste Botschaften.

Die heraldischen Wiedergaben sind nämlich nicht zufällig oder von Einzelnen willkürlich gesetzt, sondern beruhen auf einem stillschweigenden Konsens der Großgruppe und sind damit Ausdruck des kollektiven Feldes dieser Gruppe. Nur wenn die Ausformung der Abzeichen dem Unbewussten des jeweiligen Kollektivs entspricht, setzen sie sich durch und können sich halten. Es haben also auch scheinbar bewusst geschaffene Zeichen auf einer darunterliegenden Ebene einen unbewussten Symbolcharakter. Dabei widerspricht – wie wir sehen werden – die tiefenpsychologische Interpretation oft der bewussten Ebene, auf der man eine bestimmte Bedeutung des Zeichens beabsichtigte; die psychologische Sichtweise ist somit nicht unbedingt gleichsinnig mit der heraldischen.

Die Farbgebung der heutigen Schwarz-Rot-Gold-Fahne weist zurück in die Heraldik des Alten Reiches, wo es bereits im 12. Jahrhundert einen schwarzen Adler auf goldenem Grund gab und ab dem 14. Jahrhundert das Rot bei Fängen und Schnabel hinzukam. Der früheste Nachweis findet sich in der Manesse'schen Liederhandschrift aus der Zeit um 1300. Später gesellte sich Gelb dazu, und ab 1815 wurde von den Burschenschaften in Hinblick auf die Einheit Deutschlands ein dreifarbiger Wimpel aufgegriffen. Beim Hambacher Fest 1832 wurde dann erstmals diese schwarz-rot-goldene Fahne als Nationalemblem vor einer großen Öffentlichkeit gehisst. Kurioserweise wurde sie genau anders herum eingeführt, wie wir sie heute zeigen: Gold war oben und Schwarz unten. Es ist faszinierend, dass die deutsche Trikolore damals so ausgerichtet wurde, wie es meiner Auffassung nach einem gewandelten deutschen Bewusstsein entspricht. Wie ich noch zeigen werde (siehe Schlusskapitel), drückt sie in dieser Abfolge ihrer Farben eine positivere Symbolik aus, die offenbar als Anlage schon früh in diesem deutschen Emblem enthalten war. Es ist eine psychologische Allgemeinerfahrung, dass am Anfang im Grunde alles schon da ist, auch wenn es sich im frühen Stadium nur kurz oder andeutungsweise zeigt.

Das Schwarz-Rot-Gold (in der heutigen Farb-Reihenfolge) wurde schließlich zum Panier der Revolution von 1848. Im März jenes Jahres bestimmte der Bundestag des Deutschen Bundes in Frankfurt Schwarz, Rot und Gold als Bundesfarben. Die schwarz-rot-goldene Fahne wurde darauf sowohl in Wien als auch bei den revolutionären Ereignissen in Berlin gehisst, woraufhin das preußische Königspaar die Bundesfarben anerkannte und sich der freiheitlichen Bürgerbewegung anschloss. Im Herbst des gleichen Jahres wurden die drei Farben durch die deutsche Nationalversammlung zum nationalen Symbol erklärt. Doch mit dem Scheitern der Revolution verschwand auch die Flagge wieder und nur die Reichsflotte führte sie noch bis zu ihrer Auflösung 1852, allerdings nicht international anerkannt, da sie nie den anderen Staaten als gesamtdeutsches Symbol angezeigt worden war. Österreich aber, das bis dahin den Kaiser stellte, übernahm diese deutschen Farben und führte sie 1866 gegen Preußen ins Feld, wo es bekanntlich unterlag und den Weg zur Vorherrschaft Preußens und zur späteren Reichsgründung unter preußischer Führung freimachen musste. Preußen hatte bis dato ein schwarz-weißes Banner, das 1871 zum Schwarz-Weiß-Rot der damaligen Deutschlandfahne erweitert wurde.

In der Weimarer Republik hieß es wieder »Hü« mit Schwarz-Rot-Gold. Als Handelsflagge wurde sogar die alte »Kaiserfahne« Schwarz-Weiß-Rot, mit einem kleinen schwarz-rot-goldenen Rechteck in der oberen linken Ecke, beibehalten. Im »Dritten Reich« lautete es dann wieder »Hott« mit Schwarz-Weiß-Rot, das neben der Hakenkreuzfahne bestand. (Die Gold-Trikolore war damals das unnachgiebig bekämpfte Zeichen des demokratischen Widerstandes.) Ab 1935 wurde aber nur noch die Hakenkreuzflagge gehisst.

Schwarz-Weiß unter Aussparung aller Farben und Zwischentöne entspricht einem brüsken Unterscheidungsvermögen und lässt ein gewisses plakatives Alles-oder-nichts-Denken, ein »Schwarz-Weiß-Denken«, durchblicken, das ja im Hitlerreich schließlich auf die Alternative »Weltmacht oder Untergang« verkürzt wurde. Schwarz-Weiß spricht mehr den Machtinstinkt an (das gilt auch für Schwarz-Weiß-Rot, deshalb diese Flagge unter Bismarck, Wilhelm II. und Hitler) als die demokratische und freiheitliche Gold-Trikolore, die durch ihr Aussetzen im Zweiten und »Dritten Reich« übrigens durch keinen der beiden Weltkriege belastet ist.

Mit dem Grundgesetz der Bundesrepublik Deutschland 1949 wurde wieder Schwarz-Rot-Gold Nationalflagge, die im Bewusstsein der Menschen für Freiheit und Einheit stand. Auch die DDR übernahm die schwarz-rot-goldene Fahne, ein erstaunlicher Ausdruck der Einhelligkeit zumindest in dieser Frage – bzw. ein Zeichen der offiziell propagierten Einheitsbemühungen der DDR. Erst zehn Jahre nach ihrer Gründung, also 1959, setzte die DDR noch ihr Staatswappen, dieses runde »Logo« aus Hammer und Zirkel in einem Ährenkranz, auf das Banner. Nach der Maueröffnung trennten die Menschen in der untergehenden DDR das Wappenrund heraus, so dass es für eine kurze Zeit eine Deutschlandfahne mit einem kreisrunden Loch in der Mitte gab.

In der Bundesrepublik trug die deutsche Nationalmannschaft im Fußball bis vor kurzem meist ein rein schwarz-weißes Trikot. Erst seit einigen Jahren erscheint, erst verschämt und klein, mit der Zeit etwas deutlicher, auch die Dreifarbigkeit integriert in den Spielerdress. Bei den Fans ist es inzwischen längst üblich geworden, bei Wettkämpfen freizügiger und verschwenderischer mit den Nationalfarben umzugehen.

... bei der Nationalhymne

Ein Hin und Her – wie könnte es anders sein – gab es auch bei der Nationalhymne, bis Deutschland hier ebenfalls und schlussendlich seinen Stil und seinen Ausdruck fand, zu dem die Mehrheit stehen kann. Auch auf diesem verschlungenen Weg offenbaren sich die Schwierigkeiten mit einer gemeinsamen Identität.

1871 mit der Gründung des ersten deutschen Nationalstaates wurde das Lied »Heil dir im Siegerkranz« – das an das imperiale Rom gemahnt – Nationalhymne, gesungen auf die Melodie von »God Save the King«. Das heutige Deutschlandlied, dem eine Komposition von Haydn zugrunde gelegt ist, wurde von Hoffmann von Fallersleben 1841 auf Helgoland gedichtet. Es konnte sich aber in der ersten nationalen Bewegung ähnlich wie die Schwarz-Rot-Gold-Flagge nicht gegen das Preislied auf die Kaiserdynastie durchsetzen und wurde erst in der Weimarer Republik für das ganze Land verbindlich. Das ursprüngliche Deutschlandlied hatte drei Strophen, wobei die erste, »Deutschland, Deutschland über alles«, für den tiefer Schauenden von Anfang an doppelsinnig erscheint. Wenn auch die bewusste Intention war, mit den Zeilen auszudrücken, das Vaterland und seine Einigung über alles in der Welt zu lieben, so klingt doch darin schon an, sich als Deutsche über alle in der Welt zu stellen. Hybris und der Weltmachtgedanke sind hier schon – zumindest vorbewusst – angelegt. So konnte das Lied bereits im Kaiserreich, obwohl es nicht offiziell als Reichshymne akkreditiert war, und dann besonders unter Hitler mit nationalistischem Akzent gesungen werden, wobei allerdings im NS-Staat das Horst-Wessel-Lied (»Die Fahne hoch, die Reihen fest geschlossen«) als Selbstdarstellung der nationalsozialistischen Bewegung an die erste Stelle rückte. In der Bundesrepublik wurde das »Lied der Deutschen« wieder aufgegriffen, wobei nur noch die dritte Strophe angestimmt wird. Während die DDR mit »Auferstanden aus Ruinen« eine neue Hymne kreiert und intoniert hatte, wurde nach 1990 »Einigkeit und Recht und Freiheit« letztendlich für alle Deutschen verbindlich.

Doch erst wenn der Prozess der Selbstfindung und Konsolidierung zu einem guten Abschluss gekommen und sozusagen das Gold der Flagge nach oben gekehrt sind, wird unser Land nach all seinen Zickzack-, Irr- und Umwegen und der langen Unruhe »im Glanze dieses Glückes« blühen können, wie es im Deutschlandlied so schön heißt. Dazu ist aber die vollständige Bewältigung des folgenden Traumas notwendig.

Die Wurzel des Identitätsverlusts: Die NS-Verbrechen und das Trauma von 1945

Bei allen Versuchen, der deutschen Identität näherzukommen, wird man immer wieder am Thema des Nationalsozialismus anecken. Es führt kein Weg daran vorbei, hier tiefer einzudringen und die NS-Zeit zu integrieren. Erst danach werden wir wieder zu einem umfänglicheren Verständnis unserer Geschichte gelangen und zu einer Verbundenheit mit ihr zurückfinden.

Die Wurzel des Identitätsverlustes liegt zu einem ganz großen Teil bei dem Trauma des deutschen Faschismus mit dem millionenfachen Mord an den Juden und dem sog. »Zusammenbruch«, der Niederlage im Zweiten Weltkrieg. Hier existiert trotz aller Ansätze und Fortschritte der Aufarbeitung noch ein gewaltiger, unverarbeiteter Komplex, wie uns erst nach und nach bewusst wird. Nach vieljähriger Abschottung dieses brisanten Bereichs beginnen wir langsam, genauer hinzuschauen. Tröpfchenweise lassen wir mehr Fakten und Details in unser öffentliches Bewusstsein dringen. Wir wagen es heute etwas mehr, uns damit zu konfrontieren. Das sind positive Anzeichen. Doch noch immer ist das Thema sehr affektbesetzt und löst die heftigsten Reaktionen – besonders bei der älteren Generation – aus, ein untrüglicher Fingerzeig, dass wir es mit einem aufgeladenen Komplex zu tun haben. »Auschwitz« als stellvertretender Ausdruck für alle Konzentrations- und Vernichtungslager ist immer noch eine extrem wunde Stelle in unserer Psyche und in erster Linie die Ursache für die deutsche Identitätsstörung und die Schambesetztheit. Die emotionalen Stellungnahmen zu Auschwitz und der NS-Zeit überhaupt sind polarisierend und reichen von »Kann man die Vergangenheit nicht endlich mal ruhen lassen!? Muss man das immer wieder aufführen?« bis zu moralisierenden und anklagenden Äußerungen der Jüngeren, dass sich noch nichts geändert habe, dass das Nazi-Gedankengut noch immer fortwirke usw.

Übrigens tun wir bei diesem Thema gut daran, in der Diskussion nicht zu sagen: »Die Nazis haben das getan. Hitler und seine Gefolgsleute sind die Schuldigen«, sondern in Eigenverantwortlichkeit und Bescheidenheit auch hier »wir« zu sagen. Denn genau da liegt die Ursache der gestörten Identität und des Bruchs mit der eigenen Geschichte: Wenn wir uns an dieser Stelle aus der Pflicht nehmen und alles »den Nazis« zuschieben, zerreißen wir das Band historischer Kontinuität und finden kaum mehr den Anschluss an die Traditionen und kulturellen Werte der Zeit davor. Damit würden wir – und genau das haben wir in unserem Schock und unserer Verzweiflung damals gemacht, als wir von der »Stunde Null« sprachen – unsere nationale Existenz und Selbstwahrnehmung erst mit der Nachkriegsära ansetzen. Unsere gefühlsmäßige Zeitrechnung beginnt im Grunde erst mit 1945 oder mit der Gründung der Bundesrepublik bzw. der DDR. Viele Zusammenkünfte und Treffen begannen seinerzeit mit der Zählung bei 1 und nannten sich, so z. B. bei den Literaten, »Erster deutscher Schriftstellerkongress 1947«. Alles von 1945 rückwärts hatten wir erst einmal aus unserem Bewusstsein gelöscht. Der Faden der Geschichte schien abgeschnitten. Über eine verlorengegangene Identität braucht man sich dann nicht zu wundern.

Wir haben also den merkwürdigen Fall in Deutschland, dass unsere Rückbeziehung nur bis zur Bundesrepublik und höchstens inselhaft weiter in die Vergangenheit reicht. Schon bei den Feiertagen sahen wir, dass unsere Identifizierung jeweils nur wenige Dezennien umfasst. Der 17. Juni hatte gerade einmal 37 Jahre Bestand und der 3. Oktober datiert nur auf die Geschehnisse von 1989/90 zurück. Dieses eingeschränkte »Erinnerungsvermögen« gilt generell. Bei uns ist es nicht statthaft und praktisch nicht möglich, zur kollektiven Selbstvergewisserung oder zur Besinnung z. B. auf Karl den Großen, auf Preußen, auf das Bismarck'sche Reich, auf Wilhelm II. oder auf die Weimarer Zeit, geschweige denn auf den NSDAP- und SS-Staat zurückzugreifen. Mit der lächerlichen Zeit von wenigen Jahrzehnten berauben wir Deutschen uns unserer Würde und unserer eigenen kulturträchtigen Geschichte. Wir können unsere Geburts- und Werdezeit aber nur dann wieder zeitlich weiter zurück ansiedeln, wenn wir bereit sind, auch für die Periode des »Dritten Reiches« »wir« zu sagen und die Schuld oder – wie heute passender und besser gesagt wird – unsere Verantwortung anzuerkennen. Dann werden wir auch die humanistische Periode der Goethezeit und andere bedeutsame Epochen wieder besser an unser Selbstverständnis anschließen können.

Deutschland ist bei der NS-Diktatur und der Katastrophe des Zweiten Weltkriegs kein passives Opfer gewesen, sondern hat sich eigenständig in diese Situation hineinmanövriert. Es musste dann selbst ein schweres Schicksal erleben und die Verantwortung für den begangenen Völkermord übernehmen. Wie es von den unbewussten Voraussetzungen her dazu gekommen ist, möchte ich in späteren Kaptiteln aufzeigen. Diese traumatische Zeit zwischen 1933 und 1945 steht nämlich nicht isoliert da, sondern hat ihre Vorbedingungen in deutschen Wesenszügen, und es gibt Vorläufer des fatalen Geschehens, die bis in die Zeit vor dem Ersten Weltkrieg und noch weiter zurückreichen. Das sog. »Tausendjährige Reich« war nur die forcierte Steigerung, Zuspitzung und Kulmination einer Entwicklung, deren Wurzeln in der deutschen Psyche liegen.

Der Tiefpunkt von 1945 ist aber gleichzeitig ein Umkehrpunkt, wie ich hier schon einmal vorwegnehmen will. Je gründlicher wir die Hitlerzeit aufarbeiten, desto bewusster wird die Umkehr werden. Wie bei der Wintersonnenwende um den 21. Dezember herum, wo man danach das Steigen des Zentralgestirns noch längere Zeit kaum bemerkt und der Winter sich noch zwei bis drei Monate fortsetzt, so ist der Wendepunkt noch wenig ins Bewusstsein gedrungen; doch das Licht nimmt zu. Der Schock und die Orientierungslosigkeit von 1945 waren heilsam. Ein Irrweg wurde, wenn auch brutal, gestoppt. Durch eine Umorientierung in der Tiefe haben wir die Aussicht, uns neu zu finden und zu definieren. In unserer prekären gegenwärtigen Lage und in all dem, was wir als Volk früher, besonders in der Zeit von 1933 bis 1945, auf uns genommen haben, liegt auch eine große Chance, wenn es uns gelingt, das Schlimme zu transformieren. Wenn diese tieferliegenden Ursachen gemeinschaftlich verstanden sind und an der Weiterentwicklung unseres Bewusstseins genügend gearbeitet ist, wenn ferner unsere Schattenseiten, wie sie sich in der Hitlerzeit unübersehbar geoffenbart haben, angenommen und integriert sind, kann es dann zu einer Wende zum Positiven kommen, werden wir zu einer neuen fundierten Identität finden und in unserer Liebesfähigkeit uns selbst und anderen Ländern gegenüber eine neue Ebene erreichen.

Die Unheimlichkeit der Sprache

Unsere Zerrissenheit und die Störung der Identität zeigen sich außerdem in der Sprache. Das selbstverständliche Benutzen einer Vielzahl deutscher

Wörter ist uns verloren gegangen. An den Vokabeln kleben sozusagen Blut und Schuld. Damit ist ein spontanes Äußern kaum mehr möglich. Wir können unserem Herzen nicht mehr freien Lauf lassen, weil wir unversehens an die »Mördergruben« stoßen. Man sieht das an den vielen Lapsus der Politiker und anderer Leute des öffentlichen Lebens, die sich in den vergangenen Jahrzehnten auf schwierigem Wortterrain immer wieder verhaspelten, darüber stolperten oder sogar zu Fall kamen. Es geht uns wie dem »bleichen Verbrecher« Nietzsches in seinem Werk *Also sprach Zarathustra*; wir sind gehemmt, wir sind blockiert. Ein Lügendetektor würde bei vielen Sätzen und Ausdrücken unsere untergründige Anspannung und das konfliktbedingte Zögern offenkundig machen.

Wir sind wie ein neurotisch gestörter Mensch, der aufgrund unethischen Handelns einen Schuldkomplex hat. Bei vielen Stichwörtern, die thematisch den Komplex berühren, hat er eine ausgelöschte Wahrnehmung, einen punktuellen Black-out oder einen blinden Fleck. Er kann mit den Wortauslösern nicht frei umgehen, wird an solchen Stellen möglicherweise nicht richtig verstehen oder sich beim Sprechen vergaloppieren. Denn das ist das Unheimliche: die Sprache verheimlicht nichts, sie ist »unheimlich«. Sie bewahrt alles auf, was jemals dazu gedacht oder daran gehängt worden ist. Die ganze Vergangenheit, die verdrängte Geschichte und unser Versagen klingen in den Wörtern mit an.

Der Störungseinfluss der NS-Ära geht – wie man sieht – bis in unsere Sprache hinein. Tausende von Begriffen unserer Muttersprache sind mehr oder weniger belastet. Ganz besonders gilt das natürlich für Wörter wie »Rasse«, »Führer«, »Juden«. Bei Letzterem wird manchmal sogar angemahnt, es lieber durch »jüdische Menschen« zu ersetzen, weil man im Wort »Jude« bis heute noch die Verunglimpfung und Abstempelung heraushören kann. So sind viele Ausdrücke heute entweder ganz tabu oder man muss sich bei der Benutzung des ihnen innewohnenden Anklangs bewusst sein. Und belastet ist auch »Volk«. Vielleicht muss man etwas tiefer in sich hineinspüren, um die Gefühlsfracht dieses an sich neutralen Begriffs wahrzunehmen. Das Wort »Volk« hat durch damalige Ableitungen wie »völkisch« und Zusammensetzungen wie »Volksgenosse«, »Volksgemeinschaft«, »Volkssturm« oder »gesunder Volksorganismus« eine heikle oder peinliche Bedeutungsaura bekommen; es ist nicht mehr unverfänglich.

Gerade weil die gemeinsame Sprache so verbindend und identitätsstiftend ist, kann sich die Krise des Selbstverständnisses in diesem Bereich offenbaren, wie das auch anhand der nicht enden wollenden Querelen um die Rechtschreibreform zu beobachten war. Das Hickhack um eine heute angemessene Orthografie und die Spaltung, die sich daraufhin durch die Nation zog, sind ein symbolischer Ausdruck unseres nationalen Uneinsseins und der Suche nach einer zeitgemäßen Identität. Einige große Zeitungen und viele Verlage hatten die Neuerungen nicht mitgemacht, so dass wir zeitweilig auch sprachlich in zwei Lager geschieden waren. Es gab ein Hin und Her zwischen Getrennt- und Zusammen- sowie Groß- und Kleinschreibung. (Vielleicht als Reaktion auf die frühere Größenanmaßung Deutschlands hatten sich Literaten und Intellektuelle wie Stefan George, Bertolt Brecht und viele andere Anfang des 20. Jahrhunderts eine konsequente Kleinschreibung vorgenommen, wie es in der jungen Bundesrepublik ebenfalls manche Linke taten.)

All dies ist höchst symbolisch. Nachdem die Rechtschreibreform als »Wiener Erklärung« 1996 gegen verbreiteten und renommierten Widerstand – auch Günter Grass und andere Schriftsteller verweigerten sich ihr – durchgesetzt worden war, kam es bald und wiederholt zu einer Reform der Reform, zuletzt 2006, in der ein Großteil der Änderungen wieder aufgehoben wurde. Der einzige Konsens besteht darin, dass auch mit der letzten Novellierung ein befriedigendes Ergebnis nicht zustande gekommen ist. Das Ringen um ein neues Selbstbild, das sich auch an diesem Beispiel zu erkennen gibt, ist also noch längst nicht abgeschlossen und kann es wohl auch gar nicht sein.

Wir sind mehr denn je verunsichert und unsicher, und wir sollten uns das eingestehen. Geben wir unsere Irritation und unser Minderwertigkeitsgefühl vor uns selbst nicht zu, ist die Verführung groß, dieses wieder in eine Selbstüberhebung umzudrehen. Dann wird das diffus wahrgenommene Unbehagen durch Betonen der deutschen kulturellen, wissenschaftlichen oder wirtschaftlichen Größe kompensiert. Aus Verschämtheit würde so Un-verschämtheit, was endgültig der Vergangenheit angehören sollte. Denn so war es in manchen Geschichtsperioden, wie ich noch schildern werde. Heute lassen wir die Unsicherheit jedoch eher zu und sind sogar oft allzu bang.

Ist nicht der Rechtsextremismus letzten Endes eine solche Überkompensation der Unsicherheit in der nationalen Identität? Die Rechtsextremen und Neonazis verleugnen alle geschichtliche Erfahrung und wollen in kindhafter Weise an den Anfang des Nationalgefühls und zu der illusionären Vorstellung von Deutschlands außerordentlicher Größe und Weltstellung zurück. Die Linksextremen dagegen sind von der nationalen Identität her gebrochen und verfallen nun in das andere Extrem. Sie schütten das Kind mit dem Bade aus, streiten meist jegliche Bedeutung des Nationalen ab, tendieren zum Internationalismus und sehen Deutschland da zu kritisch, wo die Rechten zu parteilich und zu unkritisch sind. Dies bezieht sich aber nur auf die Radikalen beider Seiten, die eben auch in diesem Punkt – jede auf ihre Weise – zu radikal sind.

Wieso ist eine nationale Identität heute noch wichtig?

Es stellt sich die Frage, wofür wir eine nationale Identität heute noch brauchen. Hier ist erst einmal festzuhalten, dass nationale Identität nichts mit Nationalismus zu tun hat, dessen Zeiten endgültig vorbei sind. Es führt kein Weg zurück zu einem Nationalstolz früherer Couleurs; das wäre ein Anachronismus. Das moderne Nationalbewusstsein ist ein Bewusstsein der geschichtlichen Kontinuität, der kulturellen Tradition und der spezifischen geistigen Potenziale einer Nation. Einen großen Stellenwert hat insbesondere das Bewusstsein der gemeinschaftlichen kulturellen Verbundenheit und des historischen Gewordenseins. Hierzu gehören die gemeinsame Geschichte, Sprache und gleiche oder verwandte religiöse Formen, also in Europa seit der Spätantike mehrheitlich das Christentum und daraus hervorgegangene Geisteshaltungen.

Die nationale Identität ist zwar nur ein Teilaspekt der Selbstdefinition des modernen Menschen, aber ein nicht zu vernachlässigender. Andere Aspekte sind die berufliche, konfessionelle und ethnische Zugehörigkeit des Individuums, die ebenfalls zu seiner Gesamtidentität beitragen, und darüber hinaus seine Identität im psychologischen Sinne, z. B. als ausgereifte männliche oder weibliche Identität.

Die nationale Identität ist für ein Land deshalb so weitreichend, weil sie mit seiner Historie verknüpft ist, die große Zeiträume und manchmal Tausende von Jahren umfasst. Die Verbindungsfäden können aber nur dann von heutigen Menschen identitätsbildend aufgenommen werden, wenn es keinen Bruch in der Geschichte gibt. Ohne eine geklärte nationale Identität steht uns Deutschen und damit jedem Einzelnen ein Teil unserer Kraft nicht zur Verfügung. Auch wenn es uns nicht bewusst ist, so verhindern dennoch Hemmungen und Blockaden eine weitergehende Entfaltung, wobei jeder von der Einbuße betroffen ist. Wir haben in Deutschland das Thema der nationalen Identität weitgehend über Bord geworfen und sehen es scheinbar als erledigt an. Asserate, der oben erwähnte äthiopische Prinz, der – seltsam genug – einst exportierte Wertvorstellungen zu uns zurück- und uns »Manieren« beibringen muss, bezeichnet die Deutschen als das einzige Volk auf der Welt, das den Glauben an den Nationalstaat verloren hat.[16]

Man kann jedoch der verlorengegangenen nationalen Identität auch etwas Positives abgewinnen. Manchmal wird der Zustand von Entnationalisierung als etwas gesehen, worin wir anderen Nationen historisch voraus sind. In diesem Zusammenhang könnte die Frage einer zu erneuernden nationalen Identität auch dahingehend beantwortet werden, dass es doch heute mehr darum geht, in einem Europa und einer europäischen Identität aufzugehen und eine nationale Identität kein Ziel mehr sein sollte. Europäisierung und Globalisierung sind doch die Zeichen der Zeit. Dies ist richtig. Doch gerade als Basis für größere Zusammenschlüsse und Vernetzungen erscheint mir eine geklärte und gesicherte nationale Identität erforderlich. Es ist kein Zweifel, dass Europa das nächste erstrebenswerte politische Ziel ist, mit dem es ja viele kulturelle Gemeinsamkeiten gibt. Man darf aber den Weg nach Europa nicht dazu benutzen, vor der Frage der eigenen Identität und der Klärung der Vergangenheit auszuweichen. Ich habe den Eindruck, dass viele Politiker möglichst schnell, ja Hals über Kopf nach Europa wollen, um damit die ureigenen deutschen Probleme loszuwerden. Weil wir uns so unwohl mit uns selbst fühlen und es so viel Mühe macht, da Ordnung zu schaffen, erscheint Europa als ein bequemer Ausweg.

Es gilt auch hier ein Sowohl-als-auch. Wir befinden uns einerseits – das Sowohl – auf einem unumkehrbaren Weg nach Europa, andererseits – das Als-auch – können wir das nationale Problem nicht liegen lassen; es wird uns sonst anhaften und nachhängen. Nur wenn wir beide Seiten berücksichtigen, sind wir ein wertvolles Mitglied der europäischen Völkerfamilie, und nur mit einem starken Identitätsgefühl und im Vollbesitz unserer geistig-kulturellen Schätze wird es uns gelingen, auf gute Weise Bestandteil einer neuen europäischen Einheit zu werden. Also nur wenn wir unser Uneinssein bereinigt und die noch unerschlossenen Kräfte aktiviert haben, sind wir ein Gewinn für Europa. Und nur so werden wir Europa weitmöglich konstruktiv mitgestalten und mitprägen können.

In dem Buch *Über die Deutschen* von Graf Christian von Krockow – einem berührenden Mittelding zwischen Sachbuch und Briefroman –

erlebt der Leser mit, wie es zu einer Beziehungsstörung zwischen einer deutschen Studentin und ihrem holländischen Freund kommt, weil sich die Deutsche ihrer nationalen Identität nicht sicher ist bzw. sie verleugnet. Man sieht hier, dass eine fehlende nationale Identität Auswirkungen bis in den Alltag und die privaten Beziehungen hat. Von Krockow »therapiert« das Paar, indem er ihnen das fehlende Wissen vermittelt. In Briefen an die beiden zeigt er ihnen, »warum die Nation noch immer wichtig ist – nicht etwas, das wir wie ein altes verrostetes Auto getrost verschrotten dürfen, um dann ein anderes Modell anzuschaffen. Sie stellt eine große geschichtliche Errungenschaft dar; wehe uns, wenn wir hinter sie zurückfallen! Wir mögen Neues und Größeres erbauen, doch nur auf ihrem Fundament.«[17]

Es gilt also die Anstrengung zu unternehmen, die nationale Identität zurückzugewinnen. Dazu müssen wir erinnernd Anschluss finden an die Entwicklungslinien des Ersten Reichs (des Heiligen Römischen Reichs deutscher Nation), des Zweiten Reichs (des deutschen Kaiserreichs seit 1871) mit der Nationalstaatbildung, der Weimarer Republik und des »Dritten Reichs« Hitlers.

Kapitel 2
Die Vorherrschaft des Denkens

Im Denken lichtet sich das Sein.

Martin Heidegger

Eine meiner Hauptthesen zur Psychologie Deutschlands ist, dass wir Deutschen ein starkes und ausgefeiltes, jedoch einseitig vorherrschendes Denken haben. Bei allen Entscheidungen und Bewertungen ist das Denken hierzulande führend. Bei uns Deutschen liegt bezüglich der Alternative Denken oder Fühlen der Schwerpunkt auf dem Denken. Wir sind in erster Linie ein denkendes Volk mit allen Vor- und Nachteilen. Durch die Dominanz des Denkens blieb das Fühlen auf der Strecke und konnte sich nicht zu gleicher Höhe aufschwingen.

»Köpfchen haben« und Verkopftheit

Da das fühlende Element zurückgedrängt ist und das Denken regiert, sind wir mit anderen Worten ziemlich verkopft; wir gehen ganz überwiegend vom Verstand aus. Klugheit, Intelligenz, Vernünftigkeit, Ratio und Denkkraft sind Eigenschaften, die wir erstreben. Etwas »mit Köpfchen« tun und ein »heller Kopf« sein wird von uns hoch geschätzt. Das schwäbische Wort »Käpsele«, das ist ein besonders aufgeweckter, cleverer und intelligenter Mensch, ist ebenfalls von Kopf, lateinisch *caput*, abgeleitet. Der bayerisch-österreichische Ausdruck »Großkopfete« meint in ähnlicher Weise eine mächtige und tonangebende Persönlichkeit. Der Werbeslogan »Dahinter steckt immer ein kluger Kopf« baut das Ideal eines anspruchsvollen, interessierten, scharfsinnigen und klardenkenden Zeitungslesers auf. »Denkfabrik« oder »*think tank*« nennen wir ein Team oder eine Gruppe, die im Politischen oder Sozialwissenschaftlichen neue Konzepte entwickelt. Wir sind fasziniert vom kritischen Denken, schätzen es über alles und sehen es als Allheilmittel. Es ist auch das, was wir am besten können. In diesem Zusammenhang ist Leistung gefragt, so Gedächtnis- und andere Leistungen, und wir peilen über das Denken Effektivität, Optimierung und Maximierung an. Auf vielen Gebieten sind wir im Vorausdenken richtungweisend. Nachhaltigkeit und Umweltschutz, Recycling und alternative Energien sind uns ein Anliegen und wir fordern ernsthafte Debatten zu diesem Thema. Das ist auch notwendig und gut so. Hier ist ein Gebiet, wo wir mit dem Denken Maßstäbe gesetzt haben und zumindest eine Zeitlang international an der Spitze lagen.

Rational sein ist uns also wichtig, und alles muss rational nachvollziehbar sein. Es muss für uns klar erkennbar sein, was richtig und was falsch ist. Die Diskussion beherrschen Formulierungen wie: »Dies ist wichtig, dies ist richtig, dies ist logisch, dies ist rational« usw. Wir hofieren das Denken und wollen alles mit ihm ordnen. Wir glauben wirklich, man könnte mit dem Denken zur »Wahrheit« finden, wir müssten nur gründlich und genau genug nachdenken. Zu richtigen Ergebnissen können wir auch kommen, doch das Resultat ändert sich je nach den angenommenen Voraussetzungen und je nach Richtung des Denkens. Wir glauben aber, es gäbe bei allem im Leben nur eine einzige mathematisch richtige Lösung. Vom Denken her erscheint uns alles machbar, und es sind in erster Linie die »großen Denker«, die wir bewundern, nicht die großen Fühlenden, die ein großes Herz haben.

Doch das Denken ist nicht alles. Wir fragen weniger, wie wir uns fühlen und ob wir uns wohlfühlen. Wir fragen uns weniger, wie sich andere bei unseren Worten und Handlungen fühlen. Wir beachten kaum, wie man sich bei einem Plan oder einem Vorhaben fühlt und was eine Maßnahme bei den Betroffenen im Gefühl bewirkt. Wir können das Denken nicht relativieren und nicht erkennen, dass manchmal die Bezüge des Fühlens viel entscheidender sind. Doch wenn wir nicht »bedenken« – wir haben gar kein anderes Wort dafür; eigentlich müssten wir sagen: »befühlen« –, wie es den Menschen geht, machen wir die Rechnung ohne den Wirt, weil wir dann die emotionalen Konsequenzen, die Auswirkungen auf die Psyche und insbesondere das Fühlen der Menschen nicht berücksichtigen. Das »Feeling« für Situationen ist verloren gegangen bzw. wir haben es nie wirklich entwickelt. Wenn z. B. ein neues Gesetz oder eine neue Vorschrift herauskommt, machen wir uns nicht klar, was das bei den Menschen auslöst und ob es das Angenehme oder das Unangenehme in unserer Gesellschaft vermehrt. Das ist uns nicht so wichtig, denn wir denken: »Wenn es richtig und notwendig ist, muss es gemacht werden, und wenn es vielleicht Unbehagen bereitet, muss das in Kauf genommen werden.« Die Menschen sind aber anders gepolt und wollen auch und gerade von ihrem Befinden und vom Fühlen her angenommen werden, auch wenn uns Deutschen das nicht bewusst ist.

Dabei soll nicht vergessen werden, dass das Denken eine bedeutende Errungenschaft der Menschheit ist, die besonders mit der Sprache und der Bewusstwerdung in Verbindung steht. In der modernen Bewusstseinsentwicklung und in der ganzen westlichen Zivilisation nimmt das Denken eine hervorragende Stellung ein. Seit den Griechen hat das Denken eine enorme Steigerung und Höherentwicklung erfahren, ist allerdings seit der Aufklärung immer mehr in den Rationalismus und eine Einseitigkeit übergegangen. Insofern ist Deutschland kein Ausreißer, doch ist hier die Situation besonders zugespitzt. Unser Hang zur Gründlichkeit hat uns auch auf der Schiene des Denkens besonders intensiv fahren und es zu einer Determinante unseres Wesens werden lassen.

Die Ich-Funktionen Denken, Fühlen, Empfinden und Intuition

Zunächst soll geklärt werden, was hier mit Denken, Fühlen usw. gemeint ist. Denken und sein Pendant, das Fühlen, sind sog. Orientierungs- oder Ich-Funktionen[18], mit denen wir uns in der Welt orientieren bzw. mit denen sich unser Ich in der Welt zurechtfindet. Zur vollständigen Orientierung in unserem Lebensbereich gehören noch zwei weitere Funktionen, nämlich die sinnliche Wahrnehmung, das sog. Empfinden, und die Intuition. Auf diese anderen gehe ich ebenfalls kurz ein. Die Begriffe Denken, Fühlen, Empfinden (sinnliche Wahrnehmung) und Intuition (bzw. Intuieren) sind uns vom Lebensalltag sehr vertraut und wir alle haben eine Vorstellung davon, was sie meinen. Doch leider geht der Sprachgebrauch allzu uneinheitlich mit ihnen um. Daher will ich an dieser Stelle an einem Beispiel anschaulich machen, was unter diesen vier Ich-Funktionen zu verstehen ist. Anschließend wird eine psychologische Definition erfolgen. So können Missverständnisse vermieden werden.

Wir nehmen folgende Situation an und schauen, wie die unterschiedlichen Reaktionsweisen darauf sind, je nachdem, ob man mit dem Denken, Fühlen, der Intuition oder dem Empfinden an sie herangeht:

Eine Person, die sich beruflich verändern will, hat sich auf eine ihr geeigneter erscheinende Stelle beworben, erhält aber eine Ablehnung. Wie antworten die verschiedenen Ich-Funktionen darauf? Wer sich primär mit dem Denken orientiert, könnte nun zu sich sagen: »Die haben meine Qualitäten nicht erkannt und mir deshalb eine Absage erteilt.« Oder: »Der neue Job bringt verschiedene Schwierigkeiten mit sich und ich müsste mich lange in das neue Betätigungsfeld einarbeiten; es ist besser so, dass ich vorerst in meiner alten Firma bleibe.« Der Betreffende rationalisiert mit diesen Sätzen also den negativen Bescheid. Er könnte aber auch denken: »Bei den vielen Bewerbungen auf den Posten war meine Chance nur klein. Die Wahrscheinlichkeit war gering, ihn zu ergattern.« Oder er denkt positiv: »Ich werde mich weiter bewerben. Man muss nur dranbleiben, dann klappt es eines Tages schon.« Es gibt viele Denkmöglichkeiten. Anders reagiert der Mensch, der vom Fühlen ausgeht. Er spürt vielleicht die Enttäuschung und ist traurig: »Ich hatte mich so auf die Veränderung gefreut. Es ist schade. Das Team in dem neuen Betrieb, soweit ich es kennen gelernt habe, ist sehr nett, und ich hätte gerne mit diesen Leuten zusammengearbeitet. Das ganze Betriebsklima wirkte dort viel angenehmer als in meinem Unternehmen.« Es sind natürlich noch unzählige weitere Gefühlsreaktionen möglich. Wie reagiert derjenige mit vorherrschender Intuition? Hier könnte es heißen: »Ich habe so etwas schon geahnt. Irgendwie war ich innerlich drauf vorbereitet. Dann soll es vielleicht so sein. Ich weiß gewiss, dass die richtige Stelle irgendwo auf mich wartet und ich sie zum richtigen Zeitpunkt finden werde. Das sagt mir meine Intuition.« Und der realistische Empfindungsmensch? Er könnte folgendermaßen zu sich sprechen: »Beim neuen Arbeitsplatz hätte ich ein deutlich höheres Gehalt gehabt, doch dafür hätte ich täglich zwanzig Kilometer mehr fahren müssen. Ich bräuchte auch für die kalte Jahreszeit Winterreifen, da ich durch ein wenig befahrenes Gebiet müsste. Finanziell rechnet sich es also kaum. Außerdem wäre ich mehr Zeit außer Haus und müsste meine Freizeitaktivitäten einschränken.«

Man sieht beim letzten Fall, dass hier naturgemäß auch das Denken einfließt, das die Daten der Realitätswahrnehmung in Beziehung zueinander setzt. Wenn man die verschiedenen Aussagen auf sich wirken lässt, wird auch vorstellbar, dass alle vier Stimmen in einem Menschen laut werden, vorausgesetzt, alle Ich-Funktionen sind bei ihm gut entwickelt. Meist dominiert aber eine Richtung, zumindest bei der allerersten Stellungnahme auf ein Ereignis.

Das Konzept dieser vier Orientierungsfunktionen Denken, Fühlen, Intuition und Empfinden wurde von C. G. Jung ausgearbeitet, der in ihnen einen Kompass der Seele sah. Dabei wird das Paar Denken und Fühlen zu den sog. urteilenden Funktionen – warum wird sogleich erläutert – und das Paar Empfinden und Intuieren zu den rein wahrnehmenden

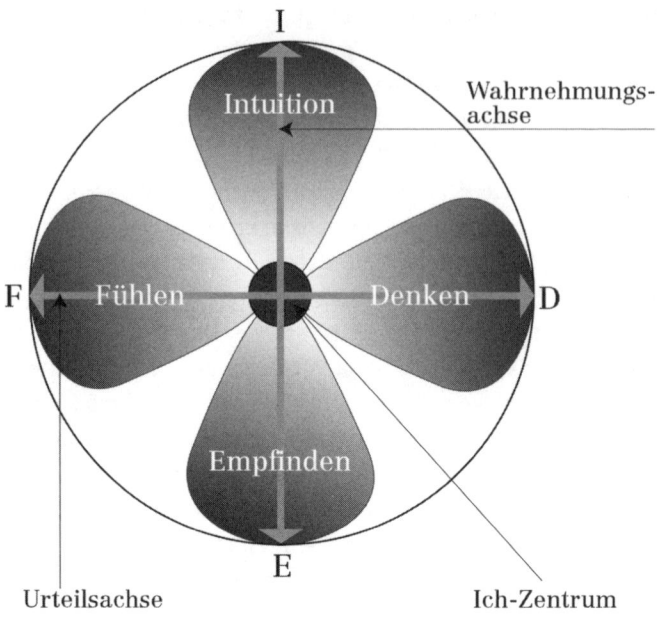

Abb. 1: Das Funktionskreuz (aus: Adam 2003, S. 41). © Peter Krolow, Grafik-Design, Düsseldorf

Funktionen gerechnet. Sowohl Denken und Fühlen als auch Empfinden und Intuieren stellen je eine Art Balkenwaage dar. Das heißt, wenn eine Funktion des jeweiligen Achsenpaares betont oder besonders ausgebaut ist, dann ist die entsprechende andere Funktion meist unbetont und nur mäßig ausgebildet, oft sogar entwicklungsverzögert. Wenn z. B. das Denken »schwerer wiegt«, ist das Fühlen in der Regel ein »Leichtgewicht« und ist dann unbedeutender.[19]

Zunächst will ich eine psychologische Definition der einzelnen Ich-Funktionen vornehmen und ihr Verhältnis zueinander klären.

Denken und Fühlen

Das Denken in seiner differenzierten Form wird als eine Bewusstseins- oder Geistestätigkeit verstanden, durch die wir über logische Schritte zu reproduzierbaren Schlüssen und folgerichtigen Konsequenzen kommen. Es analysiert, teilt in Kategorien auf, trennt in zugrunde liegende Bestand- teile, erkennt Kausalzusammenhänge und gelangt zu sich daraus ergeben- den Folgerungen. Vom Denken her erscheint etwas richtig und schlüssig, bzw. es wird als falsch und widerspruchsvoll erkannt. Das Denken oder die Denkfunktion – wie sie auch genannt wird – ist weitgehend mit Kritikfähigkeit, urteilendem Verstand, »Kopf«, Intellekt, Ratio usw. identisch. Das Denken kann zwei verschiedene Koalitionen eingehen. Einmal führt es zusammen mit der sinnlichen Wahrnehmung, dem Empfinden, zur Fähigkeit der Realitätsbewältigung und gesellschaftlich gesehen speziell zu Naturwissenschaft und Technik. Zum zweiten ermöglicht es zusammen mit der Intuition allgemein Geistigkeit und insbesondere Geisteswissenschaften und Philosophie. Im ersten Fall verbindet es sich stärker mit der materiellen, im letzteren mehr mit dem geistigen Pol der Welt.

Das Denken hat wie bereits erwähnt als Gegenpol das Fühlen. Das Fühlen oder die Fühlfunktion ist ähnlich wie die Denkfunktion eine Fähigkeit zu urteilen, allerdings nach ganz anderen Kriterien. Das Fühlen bewertet nach Alternativen wie angenehm oder unangenehm, betrachtet etwas als gefühlsmäßig angemessen oder im Gegenteil gefühlsmäßig unangemessen und orientiert sich an einem gefühlsmäßigen Hingezogen- oder Abgestoßensein. Es charakterisiert ferner den Gefühlsgehalt von Situationen, Erlebnissen und Begegnungen mit Menschen als z. B. heiter, freundlich, lustig, traurig, ärgerlich usw. Dies alles ist nichts Irrationales oder »rein Subjektives«, wie man meinen könnte, sondern beruht auf den der Fühlfunktion eigenen Bewertungsmaßstäben, die für jeden, der die Qualität des Fühlens entwickelt hat, nachvollziehbar und damit in gewisser Weise »objektiv« sind. Darüber hinaus ist das Fühlen auch Werte setzend und erkennt, was ethisch wertvoll ist.

Empfinden und Intuition

Auch die Fertigkeiten des Empfindens und der Intuition möchte ich hier klären, denn sie werden uns im Laufe des Buches noch oft beschäftigen. Beide Ich-Funktionen werden in Deutschland gerne mit dem Denken gekoppelt – mal steht die Kooperation von Empfinden und Denken, mal die von Intuition und Denken im Vordergrund. Das Empfinden oder die Empfindungsfunktion beschreibt das perzeptive Vermögen über die Sinnesorgane, entspricht also dem Sehen, Hören, Riechen, Schmecken und »Fühlen« (im Sinne von Tasten, Temperatur-, Druck- und Schmerzwahrnehmung) usw. Die Empfindungsfunktion ist die Basis der Realitätswahrnehmung, die aber als Realitätssinn und zur Realitätsprüfung auch noch der urteilenden Funktionen bedarf, vor allem der Denkfunktion.

Die Intuition oder Intuitionsfunktion, die in dem Diagramm ganz oben steht (siehe Abb. 1, S. 54), ist die geistige Funktion *par excellence*. Zwar ist auch die Denkfunktion eine geistnahe Funktion, vor allem wenn sie sich mit geistigen Fragestellungen beschäftigt, doch sie kann sich eben auch der gegenständlichen Welt zuwenden, wie wir oben gesehen haben. Die Empfindungsfunktion hält sich dagegen ganz an die materiellen Gegebenheiten, und auch die Fühlfunktion ist relativ körpernah und situationsgebunden. Der Intuition dagegen stehen sämtliche Geistesräume offen, und sie ist auch diejenige Ich-Funktion, die mit dem Flug der Phantasie, der unerschöpflichen Ideensphäre, mit Eingebungen und Ahnungen und schließlich mit dem Bereich der Spiritualität oder des Glaubens zu tun hat. Ferner werden alle parapsychologischen Phänomene von der Telepathie bis zur Hellsichtigkeit über die Intuition vermittelt. Die geistige Wahrnehmung der Intuition bedarf, anders als die sinnliche Wahrnehmung, keines äußeren Reizes. Sie funktioniert davon unabhängig, überkommt einen wie der Blitz, z. B. als Geistesblitz, oder fliegt einen unversehens an. Allerdings bedarf es eines Trainings und einer gewissen Achtsamkeit, ihre oft sehr feinen Signale aufzufangen, um sie nicht achtlos beiseite zu schieben oder zu entwerten. Das Schwierige daran ist, dass es eben auch »falsche« Intuitionen gibt, Fehlalarm, nicht eintreffende Ahnungen usw. Das liegt dann an der Unreife der Intuition oder des ganzen Ich-Systems, denn es braucht ein gutes Zusammenspiel auch mit den bewertenden Funktionen Denken und Fühlen, um das reine Gold der Intuition zu kristallisieren.[20]

Ausgewogenheit der Funktionen

Das Verhältnis jedes der beiden Paare, Denken und Fühlen als urteilende Funktionen sowie Empfinden und Intuieren als wahrnehmende, sollte möglichst ausgeglichen sein, wie bei einer austarierten Waage. Es ist nun aber die gängige Erfahrung, dass diese Ausgeglichenheit nicht gegeben ist, sondern im Gegenteil meist eine Seite überwiegt. Man kann in einem bestimmten Moment nicht gleichzeitig denken *und* fühlen. Und ebenso kann man nicht gleichzeitig sinnlich *und* intuitiv ausgerichtet sein. Wenn ein Arm der Balkenwaage oben ist, muss der andere unten sein. Es ist deshalb schwer, im Ich jeweils beiden Funktionen insgesamt gleich viel Gewicht zu geben. Ist man z. B. von der Richtigkeit eines Gedankens sehr überzeugt, kann man die Gefühlskonsequenzen auf andere oft gar nicht abschätzen. Ist man umgekehrt durch das momentane Fühlen angerührt oder betroffen und steckt stark in der fühlenden Bewertung, kann man kaum mehr darüber nachdenken und übersieht damit die Aspekte sachlicher Überlegung. Ferner wird jemand, der ganz äußerer Sinnenmensch ist oder sich auf das sinnlich Fassbare konzentriert, in der Regel einen schwereren Zugang zu seinen inneren Bildern oder seiner inneren Stimme haben, während umgekehrt der vorherrschend der Intuition Vertrauende vielfach Schwierigkeiten mit den Fakten der materiellen Welt und der vollständigen Außenwahrnehmung haben wird.

Natürlich verfügt jeder Mensch über Denken *und* Fühlen sowie Intuition *und* Empfinden, und er kann im Prinzip auch zeitnah umschalten, wenn es die Situation erfordert, doch in der Regel ist eine Funktion im Vorteil und die andere im Hintertreffen. Das heißt, nur selten sind in einem Menschen – und das Gleiche gilt für eine Nation – beide Fähigkeiten gleichermaßen gut ausgebildet.

Denken, unsere Stärke

Vorweg ein individuelles Beispiel, aus dem der Nutzen des Denkens erhellt:

Ich habe oft erlebt, dass Menschen zu mir in Therapie kamen, weil sie über sich und ihr Leben nachgedacht hatten. So zog ein Patient den Schluss: »Ich kann und will so in meinem Leben nicht weitermachen, will ihm eine andere Richtung geben. Es muss sich etwas grundsätzlich ändern.« Die Betreffenden blieben ihrer Erkenntnis treu und hielten die Psychotherapie durch.

Das ist ein Vorzug der Denkfunktion. Die Motivation war hier nicht eine Frage von angenehm und unangenehm, und es ging nicht darum, das Angenehme zu suchen, sondern die Antriebsfeder war die durch Denken erlangte Einsicht.

Auch kollektiv gesehen könnte bei uns das Denken, je mehr es sich differenziert, diese förderliche Rolle spielen. In der Vergangenheit resultierte aus unserem Denken – und aus unserer Geistigkeit – zumindest ein großer wissenschaftlicher und kultureller Gewinn. Deshalb wurden wir das »Volk der Dichter und Denker« genannt, und zwar zuerst von Madame de Staël in ihrem Buch *De l'Allemagne* aus dem Jahre 1810. Während das Wort

»Denker« direkt auf die Denkfunktion zielt, spricht das Wort »Dichter« die Intuition an, in der ja Kreativität, Phantasie und jegliches Lyrik- und Prosaschaffen zu Hause sind. Ähnliche Töne wie die der Französin kamen von Hölderlin. In seinem Gedicht *Gesang des Deutschen* von 1799, einer Hymne an sein Vaterland in dem ihm eigenen euphorischen Stil, sind die Zeilen zu lesen:»Sie ernten den Gedanken, den Geist von dir« und »Du Land des hohen ernsteren Genius!«[21] Hier steht aber auch: »Du Land der Liebe! Bin ich der deine schon, / Oft zürnt' ich weinend, dass du immer / Blöde die eigene Seele leugnest.« Das mit dem Land der Liebe ist wohl mehr Zukunftsmusik, denn das dazugehörige Fühlen ist ja noch nicht genügend entwickelt. Das »Verleugnen der Seele« besagt jedoch etwas sehr Zutreffendes bezogen auf die fühlende und intuitive Seele Deutschlands, die heute weitgehend verschüttet ist, während sie in einer früheren Zeit schon einmal mehr gelebt hat, und zwar gerade in der Frühromantik, zu der auch Hölderlin zählt.[22]

Wie sehen die weiteren Aktiva und Positiva unserer Denkfunktion aus, die in ihr liegenden Stärken und Vorzüge? Mit unserem vorwiegend und großartig entwickelten Denken haben wir eine ausgreifende Vorbildfunktion gehabt und haben sie zum Teil noch. Hier sind hohe Standards gesetzt worden und haben sich fruchtbare Konsequenzen ergeben. Über Jahrhunderte hat sich bei uns die Denkfunktion zu einer umfassenden Fähigkeit differenziert, die die vielfältigen wissenschaftlichen und kulturellen Leistungen aller Sparten in den letzten Jahrhunderten möglich machte. Wie eingangs schon erwähnt haben wir im Europavergleich zusammen mit den Niederlanden – nach einer Untersuchung des Jahres 2006 – den höchsten Intelligenzquotienten, der allerdings andere wichtige Bereiche wie emotionale Kompetenz, Kreativität oder Persönlichkeitsreife nicht misst. Bei uns haben sich aber eine hohe Kritikfähigkeit und tiefes denkerisches Erfassen herausgebildet. Das kritische und philosophische Bewusstsein hat hier eine lange Tradition. Immanuel Kant nannte z. B. sein Hauptwerk *Kritik der reinen Vernunft,* und er brachte andere kritische philosophische Schriften heraus. Bei uns gibt es viele im guten Sinne kritische Köpfe, und mit die besten Literaturkritiker stammen aus Deutschland.

Uns Deutschen werden darüber hinaus verschiedene Wesenszüge und Qualitäten nachgesagt, die wir in großem Ausmaß besitzen und uns auszeichnen und die – wie ich gleich erläutern werde – mit dem Denken in Verbindung stehen. Das sind unter anderem Ehrlichkeit, Gewissenhaftigkeit, Pflichtbewusstsein, Treue, Gerechtigkeitssinn, Opferbereitschaft und Gründlichkeit. Vor allem die Ehrlichkeit ist in Deutschland ein hohes persönliches Kleinod. Sie wird in Umfragen nach unseren Wertvorstellungen regelmäßig und mit Abstand an die erste Stelle gesetzt. Ehrlichkeit ist auf jeden Fall ein großes Verdienst, das nur durch ebenso bedeutsame Werte wie die Bedürfnisse des Fühlens relativiert werden darf, worauf ich gleich noch eingehe. »Relativieren« heißt aber nicht »korrumpieren«.

Heute besteht vielfach eine Antihaltung gegenüber diesen »deutschen Tugenden«, nicht zuletzt wegen deren Pervertierung unter Hitler, und so können wir sie oft gar nicht mehr in einem günstigen Licht sehen. Dennoch behalten sie ihre prägende Kraft für unseren Nationalcharakter. Auch derjenige, der sie ins Gegenteil zu verkehren sucht, der sich z. B. bewusst und betont unpünktlich verhält, also die Pünktlichkeit bewusst ablehnt, ist doch nicht unabhängig von diesem Wesenszug, sondern muss Energie aufwenden, um ein anderer zu sein, als er eigentlich ist. Deshalb ist es besser, erst einmal zu seinem Sosein zu stehen; nur so lassen sich eine unnütze Energieverschwendung vermeiden und Übertriebenheiten verwandeln. Außerdem finden wir nur so einen Zugang zu den besonderen Qualitäten und dem Wertvollen, das in all diesen unseren Eigenschaften liegt.

Die genannten Eigenschaften basieren nun überwiegend auf der Denkfunktion, wenn auch nicht ausschließlich. Das muss erläutert werden: Das konsequente Denken führt zur Ehrlichkeit, weil man erkennt, dass »Lügen kurze Beine haben« und Ehrlichsein der richtigere Weg ist, den man dann auch folgerichtig einschlägt, auch wenn es manchmal angenehmer und bequemer wäre, der Wahrheit auszuweichen. Ehrlichkeit ist also eine Errungenschaft, die zeigt, dass wir unsere Denkvorgänge und Folgerungen ernst und sie als Maßstab für unser Handeln nehmen. Wenn wir etwas als richtig erkannt haben, folgen wir unbeirrt diesem Weg. (Zur Erinnerung: Der Urteilsakt, dass etwas richtig ist, beruht auf dem Denken.) Darin liegen Kraft und Bewusstheit. Ähnlich verhält es sich mit Gewissenhaftigkeit und Pflichtbewusstsein und den anderen positiven Merkmalen, die aus den gleichen Überlegungen hervorgehen. Man kann nur durchgängig gewissenhaft, pflichtbewusst, treu oder opferbereit sein, wenn das Denken als Wahrheitsfinder und moralische Instanz eine gewisse Stringenz erreicht hat. Unsere Gründlichkeit besagt, dass wir bis auf den Grund nachgedacht und daraus Grundsätze entwickelt haben, die wir gänzlich umsetzen wollen. Auch darin sind wir gewissenhaft und pflichtbewusst.

Wir halten und stehen zu als richtig erkannten Überzeugungen wie auch zu Freunden. Wir sind opferbereit aufgrund der geistigen Kraft, dem denkerisch Erkannten treu zu bleiben. Daneben können solcher Anständigkeit und Tugendhaftigkeit natürlich auch Liebe und Gefühl als Motivation zugrunde liegen, doch wir Deutschen gelangen eher über den Verstand dorthin.

Diese Züge sind nicht zu unterschätzende Charaktereigenschaften, die wir nicht als überlebt und fragwürdig abwerfen, sondern zu denen wir einen neuen Zugang finden sollten. Sie haben sich zwar als fatal erwiesen, wenn man damit hasserfüllten Ideologien und Ausgeburten eines irregeleiteten Denkens folgt, doch das spricht nicht gegen diese Dispositionen selbst, sondern gegen ihre Fehlausrichtung, d. h. gegen die Fehlausrichtung und Einseitigkeit des Denkens. Wenn es uns gelingt, die Liebe mit einzubeziehen, werden diese deutschen Merkmale eine qualitative Steigerung erfahren. Dazu ist – wie wir noch sehen werden – eine Weiterentwicklung des Fühlens vonnöten, denn Liebe und andere positive Gefühle sind in der Fühlfunktion beherbergt und werden über sie gelebt.

Die unschöne Unterseite: die negative Seite des Denkens

Nun zur Crux der Denkfunktion, zu ihren negativen Aspekten. Die Einseitigkeit und die Dominanz über die anderen »Partner« der Ich-Funktionen ist selber schon ein Störfaktor. Dies hat die gleichen Nachteile wie eine Monokultur, die immer auf Kosten der Vielfalt und Natürlichkeit geht. Also allein schon das Herangehen an die Welt fast ausschließlich über die Denkfunktion hat negative Seiten.

Neben den Beispielen aus Politik und öffentlichem Leben, die ich bereits angeführt habe oder die noch folgen werden, hier nun aus dem Privatleben der Menschen ein wenig Anschauungsmaterial, das die negativen Auswüchse des Denkens illustriert:

Wiederholt habe ich erfahren, wie eine Frau oder ein Mann eine glückliche Beziehung, vielleicht die allererste, beendet haben, weil sie oder er *gedacht* hatte: »So jemand finde ich immer wieder. Ich will noch andere Partner kennenlernen. Das kann noch nicht alles gewesen sein. Wenn ich gleich beim ersten Mal so einen außergewöhnlichen Freund / eine Freundin finde, wird das immer wieder funktionieren.« Das Gefühl wurde mit dem Denken brutal vergewaltigt. Nachher kam Reue auf und man sehnte sich nach der einstmals erlebten Liebe zurück. Oder ein anderer Fall: Eine Patientin, eine junge Frau, deren gleichaltrige Freundinnen alle schon sexuelle Erfahrungen hatten, *dachte* sich und handelte danach: »Es ist Zeit. Ich muss jetzt auch ein sexuelles Erlebnis haben, sonst stehe ich abseits und kann nicht mitreden.« Wenn man den Gedanken aus dem Kontext nimmt und für sich betrachtet, stimmt er ja. Sie hat in diesem Punkt richtig gedacht. Doch das diffus gespürte Fühlen, dass sie dazu noch nicht bereit ist und dass es niemanden gibt, den sie wirklich liebt, wurde weggedrängt. Für die seelische Entwicklung kann daraus – wie in diesem Fall – eine traumatische Erfahrung werden, die vielleicht erst 10–15 Jahre später in einer psychotherapeutischen Behandlung aufgearbeitet wird, wo man gemeinsam an die Weggabelung zurückgeht, um die Weiche zum Fühlen hin neu zu stellen, das in Liebesdingen nicht übergangen werden darf.

Auch abgesehen von solchen extremen Beispielen liegt bei uns Deutschen generell das Problem darin, Entscheidungen fast rein vom Denken her zu treffen und dadurch andere Teile unseres Wesens zu erdrücken. Über die Tendenz zur Intellektualisierung und Kopflastigkeit wurde in diesem Zusammenhang schon gesprochen. In einer solchen Weise wirkt sich das Denken ungünstig aus und kann bis zu kalter Rationalität, Unlebendigkeit und Unspontaneität führen. Fast jeder kennt im eigenen Umfeld Menschen, vor allem Männer – aber auch Frauen können eine solche Ausrichtung haben –, die derartige Wesenszüge besonders pointiert zeigen. Aber ein Stück weit sind alle Deutschen davon betroffen. Eine mildere Form des einseitigen Denkens ist unsere Tendenz, alles in Frage zu stellen und zu problematisieren. Selbst die Zweckmäßigkeit der politischen Wiedervereinigung Deutschlands wurde so in Zweifel gezogen. Wir kennen diesen Hang aus der Politik, wo vielfach die Themen zerdacht und zerredet werden, wenn es nicht gelingt, rechtzeitig einen Schlusspunkt zu setzen.

In unserem Schwelgen im Denken und in dem daraus entstehenden Denküberhang erschöpfen sich aber nicht die negativen Aspekte des Denkens. Dominanz und Einseitigkeit des Denkens in Deutschland ist eines. Aber dies erklärt noch nicht das andere Phänomen, nämlich dass sich dieses Denken bei uns oft in einer kritisierenden oder sogar negierenden Weise betätigt. In der Denkfunktion ist beides angelegt: Sie kann sich in ihrem positiven oder in ihrem negativen Pol zeigen. Sie kann zu einem bejahenden oder verneinenden Schluss kommen, je nachdem, welche

Beobachtungen oder Faktoren verwertet bzw. welche ausgeblendet werden. Das Denken funktioniert zwar in sich logisch, ist aber völlig abhängig vom Ausgangspunkt, d. h. vom Vorsatz, welche Grundtatsachen oder auch nur welche Grundannahmen wir heranziehen und ob wir in eine positive oder negative Richtung denken wollen. Und dieser Vorsatz stammt aus einer tieferen Schicht, die mit der Rationalität nichts zu tun hat.

Obwohl also Denkfunktion und Kritikfähigkeit von uns Deutschen an sich brillant sind, können das in vielfältiger Hinsicht durchdringende Denken und die Urteilskraft eben auch zu einer Zerrform werden, zu Kritiksucht, Kritikasterei und zum nörglerischen Heruntermachen. Aus Urteil kann leicht Vorurteil oder Aburteilen werden, wenn ein ablehnender Impuls dahintersteckt. Dann gelangt man bestenfalls zu einem Ausschnitt der Wahrheit, wenn nicht zu Fehlurteilen und Ressentiments. Und gerade weil unser Fühlen nicht befreit ist, geraten viele aggressive Affekte in die Denkfunktion, die dadurch bissig und scharf wird. So fließt unsere Aggressivität vielfach über solch subtile Kanäle, und wir urteilen gerne kritisch über andere Menschen und andere Länder. Wir bedenken uns auch selber damit, wodurch bei uns ein Klima entsteht, in dem keiner den anderen hochkommen lassen, geschweige denn ihn fördern möchte.

Das Denken kann also selbst negativ werden, seine Denkrichtung kann in die Negativität zielen und es kann zu Negation und Herabminderung missbraucht werden. Eine objektive Kritikfähigkeit wird so zu herabziehender, verletzender oder sogar vernichtender Verurteilung. Dieser zweite Aspekt, das extrem negativ zugespitzte Denken, wird in Kapitel 4 »Die Negativität« noch ausführlicher behandelt.

Das Denken in der Politik – Ehrlichkeit und Diplomatie

Das Denken ist in allen Lebensbereichen führend in Deutschland. Auch die Politik ist bei uns in erster Linie vom Denken geleitet, und zwar völlig unabhängig von der Parteizugehörigkeit. Dieses Faktum der Priorität der Denkfunktion eint im Grunde alle politischen Gruppierungen. Es bildet einen Hintergrund, an dem alle partizipieren, und zwar unbewusst partizipieren. Dass wir Deutschen so selbstverständlich und automatisch dem Denken den Vorzug geben, ist uns selbst nämlich weitgehend verschlossen. Es kann aber von Ausländern gut wahrgenommen werden, während wir da einen blinden Fleck haben, wie dies ja bei jeder unbewusst gelebten Eigenschaft der Fall ist.

In den Reden der Abgeordneten von Regierungsfraktion und Opposition kann man dieses Bestimmtsein von der Denkfunktion eindeutig erkennen. Hier spielen Statements, dass dieses richtig und jenes falsch sei, eine herausragende Rolle. Oder es wird mit Begriffen und Folgerungen, etwas sei Erfolg versprechend oder volkswirtschaftlich nützlich bzw. schädlich, operiert. Dann werden ökonomische und finanzielle Fakten bzw. Auswirkungen vom Denken aufgegriffen und ins Feld geführt. In diesem Fall erscheint das Denken nicht nur insgesamt in den Vordergrund gedrängt, wodurch andere Funktionen wie Fühlen und Intuition das Nachsehen haben, sondern es hat noch dazu eine einseitige Ausrichtung auf das Materielle.

Außenpolitisch sind die Folgen des einseitigen Denkens oft noch schlimmer, was – wie ich noch darstellen werde – in der Geschichte zu einem Versagen der Diplomatie geführt hat und bis heute noch diplomatische Schnitzer produziert. Selbst der »deutsche Papst«, bemüht, alles richtig zu machen, sogar bemüht, die Herzen anzusprechen, eckte an, weil er – wie für einen Deutschen typisch – primär denkt und das Fühlen manchmal nicht genügend im Bewusstsein ist.

So sind dem Papst in seiner Regensburger Rede im September 2006 Äußerungen unterlaufen, die die islamische Welt brüskiert haben und die zumindest als undiplomatisch bezeichnet werden können. Benedikt XVI. *dachte* wahrscheinlich bei sich: »Ich habe doch nur den mittelalterlichen byzantinischen Kaiser Manuel II. Palaeologus zitiert.« Der Heilige Vater hatte eine Aussage des Kaisers wiedergegeben, die von Muslimen als eine Beleidigung des Propheten Mohammed empfunden worden war.

Seinem Vorgänger, dem polnischen Papst, ganz ein Mensch des Fühlens, wäre so etwas nicht passiert. Zum Glück sind wir Deutschen sehr lernfähig und so auch der ehemalige Kardinal Ratzinger.

Oder ein anderes Beispiel:

Wenn wir in Deutschland – wie in der Außenpolitik geschehen – sagen: »Man muss doch seinen Freunden die Wahrheit sagen dürfen«, so ist dieser Gedanke ohne Zweifel richtig und nicht anfechtbar. Ein solches an sich korrekte

Denken besagt aber noch nichts über die Gefühlskonsequenzen, die wir mit einem dann angeschlossenen harschen Urteil anrichten; der Aspekt, der dem Fühlen zugehört, wird geflissentlich ausgeblendet. Unter dem Vorwand, seinen internationalen Partnern ehrlich die Meinung zu sagen, lancieren wir dann oft genug unsere Kritik oder äußern unumwunden Unbehagen und Ärger, wobei uns diese untergründigen Gefühle leider gar nicht zugänglich sind.

Diplomatie ohne Fühlfunktion und Taktgefühl ist ein Widerspruch in sich. Erschwerend kommt jedoch bei diesem Thema hinzu, dass wir als Deutsche Diplomatie gar nicht so sehr schätzen, sondern sie ein Stück weit mit Zurückhalten von Wahrheiten, ja Unehrlichkeit gleichsetzen. »Diplomatischsein« wird etwas abschätzig behandelt, weil man unterstellt, dass eine freundliche Fassade zur Erreichung eines Ziels gezeigt und dem andern sozusagen »Honig ums Maul geschmiert« wird. Da wir Wahrheitsliebe noch nicht mit Taktgefühl zu etwas Neuem verschmelzen können, weil uns der Sinn für Takt weitgehend fehlt, gerät für uns jedes Abrücken vom Denkstandpunkt in die Nähe einer unehrenhaften Gefügigkeit oder »Arschkriecherei«. Wir beharren stattdessen auf dem schon erwähnten Ideal der Ehrlichkeit.

Ehrlichkeit und Diplomatie als Gegensätze zu sehen ist jedoch ein deutsches Missverständnis. Diplomatisches Taktgefühl – aus Rücksichtnahme auf die Gefühle und die Wesensart des andern – und Wahrhaftigkeit (die Wahrhaftigkeit kann auch einmal schweigen) schließen sich nicht aus, auch nicht in der Politik. Wir werden in dieser Hinsicht jedoch erst dann weiterkommen, wenn wir bereits die feinen Irritationen und winzigen Verstimmungen, die wir erzeugen, wahrnehmen und ihnen nachgehen.

Solange wir Deutschen uns allein auf den Standpunkt des Denkens versteifen und darauf beharren, dass wir zutreffend denken können und von daher »Recht haben«, werden wir die anderen Kontaktebenen übersehen, die aber entscheidend für die internationale Mitsprache sind, und wir werden weiter an politischer Bedeutung verlieren. Unser bisheriges politisches Gewicht gründet sich weitgehend auf unsere (noch bestehende) Wirtschaftskraft. Mit dem Insistieren auf dem Denken und seiner Richtigkeit wirkt man schließlich auf andere schnell schulmeisterlich oder überheblich.

Das Denken ausbalancieren

Ich glaube, es ist deutlich geworden, wie bei uns durch die Prävalenz der Denkfunktion, der damit einhergehenden Verkopftheit und der Vernachlässigung des Fühlens die psychischen Funktionen Denken und Fühlen aus der Balance geraten sind. Es steht aber nicht an, das Denken über Bord zu werfen. Nur das überzogene und fehlgeleitete Denken stellt ein Problem dar und muss korrigiert werden. Dann kann seine unbestreitbare Vortrefflichkeit in eine umfänglichere Gesamteinstellung einbezogen werden. So zweifelhaft es ist, wenn das Denken einseitig auf Kosten anderer Funktionen wie z. B. des Fühlens extrem die Oberhand hat, so positiv sind doch die Fähigkeiten des Denkens zu sehen, wenn es sich »demokratisch« in das Ganze (eines Menschen oder eines Volkes) einordnet. Der russische Maler Kandinsky, der sich bis zur Verschlechterung der Lebensbedingungen am Ende der Weimarer Zeit gerne in Deutschland aufhielt, sagte einmal: »Reines Denken ist unfruchtbar, Fühlen und schöpferische Kraft gehören dazu.«[23] Das Schöpferische, also Kreativität, Phantasie und Einfallsreichtum, entspricht der Intuition. Wie es mit dem Fühlen bei uns aussieht, werden wir im nächsten Kapitel näher betrachten.

Kapitel 3
Das unterentwickelte Fühlen

Denken heißt, dem Fühlen entfliehen.

John Steinbeck

Kollektiv gesehen ist das Fühlen in Deutschland unterentwickelt. Dieses Manko wirkt sich auf das private wie auf das gesellschaftliche Leben ungut aus. Um es kurz zu sagen: Es fehlen Liebe, Verständnis und Mitgefühl, Takt und Einfühlungsbereitschaft untereinander, besonders wenn man sich noch nicht gut kennt. Nur in Nischen können diese Herzensqualitäten gedeihen.

Bezüglich der relativ undifferenzierten Fühlfunktion in Deutschland möchte ich noch einmal zu bedenken geben, dass wir über das, was uns fehlt, kein Bewusstsein haben. Wenn wir unser Defizit wahrnehmen könnten, wäre es schon anders. In dieser Weise haben wir Deutschen kollektiv im Bereich des Fühlens einen blinden Fleck, und es fällt schwer, dies anzuerkennen. Deshalb ist es auch etwas vertrackt zu vermitteln, wie rudimentär unser Gefühl entwickelt ist.

Ich hatte die Fühlfunktion als eine bewertende Fähigkeit vorgestellt, die dem Menschen besonders die Orientierung im zwischenmenschlichen Kontakt ermöglicht, aber auch überall da von Bedeutung ist, wo eine gefühlsmäßige Beurteilung gefragt ist. Wenn man sich überwiegend mit dem Fühlen in der Welt orientiert, vergegenwärtigt man sich, ob etwas angenehm oder unangenehm, freudvoll oder leidvoll, anmutig oder hässlich, wünschenswert oder behelligend usw. ist. Ein Beispiel:

Wenn eine Person mit einer anderen bekannt gemacht wird, fällt sie möglicherweise schnell ein Urteil darüber, ob ihr der Betreffende sympathisch oder unsympathisch ist. Das kann aufgrund von Ressentiments sein, kann aber auch ein bedeutsames Signal aus der Fühlfunktion sein, die einem sagt, ob man miteinander harmoniert oder Dissonanzen im ferneren Kontakt auftreten werden. Weiterhin kann man mit einer entwickelten Fühlfunktion selbst leise Unzuträglichkeiten und subtil verletzendes Verhalten eines Gesprächspartners, die diesem unterlaufen sind, deutlich spüren und darauf reagieren. Ist das Fühlen dagegen nicht bewusst, wird höchstens ein dumpfes Unbehagen zurückbleiben oder gar nichts im Gefühl registriert werden. Stattdessen wird man sich mit dem anderen unter Umständen auf einer rationalen Ebene rechthaberisch verhaken. Mit dem Fühlen können natürlich auch solche Dinge wie die Schönheit eines Gemäldes oder eines Musikstücks, der Humorgehalt eines Ausspruchs, das Lustige einer Situationskomik, das Traurige einer Nachricht, die Freundlichkeit eines auf uns zuspringenden Hundes, die Fröhlichkeit eines Kindes, die Angemessenheit und Unangemessenheit eines Geschenks usw. abgeschätzt werden.

Das intelligente Fühlen

Die Fühlfunktion wird in ihrer Bedeutung für eine im modernen Sinne intelligente Person noch vielfach unterbewertet. Gemeint ist aber nicht eine Intelligenz im herkömmlichen Sinne als Faktenwissen, Verstand oder Intellektualität, sondern – wie es heute heißt – als »emotionale Intelligenz« und »soziale Kompetenz«, die unabdingbar für ein gekonntes und wohltuendes Zusammenleben sind.

Auf eines muss hier noch aufmerksam gemacht werden: Das Fühlen ist nicht das Gleiche ist wie »die Gefühle« oder »das Gefühl«. Beides wird oft verwechselt. Fühlen ist jedoch nicht mit Emotionen oder Affekten gleichbedeutend und auch nicht mit einem diffusen »Bauchgefühl«, das z. B. auch aus der Intuition stammen kann. Heftige Emotionen und Affektzustände sind Energiephänomene, die meist gar nicht über das Fühlen ausgelebt oder mit diesem bewältigt werden. Diese Gefühlsaufwallungen bleiben in der Regel nicht innerhalb der Grenzen einer solchen psychischen Funktion wie der Fühlfunktion, sondern überschwemmen gleichsam das Bewusstsein und löschen es partiell aus, so dass ein bewertendes Fühlen gar nicht mehr möglich ist.

Die Ich-Funktion des Fühlens dagegen – um dies hier noch einmal aufzugreifen – ist eine »rationale«, d. h. eine urteilende Ich-Funktion, die souverän Lebenssituationen, Zustände und Menschen mit den ihr eigenen Fühlkriterien, z. B. mit dem schon erwähnten »Maßstab« angenehm/unangenehm, abschätzt. Wenn ich zu dem Schluss gelange, dass für mich eine Begegnung mit einem Menschen sehr angenehm und geradezu erhebend ist oder ich sie im Gegenteil unangenehm und irritierend finde, so läuft diese Entscheidungsfindung über die Fühlfunktion. Es handelt sich also beim Fühlen um eine ichhafte Leistung und nicht um einen affektiven

Kurzschluss oder emotionalen Ausbruch. Die Fühlfunktion ist ferner gerade ein Organ, das heftigere Gefühle steuert, wobei sie sich dann zu einem größeren »Container« entwickelt haben muss, um solche intensiven Gemütsbewegungen in sich halten zu können. In ihrer reinsten und höchsten Form bringt sie als Grundtönung Heiterkeit und Liebe mit sich.[24]

Neben dem kollektiv zu beobachtenden unfertigen Fühlen gab und gibt es aber immer auch Menschen, deren Fühlen ausgereifter ist. Ein für deutsche Verhältnisse besser ausgebildetes Fühlen hatten neben anderen – um hier nur ein paar Beispiele von Bundeskanzlern, -präsidenten und anderen Politikern einzuflechten – Konrad Adenauer, Willy Brandt, Richard von Weizsäcker und Roman Herzog. Gerhard Schröder besitzt zwar eine seine Persönlichkeit dominierende Emotionalität und er hatte als Partei- oder Regierungschef viel Gespür für Massenwirkung – sein Fühlen drängte stark nach außen, es erschien extravertiert –, doch es war recht affektbehaftet und damit gröber. Feiner ausgebildet ist nach meiner Einschätzung die Fühlfunktion von Kurt Beck, bei dem ebenfalls in der Gesamtpersönlichkeit das Fühlen den Ton angibt. Ebenfalls feiner ist es bei Angela Merkel, wobei es hier dezenter und zurückhaltend ist und sich mehr im Hintergrund ihrer Persönlichkeit befindet – introvertiert ist, wie wir sagen –, während ihr gut differenziertes Denken im Vordergrund wirkt. Adenauer, Brandt, Schröder und Beck waren oder sind mit ihrem Fühlen extravertierter, während das Fühlen bei von Weizsäcker, Herzog und Merkel introvertierter ist.

Linkisch im Smalltalk und vortrefflich in ernsthafter Diskussion

Vielleicht übertreibe ich im folgenden Beispiel ein bisschen, aber so wird es anschaulich.

Wenn man in Deutschland auf eine Party oder zu einem Empfang kommt, ist man fast immer sich selbst überlassen. Es ist meist nicht so, dass der Neuankömmling fürsorglich und liebevoll in Obhut genommen wird. Man wird in der Regel nicht allgemein eingeführt und den anderen Menschen mit ein paar auflockernden Worten vorgestellt, sondern gleichsam in die Wüste geschickt und muss seinen Daseinskampf alleine ausfechten. Die gefühlsmäßige Auflockerung, das humorvolle, entkrampfende Wort fehlen, sowohl beim Gastgeber als auch bei den Gästen, und man selbst ist genauso im Bann des herrschenden Geistes und ebenfalls nicht dazu in der Lage. Alles ist kühl, steif, verdruckst und unverbindlich. Das Persönliche, Herzerwärmende oder die warme unprätentiöse Aufnahme fehlt. Wir vermeiden weitgehend den allzu direkten menschlichen Kontakt; man will sich nicht in die Karten gucken lassen, man will anonym sein und vieles soll geheim bleiben, man könnte ja sonst zu viel von sich preisgeben und die emotionalen Defizite, unsere Unsicherheit und Linkischheit, könnten allzu sichtbar werden. Lieber stellen wir uns starr und isoliert in eine Ecke.

Oder man erfährt das andere Extrem, das psychische Spiegelbild der Gehemmtheit, nämlich plumpe Vertraulichkeit, anbiedernde Distanzlosigkeit und unangemessene lärmende demonstrative Ausgelassenheit aus dieser Unsicherheit heraus – genauso unangenehm.

So oder so, es herrscht emotionale Barbarei. Mehr Verbindlichkeit, mehr Höflichkeit, schlichtes, aber formvollendetes gentleman- oder ladylikes Auftreten, durchgestyltes taktvolles Verhalten *comme il faut* können wir uns kaum vorstellen; das wäre uncool, peinlich und wir würden dem nur mit einem verlegenen Grinsen begegnen können. Normales Beisammensein vom Fühlen her ist uns kaum möglich. Und das Minderwertigkeitsgefühl in Gruppen, das wir erleben, hat immer mit der wenig entwickelten Fühlfunktion zu tun, die ja vor allem eine Funktion der zwischenmenschlichen Begegnung ist.

Nach der ersten Kontaktaufnahme stellt sich das Problem, über was man sprechen soll. Wie soll das Gespräch gestaltet werden? Die Unterhaltung kann nur dann eine angenehme Berührung hinterlassen, wenn das Fühlen dabei präsent ist. An die Stelle der ersten tastenden Eröffnung bei einem Sich-Kennenlernen gehört die hohe Kunst des einfühlsamen Smalltalks, die wir Deutschen nicht beherrschen. Eher weichen wir in Sachfragen und Themen aus, die vom Denken her erörtert werden können, oder wir fragen objektive Daten ab, stellen Fragen nach Beruf, Zeit, Alter, Maßangaben – wie viele? wie groß? wie lange? – und anderen Größen und Werten, die in Zahlen oder festen Begriffen angegeben werden können. Der Literaturwissenschaftler und Anglist Hans-Dieter Gelfert meint sogar, dass wir im Gegensatz zu anderen Ländern keinen Smalltalk mögen. Er glaubt, das könnte»daher rühren, dass sich in Deutschland mangels einer normsetzenden Hauptstadt keine Konversationskultur ausgebildet hat. Für Engländer, Amerikaner und Franzosen ist ein allgemeines Gespräch etwas grundsätzlich anderes als eine Diskussion. In geselliger Runde ist es vor allem bei Engländern verpönt, eine ernsthafte Diskussion anzufangen.«[25] Man sollte sich hüten, dies als Oberflächlichkeit zu deuten; es hat eher mit der anderswo kultivierteren Fühlfunktion zu tun, die sich situativ einfügt und dem Einzelnen emotional mehr persönlichen Spielraum gewährt, als dies eine Debatte vermöchte, die von den anwesenden Menschen abstrahiert.

In der Tat ist die Diskussion ein Bedürfnis der Denkfunktion. Hierzu noch einmal der aufgrund seiner Auslandstätigkeit und Kenntnis von Briten und Deutschen zu einem Urteil besonders befähigt erscheinende Gelfert, der bezüglich einer Abendeinladung schreibt: »Da sich hier aber das Gespräch über Stunden hinzieht, bedarf es einer hochentwickelten Kunst der unaufdringlich geistvollen und doch geradezu nichtssagenden Konversation. Gebildete Engländer beherrschen diese Kunst virtuos, während Deutsche sich auf einer solchen Party meist wie Elefanten im Porzellanladen fühlen und nicht selten auch als solche empfunden werden.«[26] Aber nicht nur Geist – denn der Esprit ist nur eine Zutat –, sondern vor allem Gefühl lassen eine gesellschaftliche Begegnung gelingen. Nur das von daher Gelungene lässt eine schöne Erinnerung zurück; sonst dominieren in der Rückschau die unabsichtlich und tumb zugefügten Nadelstiche, kalten Güsse oder Verletzungen.

Affektbeherrschung und Fühlen

Ich hatte oben ausgeführt, dass gefühlsartige Erregungen nichts mit der unabhängig urteilenden Fühlfunktion zu tun haben. Im Gegenteil ist die Affektbeherrschung Voraussetzung für ein differenziertes und lebendiges Fühlen, bzw. ein solches hoch entwickeltes Fühlen macht eine Lenkung der Gefühle überhaupt erst möglich. Nicht ungefiltertes Herauslassen ungestümer Gemütsbewegungen zeigt einen hohen Stand des Fühlens an, sondern die ichhafte Bewältigung und Kanalisierung der Affektenergien. Und dies bedeutet gerade keine Unterdrückung der Gefühle. Vielmehr müssen wir Deutschen unsere Gefühle deshalb so oft unterdrücken, weil wir noch nicht genügend Raum in unserem Fühlbewusstsein haben, in dem wir sie sonst in kultivierter Form beherbergen könnten. Hier liegt der »Lebensraum«, der uns fehlt, der aber im Prinzip innen unbegrenzt zur Verfügung steht und nur aufgesucht, »besiedelt« und gehegt werden muss. Das »Volk ohne Raum«[27] und der »Siedlungsraum im Osten«, wie es in der deutschtümelnden und nationalsozialistischen Ideologie hieß, erscheint mir aus psychologischer Sicht als eine Verschiebung eines Mangels der Psyche auf eine äußere Ebene. Das in Deutschland so eingeengte oder abgeschnürte Fühlen und die innen fehlende Bewegungsfreiheit wurden nach außen projiziert. Aber eine zu Zufriedenheit und Abrundung führende »Landnahme« kann nur im Innern erfolgen.

Unsere Beherrschtheit besteht – wenn wir sie denn erreichen – in einem Untenhalten positiver und negativer Emotionen, die sich letztlich aber meist – und größtenteils von uns unbemerkt – einen Weg über verletzende Denk-Aussagen und allgemein Fauxpas in den Beziehungen bahnen. Meist wird hochkommender Zorn oder Ärger in das Denken geleitet, mit entsprechend aggressiv getönten bzw. scharf-kritischen Bemerkungen, auch wenn uns der mitschwingende Gefühlsgehalt nicht bewusst ist. Oder wir sind unbeherrscht, d. h. wir neigen dazu, bei etwas, das uns schockiert, verstimmt oder sonst wie auf dem falschen Fuß erwischt, gleich gereizt, mit Unwillen und affektiven Äußerungen zu reagieren. Beide Verhaltensweisen, die zweite noch mehr als die erste, richten auf der Ebene des Fühlens und des zwischenmenschlichen Kontakts immer Schaden an; sie bedeuten eine Störung der Beziehung.

Die eben genannte schnelle affektive Reaktion, also die Unbeherrschtheit, oft verbunden mit Grobheit und Lautheit, auf die wir allenfalls noch stolz sind, hat nichts mit Spontaneität zu tun. Es handelt sich dabei ja nicht um ein freies Fließen des Fühlens. Sonst könnte man z. B. sagen: »Oh, das irritiert mich jetzt aber«, oder: »Das erschreckt mich« usw. Nein, wir werden entweder vom Affekt überrumpelt und lassen ihn in seiner Rohform heraus, brüllen sozusagen: »Scheiße!«, und – schlimmer noch – beschimpfen den anderen. Oder die aufsteigende Gefühlsenergie mündet direkt in die Denkfunktion, die dadurch entsprechend geladen ist und bissige oder ironische Bemerkungen macht. Beides bereuen wir hinterher und es kommt zu den typisch deutschen Schuldgefühlen. Ein Herausschleudern des Unmuts hat also nichts mit einer kreativen Spontaneität zu tun, auch wenn in Deutschland manchmal einer solchen missverstandenen Direktheit das Wort geredet wird, die aber eher einen automatenhaften Reflex darstellt.

Weil bei Männern und Frauen die Affekte im Grunde nicht integriert sind und daher ein ansatzweise vorhandenes Fühlen schnell hinweggespült wird, enden die Szenen und »Dialoge« auf der Bühne oder im Kino oft in Zwist und Schreien. Nirgends geht es so gellend zu wie in deutschen Theaterstücken oder Filmen, natürlich nicht in allen. Ich werte dies als ein offenbar notwendiges Übergangsphänomen, nach einer Zeit weitgehender

Gefühlsunterdrückung kollektiv erst einmal die negativen Gefühlszustände wie Wut, Verzweiflung, Ärger, Hass, Ekel usw. nach oben kommen zu lassen, um sich zu entlasten. Eine Lösung oder wirkliche Befreiung ist dies aber nicht. Erst durch den Blick nach innen und eine hartnäckige Bemühung werden wir den Boden für die Fühlfunktion und in der Folge auch für aufbauende Emotionen freimachen.

Es ist interessant, einmal genau auf die Art der Kommunikation zwischen Mann und Frau in deutschen Spielfilmen oder Fernsehserien zu achten, auf Fühlen oder Nicht-Fühlen, auf Affekte und deren Ausdruck, auf das Argumentieren vom Denken her und darauf, wie weit der andere in seinem Wesen respektiert und bejaht wird! Man muss das wahrscheinlich wiederholt im Playback tun, denn es läuft alles viel zu schnell und wie völlig selbstverständlich in kaum erfassbarer Dichte ab. Und wir als Deutsche mit dem generell schnelleren Denken, aber langsameren Fühlen brauchen Zeit, um diese in das Ressort des Gefühls fallenden Dinge bewusst aufzunehmen.

Das gesellschaftliche Klima

Alle von mir aufgeführten psychologischen Sachverhalte können immerzu und an allen Orten und nicht nur in TV-Sendungen oder bei Schauspielen beobachtet werden, denn das Leben ist ein Hologramm, und wenn es sich um zutreffende Wirkkräfte handelt, wovon ich überzeugt bin, sind sie überall erfahrbar. Unabhängig davon, ob man in einer Veranstaltung ist, einen deutschen Schriftsteller liest, eine Szene in der U-Bahn oder auf der Straße mitverfolgt, sich selbst, dem Partner, den Kindern, Freunden oder Kollegen aufmerksam zuhört, also das Familien- und Privatleben, den Berufsalltag oder das öffentliche Leben betrachtet, überall wird man fündig, wenn einmal der Blick dafür geschärft ist.

Dieser Mangel an Fühlen prägt das ganze gesellschaftliche Klima in Deutschland. »Klima« und »Atmosphäre« sind Ausdrücke, die in den Bereich des Gefühls gehören, und mit ihnen beschreiben wir ein Fluidum in menschlichen Begegnungen, in Gruppen, in Betrieben, an Institutionen und in der Gesamtgesellschaft. Jedes Land hat so sein eigenes Fluidum oder Flair. Durch das unterentwickelte Fühlen ist nun das Miteinander hierzulande »klimatisch« beeinträchtigt. Das Manko wirkt sich in der Stimmung und im Umgang miteinander entsprechend störend aus und bereitet Unbehagen, Unmut und Unzuträglichkeiten, auch wenn diese für viele unterschwellig bleiben. Zunächst einmal nehmen wir es ja als selbstverständlich hin, weil wir es nicht anders kennen. Doch ein Besuch im Ausland kann einem zu Bewusstsein bringen, dass es auch anders geht, und manchmal wird man erst dadurch auf den emotionalen Missstand in Deutschland aufmerksam. Mir sind bei solch einem Blick über den Zaun erstmals genauer die unfreundlichen Verhältnisse bei uns aufgefallen.

Bei einem Aufenthalt in Helsinki sagte mir einmal eine Finnin, sie erkenne auf der Straße Deutsche daran, dass diese so tun, als nähmen sie den anderen nicht wahr. Sie schauten einfach an einem vorbei oder durch einen hindurch.

Eine zweite Begebenheit: Im Kontrast dazu erlebte ich als junger Mann in London, als ich durch die Innenstadt in jener deutschen Manier lief, in der man Entgegenkommenden nur gerade so weit ausweicht, wie es zur Vermeidung eines Zusammenstoßes oder Anrempelns notwendig ist, ein ganz anderes Verhalten. Als mir ein Passant zu nahe kam, nahm er kurz Blickkontakt auf, sagte:»Excuse me«, und machte einen deutlichen Ausweichbogen um mich. Ich spürte darin ein»Ich habe dich wahrgenommen und achte dich und deine Sphäre«. Danach änderte ich beschämt mein Gehabe, das ich als Germane wie alle meine Landsleute mit der Muttermilch eingesogen und unbewusst ausgelebt hatte.

Diese beiden kleinen Vignetten und Auslandseindrücke erhellen im Vergleich unser soziales Leben und illustrieren, wie wir den emotionalen Lebensraum in Deutschland gestalten, genauer gesagt nicht gestalten. Kurzum: Der andere wird nicht respektiert, und nicht als Mitmensch gewürdigt. Es gibt zu wenig Liebe untereinander. Dass man sich damit in seinem eigenen Land nicht besonders wohl fühlen kann, ist klar, doch ist uns dieses»Unbehagen in der Kultur« aufgrund der Unbewusstheit unseres Fühlens kaum zugänglich. Nur die indirekten Auswirkungen sind für uns erkennbar: Jedes Jahr gehen ca. 100 000 Spitzenwissenschaftler von Deutschland weg ins Ausland, um dort ihr Glück zu suchen (»Glück« als Gefühl muss man hier wohl wörtlich nehmen). Ein Viertel davon emigriert in die USA, an zweiter Stelle ist Großbritannien das Ziel. Auch die Schweiz ist ein beliebter Zufluchtsort. Nur ein Teil dieses *brain drain*, dieses Abfließens von Intelligenz, kommt später zurück. Die Abwanderung liegt nicht in erster Linie an den materiellen Forschungsbedingungen, die hierzulande gar nicht so schlecht sind. Ich glaube, dass der Exodus vielmehr mit der Arbeitsatmosphäre und der gesamtgesellschaftlichen Großwetterlage zu tun hat. Unser defizientes Fühlen, das mit mangelnder Wahrnehmung voneinander und fehlender gegenseitiger Wertschätzung verbunden ist, verhindert vielfach freundliche Offenheit, unvoreingenommene Sympathie und echte emotionale Spontaneität auch gegenüber Unbekannten. Es fehlt eine primär positive Einstellung gegenüber dem anderen und dem Leben überhaupt. Der in vielem negative Geist, vereint mit einer gewissen Kälte oder Ignoranz in den Beziehungen – manchmal kommt noch eine uneingestandene Machtanmaßung über den anderen hinzu – erzeugen untergründig ein Missbehagen und treiben viele Begabte aus dem Land.

Im öffentlichen Raum beeinträchtigt eine oft schematisch arbeitende Bürokratie, verbunden mit Überregulierung und einer Verordnungsflut, das Wohlbefinden. Zwar werden wir um unsere sehr durchorganisierte und an sich effektive Verwaltung von manchen Ländern beneidet, doch sie funktioniert häufig allzu rigide und herzlos, weil sie rein vom Zweckmäßigkeitsdenken her ihre Begründung erfährt und den Menschen nicht im Auge hat. Dazu ist sie oftmals ausufernd. Wir werden an späterer Stelle noch sehen, wie sehr der Amtsschimmel und das Verwaltungswesen oder -unwesen an den Machtspielen unseres Vaterkomplexes teilnehmen. Bezüglich der gelegentlich unangenehmen Erfahrungen mit Ämtern und behördlichen Stellen ist jedoch zu sagen: Es reicht nicht, primär eine Änderung und ein freundlicheres, persönlicheres Antlitz von dieser »Obrigkeit« und all ihren Institutionen zu fordern, denn deren Gesicht und Verhalten ist ein Spiegel von uns allen, ist ein Reflex der in uns allen wirkenden Kräfte oder Mankos. Jeder muss bei sich selbst im Kleinen beginnen, wenn sich das gesamtgesellschaftliche Klima ändern soll. Was im einzelnen Menschen erarbeitet und an liebenswürdigem Wesen gewonnen wird, wirkt sich positiv auf die gesamte Gemeinschaft aus.

Das missliche gefühlsmäßige Klima wirkt in der ganzen Gesellschaft. Man trifft es nicht nur im behördlichen Kontakt und im politischen Leben an, sondern ebenso im Erziehungs- und Ausbildungsbereich, in Kindergärten, Schulen und Universitäten. Es beeinflusst ferner das Arbeitsleben, z. B. wenn in Wirtschaftsunternehmen in der Menschenführung Grundsätze des Fühlens missachtet oder nicht vorgelebt werden. Und es bestimmt natürlich den Freizeit- und Privatbereich, wo es bis in den Straßenverkehr hinein unser Verhalten in unerquicklicher Weise mitbestimmt.

Ugly German

Das Unterscheidungsvermögen zwischen hässlich und schön, plump und fein, zwischen stilvoll und stillos oder geschmackvoll und geschmacklos gehört in die Domäne der Fühlfunktion. Die Engländer haben nun neben freundlicheren Charakterisierungen auch die Bezeichnung »The ugly German« für uns. Wir sollten diesen Ausdruck nicht unbesehen entrüstet zurückweisen, sondern uns selbstkritisch fragen, welcher Aspekt unseres Wesens damit gemeint ist, in welcher Hinsicht wir so wirken. Mit dem »hässlichen Deutschen« sind sicherlich nicht das Äußere, sondern seelische und charakterliche Merkmale angesprochen, die allerdings auch einen entsprechenden Ausdruck im Außen finden. Ich glaube, dass es in erster Linie das fehlende Fühlen oder seine Unterentwickeltheit bei uns ist, was einen unschönen Eindruck bei vielen Ausländern hinterlässt. Und je nach ihrer eigenen Wesensart bzw. je nachdem, wo ihr eigenes Fühlen besser entwickelt ist, wird ihnen das Unschöne an uns Deutschen woanders auffallen. Ich werde auf die Fühlfunktion bei anderen Nationen gleich noch genauer zu sprechen kommen. Hier schon einmal so viel: Die Italiener, die ihr Fühlen besonders in ästhetische Gestaltung einbinden, beklagen manche Geschmacklosigkeiten und in dieser Hinsicht Hässliches bei uns, z. B. in Stadtbild und Landschaftsgestaltung. Die Franzosen, die uns in ihrer Verbindung eines differenzierten Fühlens mit lebendiger Emotionalität überlegen sind, sind oft von unseren gröberen und ungeschliffenen Umgangsformen irritiert. Wo wir uns nur als »direkt« empfinden, werden wir als unhöflich erlebt. Ebenso erkennen die Engländer bei ihrem besser entwickelten Fühlen unsere emotionalen Mankos und Defizite, die ihnen oft krass in unseren Ausdrucksformen entgegentreten.

Wenn man sich die »Kreationen« und Erscheinungsformen der Deutschen auf allen Gebieten anschaut, wird man »the ugliness« mancherorts bestätigt finden, sofern es nicht bereits durch die Aufnahme internationaler Maßstäbe gemildert ist. Das heißt aber nicht, dass wir Deutschen nicht die Kunst des Schönen verstünden. Unsere Beiträge in Musik, Dichtung, Malerei, Bildhauerei und Wissenschaft gehören zu den bedeutendsten und wertvollsten, die die Welt zu bieten hat. Doch wir haben auch eine »hässliche« Seite, und diese ist in den letzten 100 Jahren mehr und mehr nach oben gekommen. Im Prozess der Selbstoffenbarung mussten wir wohl im letzten Jahrhundert stark unseren »Schatten« – das sind die unschönen Schattenseiten unseres Unbewussten – ausleben, um unser Tun und das von uns Hervorgerufene mit all seinen fatalen Auswirkungen als unser Ureigenes zu erfahren. Damit hat sich das, was bisher nur latent vorhanden war, manifestiert und sich uns als etwas Objektives, als außen Wirklichkeit Gewordenes präsentiert. Und erst so kann es bewusst werden.

Unter »Schatten« versteht man in der Tiefenpsychologie ganz allgemein den nicht genehmen Teil der Psyche, in dem alles Verpönte, »Böse« oder Verabscheuungswürdige von uns Menschen, dessen wir uns nicht bewusst sind, weggesperrt ist. Und wie jedes Individuum seinen Schatten und psychischen Kellerraum hat, so hat das Kollektiv insgesamt ebenso einen solchen abgründigen Aufbewahrungsort.

Auch die Malerei trägt zu diesem notwendigen Prozess der Selbstentdeckung bei, indem Aspekte unserer bis dato verborgenen hässlichen Seiten herausgemalt werden. Auf die Leinwand gebannt besteht die Chance, sich der so abgebildeten Defizite des Fühlens und gefühlsmäßigen Unverträglichkeiten bewusst zu werden. Es mussten deshalb auch »disharmonische« Stile hervorgebracht werden. Das gilt unter anderem für den deutschen Expressionismus, in dem mit dissonanten oder schreiend grellen Farben und stechend harten Formen experimentiert und unter anderem Krankhaftes und von Maß und Mitte Abweichendes dargestellt wurde. Jeder einzelne dieser Künstler, Expressionisten und andere, ob Lovis Corinth, Ludwig Kirchner, Erich Heckel, Karl Schmidt-Rottluff, Max Pechstein, Otto Mueller, Emil Nolde, Max Beckmann oder Otto Dix, haben sich dabei als Könner sowohl des Schönen als auch des »Hässlichen« erwiesen und gerade wegen ihrer Fähigkeit zum »Hässlichen« einen wesentlichen Beitrag zur Moderne und speziell für uns Deutsche geleistet. Denn es gehört zur Moderne weltweit, dass schonungslos der Schatten der Psyche dargestellt wird, und wir haben hier unsere spezifisch deutsche garstige Seite zu entdecken.

Interessant ist in diesem Zusammenhang die gefühlstaube »Kultur«-politik im nationalsozialistischen Deutschland. Die dunklen Abgründe und die eigene Hässlichkeit dumpf ahnend und davor zurückprallend projizierte man die abstoßende Seite der eigenen Seele auf verschiedene Kunstrichtungen und verbot sie als »entartet«. So wurde versucht, einen Teil des eigenen defizitären Charakters auszublenden und auszutilgen, der sich aber in den Aktionen des »Dritten Reiches«, also in seinen Untaten, schließlich ungehemmt Bahn brach. Durch das Aussondern von »entarteter Kunst«, durch das Vernichten von verschiedensten Werken der Moderne und durch das Verbrennen von Büchern und Schriften wurde der geistige Selbsterfahrungsprozess zum Schaden für die ganze Nation zunächst gestoppt und auf eine niedere Stufe zurückverlagert. Es gab nun nicht mehr die Möglichkeit, das Dunkle und Destruktive geistig und in sublimierter Form in der Kunst abzuhandeln und damit letztendlich das Niveau des Fühlens zu heben. Das führte dazu, dass sich jene Schattenkräfte einen Weg über das direkte Ausagieren suchten, mit den bekannten Folgen des Mordens und anderer Verbrechen. Das Unbewusste lässt sich niemals eliminieren, und so floss es eben in die Auswüchse des Regimes ein, in die Scheußlichkeiten des Alltags, in die Unterdrückung im Innern durch die Gleichschaltung des öffentlichen Lebens und in die Gräuel von Krieg und Shoah. Hier zeigte sich der dem Hässlichen innewohnende Hass ohne Maske, und das scheuklappenartig durch negative Affekte eingekeilte und insuffiziente Fühlen wurde vollends offenbar.

Auch auf dem Kunstgebiet brachte die NS-Zeit für unseren heutigen Geschmack kurioserweise echt Hässliches hervor, für ein wirkliches Fühlen bedrückend oder es vor den Kopf stoßend, nämlich Grobschlächtiges, heroisch Übertriebenes und damit Disproportioniertes sowie machtheischend Monumentales. Es ist eine Ironie der Geschichte, dass man im Versuch, das Hässliche auszurotten, dem wahrhaft Widerwärtigen Vorschub leistete, während mit der Verfolgung der vermeintlich entarteten Kunst die bedeutendsten und schönsten Kunstwerke aus dem deutschen Blickfeld verbannt wurden und unserer kulturellen Identität unermesslicher Schaden zugefügt wurde.

Auch später kam in den beiden Teilen Deutschlands das Gefühlsdefizit in Form von »Hässlichem« durch die Kunst zum Ausdruck. In der DDR knüpfte man an das vorhergehende diktatorische System und seine Kunstformen an, denn der sozialistische Realismus mit seinen pathetisch-pompösen und den Arbeiterhelden verherrlichenden Bildern unterscheidet sich nur graduell und thematisch von seinem Vorgänger. Er ist eine direkte Weiterführung der einen einseitigen Typus glorifizierenden NS-Kunst, der unter Hitler der dem germanischen Krieger gleichende deutsche Soldat bzw. die deutsche Mutter war. Hier ähneln sich eben alle totalitären Systeme in ihren für ein differenziertes Fühlen minderwertigen Hervorbringungen und Abgeschmacktheiten.

In der demokratischen Bundesrepublik – befreit vom Joch der Diktatur – explodierte die Experimentierlust. Es herrschte eine gewisse künstlerische Anarchie, wobei Modetrends aus aller Welt aufgegriffen wurden. Hierin erfolgte die Gegenbewegung, die genauso antiautoritär wie auf anderen Gebieten des öffentlichen Lebens jegliches Diktat von Stil und herkömmlicher Ästhetik abwarf und neben neuen, aufsehenerregenden Formen auch einiges an »Geschmacklosigkeiten« oder zumindest Schockierendes möglich werden ließ. Schocks zu setzen ist das Bedürfnis eines unentwickelten Fühlens, um so über die Leere hinwegzukommen und wenigstens mittels eines »Kicks« zu reizen und Gefühle im Sinne von Emotionen auszulösen.

Etwas Ähnliches gilt übrigens auch für weite Teile der Nachkriegsdichtung, wobei in der Sprache noch evidenter die Dominanz von Denken und Intellekt zum Vorschein und das Fühlen sichtbar zu kurz kommen. Doch ich möchte mit diesen selbstkritischen Worten nicht die Bedeutung der deutschen Nachkriegskunst und -literatur für die eigene Selbstfindung schmälern.

Nehmen wir also das »Ugly German« in Bescheidenheit an und dringen wir durch diesen Schattenbereich hindurch zu unseren darunter verborgenen Potenzialen.

Musik und Gefühl

In der Musik ist Deutschland seit Jahrhunderten eine führende Größe. Im Weltvergleich wird man die bedeutendsten Komponisten unserem Kollektiv zuordnen müssen. Auch nur die wichtigsten Namen aufzuzählen ist unmöglich; allein Bach, Beethoven und Mozart würden schon den deutschen – das deutschsprachige Österreich ist bei dieser Betrachtung ja eingeschlossen – Weltruhm *in musicis* begründen.

Musik hat viel mit Gefühl und den Gefühlen zu tun. Klänge, Melodien und Lieder bewirken verschiedenste Stimmungen und sprechen tief unser Gemüt an. Das Klangreich vermittelt uns eine Reihe emotionaler Erfahrungen. Es erzeugt ein verklärendes Weltgefühl, und über die Musik können wir sonst Unsagbares, Mystisches, Transzendentes und sogar religiös Sinnhaftes erleben. Wir verbinden sie mit Ahnungsvermögen, Seele, Innerlichkeit, Sentiment und Romantik. Gerne lassen wir uns von der Musik hinwegtragen, geben uns ihr hin und gehen in ihr auf. Sie hat dann etwas Entgrenzendes und lässt einen ozeanischen Rausch aufkommen. So können wir in ihr schwelgen, sogar uns auflösen und geraten damit in die Nähe der Todessehnsucht, diesem deutschen Urbedürfnis, das immer wieder mit der Symphonik verknüpft wurde. Thomas Mann z. B. ließ viele seiner Romanfiguren nach dem Anhören von Wagner'scher Musik sterben.

Was Musik in unserem Seelenleben evoziert, bleibt im Vorbewussten und ist oft nicht genau benennbar; doch einig ist man sich darin, dass es »Gefühl« ist. Und neben dem schemenhaften Ausdruck »Gefühl« sind es eine Reihe umrissener Gefühle wie Gehobensein, Glücksgefühl, Beschwingtheit, Animiertheit, Erotik, aber auch negativ faszinierende Gefühle wie Düsterkeit, Gespenstigkeit, Melancholie, Traurigkeit, Zorn usw., die durch meisterhafte Tonwerke ausgelöst werden. Wir benutzen die Musik, egal ob Klassik, Jazz, Pop oder Folk, oft ganz bewusst, um an Emotionen heranzukommen. Untermalende Filmmusik wird zu gleichen Zwecken eingesetzt. Auch einfache Gefühlsbedürfnisse werden durch die Musik befriedigt. Viele Menschen lieben z. B. gemütvolle, kitschige Schlagermusik, lieben Schmalz und Herz und schmelzen bei diesen schlichten Weisen dahin. Unsere Sehnsüchte und der Hang zur Sentimentalität kommen hier hervor.

Weder solcherart diffuses Gefühl noch die oben genannten Emotionen sind, wie schon gesagt, mit der Fühlfunktion gleichzusetzen. Und so ist unsere Musikliebe und -sehnsucht nicht unbedingt ein Ausdruck eines ausgereiften Fühlens, sondern eher eine Vorstufe davon, wenn nicht oft sogar ein Ersatz für das fehlende Fühlen. Musik ist so gesehen der fruchtbare Mutterboden in Hinblick auf ein zu entwickelndes Fühlen. Sie ist ferner für uns Heutige mit unseren mentalen Erstarrungen eine legale und auch legitime Droge, die wir so sehr als Gegengewicht zu unserer Rationalität brauchen. Sie verhilft uns, die Denkzentriertheit zu durchbrechen, und holt uns aus unserer rigiden Gefühlsarmut und Bewusstseinshärte heraus. Sie schließt uns auf und lässt unser gefühlvolles Wesen zum Vorschein kommen, das sonst hinter der Fassade der Kopfbetontheit verborgen ist. Musik ist für uns der »Zwiebelkeller« aus dem Grass'schen Werk *Die Blechtrommel:* das Lokal, in dem man mit Hilfe roher Zwiebeln zu gefühlsbetonten Erinnerungen und Gemütsbewegungen wie Weinen gelangt, die sonst bei uns stumm bleiben würden. Ohne solche drastischen Hilfsmittel geht es offenbar bei den Deutschen nicht; doch die Musik vermag es.

Die Verhärtung ist durch das jahrhundertelange Bad im »Drachenblut« der Denkfunktion entstanden. Aber die Musik erreicht unsere weiche Stelle, wo wir empfindsam und verletzlich sind, uns öffnen können, wo Seelenvolles durch den rationalen Panzer und durch unsere Verkrustungen ein- oder nach außen dringen kann. Unsere Musikbegeisterung, -versessenheit und -begnadung drücken also bislang eher ein seelisches Potenzial und eine intensive Sehnsucht zum Gefühl hin aus und weisen in die Tiefe der Seele. Dieser innere Schatz lässt jedoch noch auf eine mögliche größere Bewusstmachung des Gefühls und Entwicklung des Fühlens hoffen. Denn nicht nur Gefühl und Gefühle, auch die psychische Fühlfunktion kann durch die Musik angeregt werden. Durch sie wird das Fühlen beflügelt, wie umgekehrt eine entwickelte Fühlfunktion bewertend unterscheiden und musikalisch Wertvolles von Minderwertigem, nur Rührseligem und Sentimentalem abgrenzen kann.

An dieser Stelle noch ein Wort zur Sentimentalität, die von dem österreichischen Schauspieldichter Arthur Schnitzler etwas bissig aber treffsicher »das Alibi der Hartherzigen« genannt wurde. Sie ist ein Ventil für ansonsten gehemmte Gefühle und ein Surrogat für ein echtes beteiligtes Fühlen. In dieser ersatzweisen Gerührtheit entladen sich Staus, wobei die Gefühlsergüsse auf differenziertere Menschen unecht und peinlich wirken. Wir Deutschen verfügen nun über ein gerüttelt Maß an Sentimentalität, die z. B. durch Musik, aber auch auf andere Art und Weise ausgelöst und ausgelebt wird. Sie ist ein minderer Ausdruck und Ausfluss unseres unbeholfenen Fühlens, das in dieser Weise immer wieder »überläuft«, da wir unserem Herzen nicht auf eine reifere Manier Sprache verleihen können. Auch nach eigenen Fehlern oder Niederlagen kommen bei uns schnell solche Rührungen wie Selbstmitleid und sentimentale Nostalgie auf.

C. G. Jung hat alle Ausprägungen der bei uns anzutreffenden Unreife des Fühlens einmal auf folgenden Nenner gebracht: »Die deutsche Nation kann dadurch charakterisiert werden, dass ihre Fühlfunktion minderwertig, das heißt undifferenziert ist. Wenn man das aber einem Deutschen sagt, ist er beleidigt. Ich wäre auch beleidigt. Es liegt ihm viel an dem, was er Gemütlichkeit nennt.«[28] Die deutsche Gemütlichkeit ist nicht weit weg von der Sentimentalität. Mit dem Hang zur Idylle ist hier ein anderer harmloser Ausdruck unseres einfachen, unbedarften Gefühls angesprochen. Diese Gemütlichkeit wird von Ausländern teils geschätzt, teils belächelt.

Der deutsche Michel und die Kosten einer ungenügenden Fühlfunktion

In politischen Karikaturen gibt es eine gute Selbstcharakterisierung: den deutschen Michel. Im 16. Jahrhundert wurde damit schon der ungebildete Bauer in Deutschland bezeichnet. Im Vormärz, der Zeit von 1830 bis zur Märzrevolution 1848, stellte dieses Motiv den tumben, politisch uninteressierten Bürger dar. Bis heute wird in zumeist politischen Karikaturen durch diese Figur in Nachtdress und Zipfelmütze der Deutsche schlechthin gekennzeichnet. Die Verschlafenheit von uns Deutschen in *political affairs* und in anderen Zusammenhängen wird in der Zeichnung des deutschen Michels trefflich abgebildet.

Dieses Symbol der Schlafmützigkeit bezieht sich meiner Meinung nach zu einem ganz großen Teil auf die Fühlfunktion, die bei den Deutschen nicht wach und engagiert ist. Gefühlsmäßige Zusammenhänge werden gemeinhin nicht erkannt, und deshalb kann auf vielen Ebenen auch nicht gut agiert werden. Hier gerät man leicht in Fehleinschätzungen und Wunschdenken hinein, was sich besonders bei Politikern und Staatsmännern fatal auswirkt. Das ist der deutsche Michel! Wir Deutschen erträumen uns mehr die Welt, wie sie sein sollte, als dass wir sie wahr- und annehmen, wie sie ist. Bevor wir aufgewacht und aufgestanden sind, ist in der Regel die Entwicklung schon verschlafen. Und wenn wir vorpreschen, sind die Folgen aufgrund der emotionalen Unbedarftheit meist noch schlimmer. In der Vergangenheit sind wir so wiederholt in die Bredouille geraten. Das war schon lange vor dem Ersten Weltkrieg so und hat eine schicksalhafte Hinbewegung zu den zwei Weltkriegen bewirkt, wie ich später zeigen werde.

Worin zeichnet sich eine gute und aufmerksame Fühlfunktion aus? Auf dem internationalen Parkett erweist sie sich in einem klugen Fein-, Takt- und Fingerspitzengefühl, in einer *political correctness*, die das andere Land oder den Verhandlungspartner auch in seinen gefühlsmäßigen Bedürfnissen wahrnimmt, respektiert und einbezieht. In Bezug auf die Diplomatie hatten wir uns schon damit beschäftigt, dass zur Realität unserer Welt auch der Gefühls- und Beziehungskonnex gehört, ein emotionales Netz von wechselseitiger Wertschätzung und gefühlsmäßigen Verbindlichkeiten, das von uns Deutschen aufgrund der Prärogative der Denkfunktion zumeist nicht genügend beachtet wird. Das psychische Phänomen des unterentwickelten Fühlens trifft man eben auch bei den Ungeschicklichkeiten und Ausrutschern unserer Staatsmänner auf dem diplomatischen Parkett an. Man sollte einmal genau auf die Aussagen von Regierungsrepräsentanten und anderen Volksvertretern und auf ihre »Diplomatie« achten, dann wird ganz deutlich, wie viele politische Initiativen, verbale Vorstöße und Kommentare mit untergeordnetem Fühlen und hauptsächlichem Denken einhergehen. Dann kann man feststellen, wie undiplomatisch – und das heißt: unter Missachtung des Fühlens – unsere Spitzenpolitiker oft in der Vergangenheit in die zwischenstaatliche Politik eingriffen und sich vielfach geradezu täppisch verhielten. Wie häufig ist da ins Fettnäpfchen getreten worden! Dadurch wurden Einfluss und Vorteile verspielt. Auch diese Patzer werden uns Deutschen zumeist gar nicht bewusst, vom Ausland aber sehr wohl registriert, wenn auch nicht immer gleich geäußert. Die nachteiligen Konsequenzen zeigen sich immer erst später und werden von uns und unseren Politikern meist nicht mit der – ja gar nicht gespürten – Verletzung des Takts in Verbindung gebracht.

Unsere diplomatischen Schnitzer in Privatbegegnungen wie im internationalen Kontakt kommen uns letztes Endes teuer zu stehen. Auch wenn wir nicht merken, wie wir die Gefühle anderer irritieren, sammeln wir damit doch ständig Minuspunkte. Nach einer gewissen Zeit und nach einem aufsummierten »Soll-Kontostand« beginnen wir, dies in der Regel diffus zu spüren. Das sind dann unsere typisch deutschen Schuldgefühle, die uns zwingen, vermischt mit einer gewissen Verlegenheit, sich den anderen gegenüber besonders entgegenkommend, reu- und gutmütig zu verhalten. Das mag im Privaten noch angehen, ist in der Politik aber unprofessionell und schadet den eigenen Interessen. Solche Verhaltensweisen ließen Deutschland in den letzten Jahrzehnten international immer wieder ins Hintertreffen geraten. Schlimmer noch wird es, wenn die unterschwelligen Schuldgefühle und die Unsicherheit durch eine Portion Anmaßung oder rechthaberische Überheblichkeit überspielt werden. Doch die treuherzige erste Variante überwiegt zumindest in der allerjüngsten Vergangenheit.

Auch beim Holocaust und den anderen Untaten im »Dritten Reich« hatte der deutsche Michel gedöst und schlaftrunken weggeschaut. Doch einer solchen Haltung folgt immer eine gepfefferte Rechnung. Das große geschichtliche Exempel für die »Kostenpflichtigkeit« eines ungenügenden Fühlens ist ja die Wiedergutmachung, die Deutschland aufgrund der begangenen Verbrechen an den Juden, den Sinti und Roma, den Zwangsarbeitern und Zwangssterilisierten usw. leisten musste. Natürlich können jene Frevel durch eine noch so stattliche materielle Entschädigung nicht rückgängig gemacht oder ausgeglichen werden, und es kann nicht um eine Aufrechnung gehen, dennoch waren und sind die finanziellen Zuwendungen wichtig und Ausdruck des Willens zur Versöhnung. Doch eines ist klar: Mit einem kollektiv gut entwickelten Fühlen wären diese Verbrechen nicht möglich gewesen. Zu viele Menschen hätten dann betroffen und entsetzt reagiert, hätten protestiert, hätten eingegriffen und sich gegen die Übergriffe an diesen Minderheiten zur Wehr gesetzt. Damit wäre eine derartige Pogromstimmung mit ihren hassfüllten Affekten, die zu den entsprechenden Verfolgungen und Morden führten, gar nicht aufgekommen.

Neben diesem historischen Schulbeispiel finden sich in der Außenpolitik der Bundesrepublik viele Fälle, wo Deutschland sich schließlich zum Zahlen verpflichtet fühlte. Es wurde nicht nur in der Europäischen Union aus allerdings vielschichtigen Gründen zum Zahlmeister, sondern musste auch in verschiedenen zwischenstaatlichen Angelegenheiten eine Scheckbuchdiplomatie betreiben. Diese tritt zumeist dann als materieller Ersatz in Funktion, wenn es aufgrund von emotionalem Ungenügen an eigentlicher Diplomatie gehapert hat. Denn die Mängel der Fühlfunktion in der Unterhandlungskunst – das ist nach meiner Beobachtung ein psychologisches Gesetz – müssen früher oder später in barer Münze, in Geld- und Sachwert, nachgezahlt werden. Wer mit dem Fühlen knausert, z. B. weil er da wenig zu geben hat, oder wer mangels Takt Scherben anrichtet, muss letzten Endes doppelt und dreifach pekuniär zurückerstatten. Oftmals geht es aber nur über schmerzliche finanzielle Einbußen – das gilt für den einzelnen Menschen wie für ein ganzes Volk –, sich des Fühlens bewusst zu werden.

In der Tagespolitik ist es ähnlich. Auch hier gilt, dass die vielen kleinen »Vergehen gegen die Fühlfunktion« in der Folge stets mit einer »Geldbuße« belegt werden. Auch innenpolitisch ist nämlich zu beobachten: Vom Fühlen her wird kaum ausgegangen, weil seine Werte und Konsequenzen nicht in gleicher Weise erkannt und gewürdigt werden. Gegenargumente vom Fühlen her gegen einen Plan, ein Vorhaben oder eine Entscheidung tauchen so gar nicht auf oder finden keine Berücksichtigung. Erst recht nicht wird primär vom Fühlen her ein Projekt gefordert oder positiv begründet. Dass sich so etwas schließlich bitter rächt, wird noch kaum gesehen. Und viel schlimmer als ein geldlicher oder wirtschaftlicher Schaden ist der auf den anderen Ebenen, auch wenn er hier zunächst nicht exakt in Euro-Beträgen festgemacht werden kann.

Vergleich mit anderen Ländern

Andere Völker haben bezüglich der vier Ich-Funktionen Denken, Fühlen, Empfinden und Intuieren ihre eigenen Schwerpunkte und Stärken auf der einen und Eigenheiten und Nachholbedarf auf der anderen Seite. Das soll uns hier aber nicht weiter interessieren und uns vor allem nicht als Entschuldigung dienen, weil uns dies nicht weiterbringt. Deshalb beschränke ich mich hier auf wenige Länder, bei denen kollektiv gesehen die Fühlfunktion weiter bzw. anders entwickelt ist als bei uns.

In England befinden sich nach meiner Beobachtung Denken und Fühlen in einem relativ ausgewogenen Verhältnis. Hier spielen auch die Berücksichtigung des »Du«, die Zurücknahme des Egos, das Mitgefühl und das caritative Verhalten eine recht große, in der sozialen Kultur verankerte Rolle. Im Prince Henry's Hospital in Melbourne, das in dem britisch geprägten Bundesstaat Victoria in Australien liegt und wo ich im Rahmen meiner medizinischen Ausbildung eine Famulatur machte, fand ich im Personalzimmer einen gerahmten Wahlspruch an der Wand, der sinngemäß lautete: »Erst der andere, dann ich.« Uns Deutschen käme das antiquiert und peinlich vor. Wir sind mehr indoktriniert von Parolen und Motti wie: »Man muss ein Schwein sein in dieser Welt« und »Geiz ist geil« oder »Böse Mädchen kommen überall hin« usw. Wo gibt es bei uns noch die Maximen und Suggestivsätze mit positivem und du-bezogenem Tenor? Die soziale Wahrnehmung und der Respekt voreinander sind in den englisch beeinflussten Ländern größer, und das Fühlen hat einen festen Platz im Erleben. »Sozial« in diesem Sinne hat nichts mit Sozialgesetzgebung und Wohlfahrtsstaat zu tun. Diese Aspekte mögen in Deutschland (außer im Gesundheitswesen, wo in England freier Zugang für alle besteht) stärker ausgeprägt sein. Dadurch ist bei uns aber viel an diesbezüglicher Verantwortlichkeit vom Einzelnen weg an den Staat delegiert.

Die Behauptung, dass die Engländer ein gut ausgebildetes Fühlen haben, mag überraschen. Ein Bekannter von mir wendete dagegen ein: »Aber die Engländer gelten« doch als unterkühlt und reserviert. Da tritt doch das Fühlen zurück.« Das Missverständnis klärt sich, wenn wir zwischen Fühlfunktion und Emotionalität unterscheiden. Es ist zutreffend, dass die Briten keinen lauten oder südländischen Gefühlsausdruck an den Tag legen. Das hat aber mit dem Fühlen nichts zu tun. Fühlen ist – wie ich hier noch einmal wiederhole – eine ich-gesteuerte bewusste Fähigkeit, gefühlsmäßig zu urteilen und Stellung zu nehmen und kein Überwältigtwerden von Emotionen. England hat eine stillere – man möchte sagen – introvertiertere Qualität des Fühlens und des darauf gegründeten Handelns, eben die »feine englische Art«. Ein Engländer kann aber bei passender Gelegenheit durchaus sehr lebendiges Gefühl in seine Äußerungen oder sein Handeln legen.

Ich möchte an dieser Stelle das Urteil Theodor Fontanes wiedergeben. Seine Wurzeln und auch sein Name gehen übrigens auf Frankreich zurück – vielleicht hat er von daher eine gute Portion Fühlfähigkeit mitgebracht –, und er hielt sich jahrelang teils alleine, teils mit seiner Familie in

London auf, was ihn stark prägte. Wenn man von Äußerlichkeiten absieht, sind seine Bewertungen keineswegs veraltet.

In einem Brief an seine Frau vergleicht er eine deutsche und eine englische Familie (»Beta« bzw. »Collins«) und deren Mentalitätsunterschiede miteinander und schreibt (es ist natürlich nur ein Einzelfall, der nicht verallgemeinert werden kann, aber doch eine Tendenz erkennen lässt): »Beta und Collins sind eigentlich zwei interessante Gegensätze: Dürftigkeit, Schlafrock, Hemdzipfel, Sauerkraut, burschenschaftliche Reste, wirkliche und *eingebildete* Ehrlichkeit – das ist Beta; Wohlhabenheit, Eleganz, Form, Portwein, kosmopolitische Gedanken und doch englische Gefühle, etwas Humbug, aber auch kein Pochen auf unbeugsame Gradheit und Erhabenheit – das ist Collins. Die Deutschen sind wirklich besser, aber sie fangen es dumm an und machen sich dadurch lächerlich.«[29]

Ein andermal erzählt Theodor seiner Emilie:

»Mir gegenüber saß eine Miss White, eine junge Dame von 22, die als Missionärin nach Ostindien geht, bildschön, wahrhaftig wie ein Engel und die unaffektierte Vornehmheit einer Fürstin. Ich weiß nicht, wo sie's hernehmen. Wenn ich an die Gräfin Haugwitz denke, himmlischer Vater – der reine Nähsputz dagegen. Es hilft alles nichts, nicht die einzelnen Menschen und nicht ihr Geist, aber die ganze *Race* ist uns leiblich überlegen. Es ist ein feinerer Schlag Menschen.«[30]

Vielleicht nicht oder nicht nur leiblich. Ein letztes Mal Fontane, der von einem englisch geführten Hotel in der Nähe des Rheinfalls schwärmt:

»Viel tragen zu dieser wohlthuenden Erscheinung allerdings die Engländer selbst bei; richtiger die Engländerinnen. Es hilft nichts, wir verschwinden neben ihnen. Ich will dies alte Streitthema nicht zum hundertsten Male behandeln, aber es ist so, wie ich sage. Durch Abstammung, Erziehung, Pflege, Freiheit und allerglücklichste Lebensverhältnisse repräsentiren sie schließlich eine höhere Race. Das ganze Volk trägt einen aristokratischen Stempel. Was bei uns in Einzelexemplaren vorkommt, kommt bei ihnen massenhaft vor.«[31]

Ein mutiges Selbsteingeständnis eines Deutschen vor ca. 150 Jahren. Es hilft wirklich nichts: Wir müssen uns eingestehen, dass wir Deutschen – damals wie heute – vom Fühlen her hinterherhinken und aufzuholen haben. In Frankreich ist das Fühlen ebenfalls viel präsenter als in Deutschland, und es ist dazu – wie in Italien – mehr nach außen gerichtet. Es ist extravertierter, als es unser Fühlen je sein wird. Ich wage die Prognose, dass wir Deutschen eher die introvertiertere Weise des Fühlens entwickeln werden. Bei den Franzosen mit ihrem extravertierten Fühlen ist dafür das Denken verinnerlichter. Die Situation ist also dort genau umgekehrt wie bei uns mit unserem stark nach außen drängenden Denken.

In einigen Worten des französischen Botschafters Claude Martin wird der Unterschied zwischen Deutschland und Frankreich, der gleichzeitig der Unterschied zwischen Denken und Fühlen ist, besonders schön deutlich.[32] Dieser Diplomat im echten Sinne des Wortes, dessen gut entwickelte Fühlfunktion in Rede und Ausdruck erkennbar wird, antwortete auf die Frage, warum Franzosen so wenig Deutsch sprechen: Die Aussprache sei zu hart für Franzosen, auch die Grammatik erscheine schwer, doch besonders deshalb nicht, weil Deutsche sehr streng seien und erwarteten, dass man entweder korrekt oder gar nicht Deutsch spreche. Deshalb sprächen Deutsche auch zu wenig Französisch in Frankreich, weil sie annähmen, dass die Franzosen ähnlich streng verführen, was nicht der Fall sei. Man freue sich in Frankreich, wenn Deutsche französisch sprechen. Es sei eine Freude für den Franzosen. In diesen Sätzen des Botschafters wird auf einen Nenner gebracht, dass Deutsche sich eher nach dem Prinzip richtig–falsch (Denken) und Franzosen sich eher nach dem Prinzip angenehm–unangenehm (Fühlen) orientieren.

Spanien hat nach meinem Ermessen eine ebenfalls gut durchgebildete Fühlfunktion, allerdings emotionaler gefärbt. In Italien sehe ich ein weites Spektrum zwischen einem affektiven Fühlen mit emotionalem Ausdruck, was das südländische Temperament ausmacht (besonders Süditalien und Sizilien), bis hin zu einer sehr bewussten, äußerst gepflegten Fühlfunktion (besonders Nord- und Mittelitalien). Das Fühlen ist in Italien eine besondere Verbindung mit der Sinnlichkeit eingegangen, mit einer daraus resultierenden Befähigung zur Gestaltung. Die Früchte dieser Verschmelzung sind nämlich ein hohes ästhetisches Empfinden, sichtbar in den »Schönen Künsten« seit dem Quattro- und Cinquecento, in einem weltweit führenden Design, in ansprechender Landschaftsarchitektur, in der Schaffung von geschmackvollem Ambiente usw. Man sollte nicht vergessen, dass die griechisch-römische Kultur und damit überhaupt »Kultur« in einem zweiten Schub über die italienische Renaissance nach Europa kam.

Jetzt ist es vielleicht gar nicht mehr so erstaunlich, dass in einer europäischen Umfrage, aus welchen Ländern die besten Liebhaber kommen, an erster Stelle die Engländer und dann die Spanier rangierten. Auch die

Franzosen belegten einen guten Platz, während die Deutschen im Schlussbereich lagen. Die Fühlfunktion ist ja zuständig für den Bereich des Kontakts, der zwischenmenschlichen Begegnung und natürlich für die Liebesbeziehung, so dass ich dieses Ergebnis als einen zusätzlichen Beleg für meine These des unterentwickelten Fühlens in Deutschland ansehe.

Die unterschiedlich entwickelte Fühlfunktion in Europa bringt meines Erachtens sogar Wettbewerbsnachteile für Deutschland. Das Fühlen wirkt sich nämlich bis hinein in die Programmierung und Menüführung von Handys, Mobiltelefonen und anderen Geräten aus. Wir sind zwar im Maschinenbau gut. Doch bei Gebrauchs- und Unterhaltungselektronik, wo die Schnittstelle Mensch-Maschine entscheidender ist und wo es sozusagen mehr soziale Interaktion gibt, sind wir im Hintertreffen. Wir selber merken es kaum, wie unkomfortabel, obwohl stringent logisch, manche diesbezügliche Software gestaltet ist. Aber von vielen Menschen anderer Länder wird es bemerkt und auch manche Deutsche entscheiden unterschwellig nach solch einem Kriterium und legen einen Apparat beiseite, bei dem die Bedienung und die Geräusche vielleicht zu unangenehm oder die Tasten- und Warntöne zu eindringlich und hart sind; Geräte also, die nichts Freundliches, Einschmeichelndes und Wohlklingendes haben und die vom Aussehen und in der Handhabung dem Fühlen zuwider sind. Vielleicht ist es so kein Wunder, dass hier manche Firmen, wie Siemens in der Handybranche, aufgeben mussten.

Auch in Bezug auf die bereits angesprochene Affektbeherrschung, also die Steuerung der Emotionalität bei gleichzeitig lebendigem Fühlen, sind uns einige Völker voraus. Bei einem überraschenden Ereignis oder einer schockierenden Mitteilung sagt ein Engländer gern: »Oh, indeed!« [»Oh, tatsächlich!«] Damit schafft er eine Besinnungspause und gewinnt Zeit, die aufsteigenden Affekte zu kontrollieren. Auch das Stammeln, Stottern oder verstummende Innehalten bei etwas Außerordentlichem, bei einer umwerfenden Information oder verbalen Beleidigung – wie man dies in Hollywoodfilmen vorgeführt bekommt – hat den gleichen Sinn. Wir sollten uns als Deutsche nicht darüber lustig machen und womöglich noch stolz auf unsere »spontanere« Reaktion, das sofortige verbale Parieren oder Zurückschlagen, sein. Denn diese Verzögerung dient der Erholung und Zentrierung, während ohne diesen Aufschub viel Porzellan zerschlagen werden kann. Doch eigentlich wissen wir als Deutsche, dass wir im Grunde nicht spontan sind, und die meisten von uns sind nach vielen negativen Erfahrungen schließlich genötigt, diese Art von Affektivität und

Reaktivität zu unterdrücken. Wir wirken sodann besonders kontrolliert und in bestimmten Situationen apathisch oder wie erstarrt.

Affektbeherrschung und Einbindung der Aggression können auch in körperlichen Turnieren eingeübt werden. In England hat seit langem, viel früher als in anderen Nationen, der Sport zusammen mit dem Fairness-Gedanken eine große Bedeutung. Das Wort Fairness ist ja aus dem Englischen entlehnt und auch in die deutsche Sportsprache eingegangen. Seit dem späten Mittelalter haben die Briten ein Faible für sportliche Wettkämpfe, und die Vielfalt an Sportdisziplinen und Mannschaftsspielen ist eine spezifisch englische Kulturleistung.[33] In Deutschland lebte das kollektive Interesse an Team- und anderen Sportarten erst mit Beginn des 20. Jahrhunderts auf.

Auch die im Volk kursierenden Aussprüche, die »Volksweisheiten«, erzählen vom unterschiedlichen Lebensgefühl und der andersartigen Genussfähigkeit in den verschiedenen europäischen Ländern. Das hat nicht nur mit Sinnlichkeit, sondern zuallererst mit dem Fühlen zu tun. Den Mittelmeeranrainern wird eine größere Lebensfreude zugeschrieben, und viele »Nordlichter« fahren unter anderem deshalb zum Auftanken dorthin. Aber nicht nur Südländer wie Griechen, Italiener, Spanier usw., sondern auch die Franzosen verstehen sich auf das *savoir vivre*, von denen ja dieser Ausdruck stammt, und auch die Engländer haben da mehr Zugang. Ihnen allen wird mehr Talent zu guter Laune und Glücklichsein nachgesagt. Die Aussage »Die Deutschen leben, um zu arbeiten, die Franzosen arbeiten, um zu leben« fasst z. B. den Unterschied zwischen Deutschland und Frankreich gut zusammen.

In Heirats- und Kontaktanzeigen soll der Wunschpartner neben vielen anderen guten Eigenschaften möglichst auch Humor mitbringen. Echter Humor fällt ebenfalls in die Domäne des Fühlens, weil darin Wohlwollen und Annahme des anderen mitschwingen. Der *sense of humour* ist nun bei uns Deutschen nicht sehr ausgeprägt. Wir gelten oft als humorlos und bierernst; dagegen sind wir in Bezug auf Ironie und Sarkasmus besser. Heinrich Heine, Kurt Tucholsky, Georg Kreisler und Franz Josef Degenhardt sind Beispiele für diese letztere Kunst. Zu der beißenden Form des »Humors« gehören gleichfalls das politische Kabarett und die Satire, die beide auch aufklärerische und pädagogisch bessernde Antriebe haben. Zynismus, Sarkasmus, Ironie usw. werden alle über die Denkfunktion vermittelt. Das Denken gibt hier, scharf gewürzt durch eine innewohnende Portion Aggression, den Ton an. Aggressions- und andere Affektäußerungen sind ja nicht identisch mit der Fähigkeit des Fühlens, sondern – z. B. als bissige Gedanken und Kommentare – Verlautbarungen der Denkfunktion. In diesen eben genannten »Humor«-Formen wird bei uns viel Aggression transportiert und kanalisiert. Gegenüber brachialer Gewalt ist dies natürlich schon eine Sublimierung, doch dem verfeinerten englischen Humor gelingt eine echte Verwandlung von Negativgefühlen. Daneben gibt es aber bei den Engländern auch den deutlich »böseren« schwarzen Humor. In diesem Sinne müssen wir wohl die Aussage Gelferts verstehen, in England sei der Humor neben dem Sport wahrscheinlich das wichtigste Ventil für das Abreagieren von Aggression.[34] Der deutsche Humor hat nach Gelfert dagegen zwei Seiten, er »ist entweder gemütlich oder moralisierend«[35].

Eine Studie über den Humor zeigte übrigens, in welchen Ländern über welches Thema am meisten gelacht wird: In Frankreich ist es die Liebe; in England sind es der Spleen und die damit zusammenhängenden Absurditäten (hier kann man sich also selbstironisch betrachten); und in Deutschland sind es die Themen Fäkalien und Anales. Der Komiker Heinz Erhardt hatte seine Witzpointen hauptsächlich aus diesem Bereich der Darmtätigkeit bezogen und brachte alles aus der Sprache auf, was diese in der Hinsicht an Doppeldeutigkeiten hergab.

Ansonsten sind wir nicht sehr witzig. In anderen Ländern wird eine Veranstaltung oder Vorlesung oft mit einem Scherz begonnen. Ausführungen von uns Deutschen, ob Texte oder Vorträge, sind oft schwerverständlich, feierlich und gesetzt. Woanders sind mehr Lockerheit, Leichtigkeit und Entkrampftheit zu spüren, bei uns findet man dagegen Getragenheit, Ernst und Nachdrücklichkeit, manchmal sogar Schwermut.

Unterentwickeltes Fühlen und verdrängte Weiblichkeit

Zusammen mit dem Fühlen ist das Weibliche in Deutschland im Nachteil, und zwar sowohl außen, d. h. soziologisch in der Gesellschaft – das traf besonders im 19. und teilweise noch im 20. Jahrhundert zu –, als auch innen, im Sinne des »Weiblichen im Mann«, aber auch in der Frau. Zum Weiblichen in beiden Geschlechtern und zum weiblichen Bewusstsein gehört mehr als nur gutes Fühlvermögen; u. a. kommen kreative Eigenschaften, Beziehungs- und Dialogqualitäten sowie schöpferische, Leben hervorbringende, fördernde und erhaltende Fähigkeiten – nicht nur im biologischen, sondern gerade auch im geistigen Sinne – hinzu.

Die äußere Emanzipation und Befreiung der Frau – und hier müssen immer noch Anstrengungen gemacht werden – ist nur ein Aspekt der notwendigen Entwicklung. Genauso wichtig erscheint es, dass sich die weibliche Seite im Mann emanzipiert. Viele Probleme, gerade Partnerschaftsprobleme, würden sich auf diese Weise entschärfen, denn hier fehlt es vielen Männern an Entscheidendem. Die Frauen dagegen haben in den westlichen Ländern ihren Intellekt in den letzten hundert bis hundertfünfzig Jahren viel besser entwickelt als der Mann sein Fühlen und sind damit den Männern insgesamt gesehen und speziell in Beziehungsangelegenheiten um mehr als eine Nasenlänge voraus. Aber auch die Frau in Deutschland hat an der Differenzierung des Fühlens und ihrer Weiblichkeit zu arbeiten, wenn man internationale Maßstäbe zugrunde legt. Sie erscheint zwar heute deutlich mehr zu echter Partnerschaft in der Lage als der Mann, doch auch bei ihr kann sich z. B. die Denkfunktion störend hineinmischen.

Während die Frauen auch in Deutschland im 20. Jahrhundert enorm aufgeholt haben, sind die Männer dagegen heute hinsichtlich der Fähigkeiten der Fühlfunktion in einer ähnlichen Situation, wie es die gesellschaftlich unterdrückten Frauen in vergangenen Jahrhunderten bezüglich ihres rationalen Vermögens waren, als ihnen der Zugang zu einer höheren Bildung verwehrt war. Deshalb sind vor allem in Deutschland die Differenzierung des Fühlens und allgemein die Entwicklung der weiblichen Seite beim Mann – der ja nicht wie die Frauen damals gesellschaftlich daran gehindert war, es sei denn durch den noch herrschenden Zeitgeist – das Gebot der Stunde.

Zur Verdeutlichung ist an dieser Stelle wichtig zu sagen, dass »weibische« Züge bei Männern, z. B. Effeminiertes, keine integrierte Weiblichkeit bedeuten. Hier hat Weibliches unbewusst vom Mann Besitz ergriffen und dominiert die Persönlichkeit. Umgekehrt hat ein scheinbar besonders »männlicher«, d. h. machohafter Mann nichts mit gelebter Männlichkeit und schon gar nichts mit integrierter Weiblichkeit zu tun. Ein solcher Mann hat vielmehr eine schwache männliche Identität und große Angst vor dem Weiblichen, weshalb er sich kompensatorisch aufblähen und seine Männlichkeit – vielleicht verbunden mit einem Peniskult – besonders demonstrieren muss. Auch die weit verbreitete latente Homosexualität im »Dritten Reich«, bei der eine phallische Gebärdensprache – z. B. im Hitlergruß des steif nach oben gereckten Arms und der aufrecht gestellten Geschütze (vgl. S. 99 ff.) – die schwache Männlichkeit ausgleichen sollte, stellt also weder eine integrierte Männlichkeit noch Weiblichkeit dar.

In unserem Land wurden die Frauen länger als anderswo nicht gleichwertig behandelt. Im 19. Jahrhundert war es besonders eklatant. Selbst einfache Bürgerrechte wie die Teilnahme an Wahlen und der Eintritt in politische Gruppierungen wurden Frauen lange Zeit nicht zugestanden. Höhere Schulbildung und Zugang zur Universität sollten ihnen gar erst im 20. Jahrhundert ermöglicht werden. So war ihnen eine Teilnahme am öffentlichen Leben so gut wie unmöglich. Sie konnten sich weder als Schriftstellerinnen oder Künstlerinnen (und erst recht nicht als Politikerinnen) betätigen, ohne vom familiären und lokalen Umfeld geächtet zu werden. Nur wenige Außenseiterinnen, die meist eigenes Familienglück opfern und auf die Anerkennung der Verwandtschaft sowie des Bekanntenkreises verzichten mussten, traten damals hervor. Es ist erstaunlich, dass Deutschland trotz der gesellschaftlichen Ungunst in jener Zeit überhaupt einige kulturell bedeutsame Frauengestalten hervorgebracht hat.

Dem Gros der Frauen blieb nichts weiter übrig, als sich um die drei berühmten Ks zu kümmern: Kinder, Küche und Kirche. Ihre Funktion war es noch, die Familienkontakte aufrechtzuerhalten und die privaten Beziehungen des Ehepaares zu Freunden und Bekannten zu pflegen. Hierzu waren sie schon aufgrund ihres besser entwickelten Gefühls prädestiniert. Auch im Wohnbereich sind Frauen zwar eher in der Lage, eine angenehme Atmosphäre zu schaffen, doch wollten sie schon damals nicht darauf reduziert werden. In einem weit verbreiteten Periodikum jener Zeit, als die Frau in erster Linie auf die Idylle des Heims verwiesen war, hieß es in süßlich-sentimentaler Sprache: »Auf dem Gebiete des Herzens führt die Frau ihr sanftes Zepter und zaubert das Hüttchen zum Tempel der Wonne, zum Tempel der Ruh'. Ihr mildes anmutvolles Wesen, dessen stillem Wirken sich kein wahr und warm fühlendes Männerherz zu entziehen vermag, schafft uns jene liebe, traute Häuslichkeit, an deren festumfriedeten Mauern sich die tosenden Stürme der Außenwelt brechen.«[36]

Viele der damaligen Frauen zogen sich mangels anderer Alternativen resigniert auf ihren kleinen Wirkungskreis zurück, gingen körperlich aus der Form, alterten schneller und entwickelten psychosomatische Beschwerden oder Depressionen, da ihnen der motivierende Aufbruch in geistige Produktivität und gesellschaftlichen Einfluss verwehrt war. Über die »Weiber«, die aufgrund ihres geringeren Gehirngewichts allgemein als dem Mann geistig unterlegen und dumm galten, kursierten herabsetzende Witze, die sich bei uns bis weit ins 20. Jahrhundert hielten. Den Frauen war damals ihre Lage selbst noch kaum bewusst, auch ihre psychosomatischen Leiden, meist »Frauenleiden« genannt, wurden schicksalsergeben hingenommen. Die unterdrückten Energien konnten sich noch keinen förderlichen Weg bahnen. Dies ist immer erst dann möglich, wenn die sich ändernden gesellschaftlichen Bedingungen ausreichend Freiheit dazu lassen. Man muss zugeben, dass in Bezug auf die Lage der Frau die sozialistischen Positionen politisch am fortschrittlichsten waren.

Selbst Theodor Fontane, einer der wenigen großen deutschen Romanciers, lässt seiner Zeit entsprechend patriarchale Züge erkennen, auch wenn er viel moderner als die meisten seiner Zeitgenossen eingestellt war. Er beschäftigte sich kaum mit der Frauenunterdrückung und war sich über die diesbezügliche Unzufriedenheit seiner Frau nicht im Klaren, doch über sein kreatives Unbewusstes trat dieses Thema zutage. In seinem 1895 erschienenen Gesellschaftsroman *Effi Briest* schildert er den beschränkten moralischen Horizont jener Zeit und die bitteren Folgen für eine Frau, die sich aufmacht, diese engen Grenzen zu durchbrechen. In Norwegen hatte sich Henrik Ibsen in dem Theaterstück *Nora oder Ein Puppenheim* (1879) mit der gleichen Thematik – der Frau im Aufbruch und ihr intolerantes, hinderndes Umfeld – befasst. Doch während es Nora gelingt, aus der Ehe auszubrechen, und sie ihre Familie verlässt, wagt Effi diesen weitergehenden Schritt nicht. Sie schlittert nur in eine Affäre, wird – von Ehemann und Eltern geächtet – krank und stirbt jung mit 29 Jahren. Auch hier das typisch deutsche Mythologem von Scheitern, Untergang und frühem Tod, das wir noch näher kennenlernen werden. Eine wirkliche Liebesgeschichte – das konnte selbst Fontane nicht, wie ihm sogar seine eigene Gattin attestierte.

Deutschland ist also, verglichen mit seinen europäischen Nachbarn, in Bezug auf die Lage der Frauen lange Zeit rückständig gewesen und hinkt bis heute ein Stück hinterher. Bei uns wurden die Frauen, anders als in Frankreich oder England, möglichst lange Zeit in Abhängigkeit und Unmündigkeit gehalten. Wenn wir z. B. den Blick nach England richten, ergibt sich für die letzten Jahrhunderte ein deutlich anderes Bild. Schon gegen Ende des 18. Jahrhunderts konnte sich hier eine erkleckliche Anzahl von Künstlerinnen und Schriftstellerinnen durchsetzen. Die Engländerinnen bekamen insgesamt viel früher gesellschaftliche Anerkennung und konnten zum Wohle des Ganzen an der Gestaltung des Landes stärker teilnehmen. »Die erste Frauenbewegung war eine fast ausschließlich englische Angelegenheit, wobei nicht unerwähnt bleiben darf, dass es schon bei den Anhängern Wiclifs im 14. Jahrhundert Frauenzirkel gab, die sich um die Alphabetisierung ihrer Geschlechtsgenossinnen bemühten und eine Art subversiver Aktivierung der Frauen betrieben.«[37] In Deutschland konnte die Frauenbewegung erst im 20. Jahrhundert Fuß fassen.

Man könnte sagen: Hätte Deutschland seit der Zeit um 1850 stärker die Frauen gefördert und in eine Kultur des Weiblichen sowie in eine Gefühlskultur auch der Männer investiert, statt der politischen Macht und dem übertriebenen nationalen Aufbruch verhaftet zu sein, wäre Deutschland heute insgesamt in seiner Entwicklung weiter, und vermutlich wären uns manche Katastrophen erspart geblieben. Doch alles »wenn« und »hätte« nützt nichts, und vermutlich haben wir unsere »Irrungen, Wirrungen« (so ein Romantitel von Fontane) gebraucht, um bewusster zu werden.

Im und nach dem Zweiten Weltkrieg wurden die Frauen kollektiv in die Verantwortung für das Überleben der Familie katapultiert. Die Männerwelt war untergegangen und mit ihnen ihre »Werte«, die auf Endzeit und Selbstvernichtung gerichtet waren. Viele Frauen ließen sich hier glücklicherweise nicht mitreißen, taten das Lebensnotwendige, organisierten Essen, folgten nicht den Untergangsvorgaben, sondern unterstützten auch im Kriegsende das Leben, bejahten es und gebaren auch weiter Kinder.[38]

Nach dem verlorenen Krieg erfolgte Schritt für Schritt eine Befreiung der Frauen aus veralteten Rollenklischees und Unterdrückung. Gleichzeitig war es ein Neubeginn des Weiblichen auch beim Mann, das sich zunächst in nonkonformistischen Formen langsam durchzusetzen und zu entfalten begann, z. B. in der Hippiebewegung und im »weiblichen« Aussehen auch der Männer durch den Haarschnitt. Zugelassen wurden nun weichere Verhaltensweisen und Werte, emotionales Gespräch, Beziehung, Berührtsein und Betroffenheit. Seit den letzten Jahrzehnten scheinen die Partnerschaftsprobleme für die Männer vor allem den Motor darzustellen, der die Entwicklung des Gefühlsbereichs vorantreibt.

Männer unter sich – Frauenvermeidung in Deutschland

Man muss schon sehr weit ins Mittelalter zurückgehen, um in Deutschland zu einer Zeit zu gelangen, die dem Weiblichen Bedeutsamkeit zugestand oder ihm Hochachtung entgegenbrachte. Anno dazumal gab es den Minnedienst mit der Verehrung der Dame, wenn auch nur aus der Ferne. Er ist aber keine deutsche Erfindung, sondern kam über Spanien und Frankreich zu uns. Ferner spielten Weiblich-Gefühlshaftes und deutsche Frauen in der Mystik jener Zeit eine herausragende Rolle, und später wurde das Weibliche in der Romantik in einem hohen Grade gefördert. Doch im Grunde blieb die Hinwendung zum Weiblichen Randerscheinung und in den Jahrhunderten dazwischen und fortan trat es mehr und mehr in den Hintergrund.

Nach von Krockow[39] zieht sich eine Frauenvermeidung und -angst durch die deutsche Geschichte, wie sich gerade an unseren Repräsentanten durch die Bank feststellen lässt. So berichtet er, dass sich der preußische Soldatenkönig Friedrich Wilhelm I. (1713–1740) nur in seinem rein männlichen Tabakskollegium wohlfühlte. Er habe gesagt: »Das schönste Mädchen, dass man mir verschaffte, wäre mir gleichgültig. Aber Soldaten, das ist meine Schwäche …« Sein Sohn Friedrich II., »der Große« (1740–1786), sei für die Frauenliebe erst recht nicht geschaffen gewesen und habe bekannt: »Mit Damen weiß ich nicht wohin.« Es sei zu bezweifeln, ob seine Zwangsehe mit Elisabeth Christine von Braunschweig-Bevern jemals vollzogen wurde. Jedenfalls seien auch in der Tafelrunde von Sanssouci Frauen nicht zugelassen gewesen (mehr zu Friedrich dem Großen siehe Kapitel 6 »Der Vaterkomplex«). Später habe Kaiser Wilhelm II. seine schönsten Wochen des Jahres ohne Gemahlin und Kinder an Bord der »Hohenzollern« in einer puren Männerrunde verbracht.

Von Krockow weist mit Recht darauf hin, dass es im Gegensatz zu Deutschland in anderen Ländern große Frauenpersönlichkeiten gegeben hat. Er verweist auf die Königinnen der Niederlande, auf Maria Theresia in Österreich, auf die Zarinnen Russlands, auf die Schutzheilige Polens, auf Frankreichs Jungfrau von Orléans, auf Isabella II. von Kastilien, und auf die Königinnen von England. Auch habe sich in Deutschland nie eine Salonkultur durchsetzen können, die Frauen mit Grazie und Geist in den Mittelpunkt rücke.[40] Hinzu kommen die vielen Staatschefinnen in anderen Nationen, wobei bei uns erstmals 2005 eine Frau ins Kanzleramt gelangte. Ein Zeichen einer beginnenden Veränderung?

Hitler und sein Verhältnis zu Frauen

Als ein besonders augenfälliges Beispiel für den schäbigen Umgang mit Frauen und der eigenen weiblichen Seite kann Hitler betrachtet werden, der diese in unserem Land sonst gemäßigter auftretende Disposition überdeutlich zeigt. Hitler erfuhr als junger Mann seine Prägung durch das Wiener Männerheim, die nie ganz verblasste, denn auch später war er fast nur von Männern umgeben. Wie Joachim Fest feststellt, wiederholte er diese

Lebensform in den Schützengräben des Ersten Weltkrieges, in der Vereins- und Parteigeselligkeit der »Bewegung«, im Zusammensein mit Bediensteten, Chauffeuren, SS-Leibwachen und seiner Führungsriege und zuletzt im Bunker des Berliner Führerhauptquartiers.[41]

Als Hitler auf dem Weg zur Macht war, kam es zu einer starken Zuneigung zu der 17-jährigen Tochter seiner Halbschwester. Er wohnte gemeinsam mit dieser Nichte Angelika (Geli) Raubal in seiner Münchener Wohnung, bis sie sich 1931 das Leben nahm. Man kann nur spekulieren, was passiert ist, denn alle Spuren sind gut verwischt. So scheiterte z. B. eine 1985 vorgesehene Exhumierung der Frauenleiche daran, dass die exakte Lokalisation auf der inzwischen umgestalteten Wiener Grabstätte nicht mehr möglich war. Dieses Faktum ist auch wieder sehr symbolträchtig und ein treffender Ausdruck der kollektiven Verdrängung. Ich vermute zum Hergang, dass der in seiner männlichen Identitätsentwicklung unreife Hitler von der rückhaltlosen Bewunderung und dem Aufblicken des Mädchens zu ihm äußerst angetan war. Er wurde von ihr offenbar in einer reinen, kindlichen Liebe geliebt, die nichts hinterfragte und die ohne Vorbehalte war. Das gab ihm einzig die Möglichkeit – weitgehend im Geheimen und Verborgenen –, sich in seinem Gefühl ein Stück weit zu öffnen und eine sicherlich auch sexuelle Beziehung zur ihr einzugehen. Die Gerüchte sind unter anderem dahingehend, dass sie ein Kind erwartete, oder – was ich als Grund für den Suizid als vollkommen ausreichend ansehe –, dass sie sich langsam aus ihrer demütigenden Rolle, im Versteck gehalten zu werden, befreien wollte und damit auf den erbitterten Widerstand des karrierebewussten Hitler stieß. Es soll eine lautstarke Auseinandersetzung vorausgegangen sein, ehe der Parteiführer zu einer Wahlkampfreise aufbrach und sie sich dann in der Wohnung erschoss.[42] Hitler ist das anscheinend recht nahe gegangen. Es bleibt offen, ob aufgrund von Schuldgefühlen durch ein vor der Öffentlichkeit verborgenes Fehlverhalten (das bleibt sein Geheimnis) oder aus wirklicher Trauer um sie, vielleicht aufgrund von beidem.

Jedenfalls ist dieser Tod des Weiblichen (wieder einmal!) Symbol genug. Wie Hitler, von dem nicht ein einziger persönlicher Brief überliefert ist, seine weibliche, fühlende Seite abgetötet hat, so stirbt außen die junge Frau. Das Geschehnis ist eine Manifestation seiner inneren Psychologie. Wie oft ist Ähnliches in der deutschen Literatur zu finden, wo das Weibliche sterben muss: ob beim schon genannten Fontane-Roman *Effi Briest*, in der *Blechtrommel* von Günter Grass oder vielen anderen literarischen Beispielen. Sie symbolisieren das Noch-nicht-leben-Können der

Fühlfunktion in Deutschland – man kann das Weibliche noch nicht in einer schönen Beziehung glücklich und gesund erhalten!

Später wurde Eva Braun Hitlers ewige Braut, die er ebenfalls weitgehend vor den Augen der Bevölkerung verbarg. Auch sie war die meiste Zeit heimliche Geliebte, entwürdigt und bevormundet, und durfte sich nie neben ihm in der Öffentlichkeit zeigen. Auch diese Gefährtin Hitlers unternahm 1932 und 1935 Selbstmordversuche, wobei sie sich beim ersten Mal in den Hals schoss. Ferner stand sie einmal kurz davor, ihrem Leben mit einer Überdosis Schlafmittel ein Ende zu setzen. Nur wenige Stunden vor dem bereits geplanten Doppelselbstmord am Ende des deutschen Dramas feierte Hitler die Verheiratung mit ihr. Welch eine Symbolik! Hier zeigt sich die von vornherein zum Scheitern verurteilte eheliche Vereinigung zwischen Mann und Frau, die sich eben nicht in Glück und in einem erfüllenden Leben mit der Gründung einer Familie verwirklichen kann.

Seine Einstellung zur Weiblichkeit und seine fehlende Dialogfähigkeit macht die folgende Bemerkung Adolf Hitlers deutlich, die er in Gegenwart von Eva Braun zu Albert Speer gemacht haben soll: »Sehr intelligente Menschen sollen sich eine primitive und dumme Frau nehmen. Sehen Sie, wenn ich nun noch eine Frau hätte, die mir in meine Arbeit hineinredet! In meiner freien Zeit will ich meine Ruh' haben.«[43] Von Partnerschaft im eigentlichen Sinne kann keine Rede sein. Arme leidende Frauen in seinem Umfeld und arme weibliche Seite in Hitler selber, kann man dazu nur sagen. Wie sehr er den Gefühlsbereich abgewürgt hatte, lässt sich auch folgendem Ausschnitt aus einer Ansprache kurz vor dem Polenfeldzug entnehmen: »Herz verschließen gegen Mitleid. Brutales Vorgehen. 80 Millionen Menschen müssen ihr Recht bekommen. Ihre Existenz muss gesichert werden. Der Stärkere hat das Recht. Größte Härte.«[44]

Die Angst vor dem Weiblichen und der Frau

Deutschland hinkt somit in mancher Hinsicht im Vergleich zu anderen Völkern psychisch hinterher. Ein gut ausgebildetes Fühlen und eine emotionale Beziehungsfähigkeit sind Bestandteil einer reifen Entwicklungsstufe, die bei uns gemeinschaftlich noch nicht erreicht ist. Deutschland ist als Kollektivwesen sozusagen noch nicht vollständig erwachsen, sondern hat gerade erst Pubertät und Adoleszenz hinter sich bzw. steckt noch mit einem Bein in diesen Übergangskrisen drin. In diesem Sinne ist Deutschland eine »verspätete Nation«, wie ein Buchtitel des Philosophen Helmuth

Plessner lautet.[45] Bei Plessner ist die Verspätung Deutschlands zwar historisch gemeint, doch sie trifft auch auf die psychische Situation zu.

Der deutsche Mann steht psychisch noch auf einer Jünglingsstufe – so wie die Frau sich noch auf einer Mädchenstufe befindet – und versteht sich eher als Sohn denn als reifer Mann. Plakativ gesagt: Er rangelt mit dem Vater und sucht bei der Mutter Unterschlupf. Das Rivalisieren mit Gleichgeschlechtlichen und das Verbünden in Männergruppierungen spielen die Hauptrolle und sind für seine weitere Männlichkeitsentwicklung auch notwendig. Man fühlt sich in erster Linie in *peer groups* gleichen Geschlechts heimisch und sucht sich dort zu bewähren. Die gegengeschlechtliche Partnerbeziehung auf gleicher Augenhöhe ist weniger gut möglich. Nach C. G. Jungs Auffassung herrsche hierzulande die Psychologie eines Jungen, der sich mit dem Vater verstrickt, und in dem ganzen Spiel würde die Anima, d. h. die weibliche Seite, fehlen.[46] Doch seit einiger Zeit tauchen auch der »neue Mann« und die »neuen Väter« auf, die Männliches und Weiblichen zu integrieren beginnen.

Zur Jünglingsstufe des Mannes gehört die Angst vor dem Weiblichen und der Frau. Wie in der realen Begegnung noch eine jünglingshafte Scheu vorliegt, die durch Sexualisierung oder Spott kompensiert werden kann, so schreckt man auch vor dem, was das Weibliche symbolisiert, nämlich der gefühlvolleren Persönlichkeitsseite, noch zurück. In der Jugendzeit treten als normale psychische Übergangsphänomene schwärmerische Beziehungen zu anderen Jungen, also gleichgeschlechtliche Liebe auf. Diese muss bei den Heranwachsenden nicht sexuell ausgelebt werden, obwohl auch das als Petting oder gemeinsame Onanie (und nur höchst selten als Analverkehr) vorkommt. Der Übergang zu einer Partnerschaft mit dem anderen Geschlecht ist psychologisch ein großer Schritt, der manchmal nur äußerlich, z. B. durch Sexualität, aber oft nicht innerlich durch emotionale Bezogenheit und Verantwortlichkeit vollzogen wird. Zwar schrecken auch viele Männer davor zurück, sich äußerlich, z. B. durch eine Ehe, fest zu liieren, doch die innere Gebundenheit an die Jünglingsstufe kann selbst bei einer Heirat fortbestehen. Viele leben in einer Ehe oder Partnerschaft, ohne eine reife Beziehungsfähigkeit ausgebildet zu haben.

Hier stehen wir als Deutsche also: Wir sind kollektiv noch kaum auf der Ebene angekommen, wo eine gleichwertige Liebe und Beziehung zwischen den Geschlechtern möglich ist.

Weiblichkeit und Fühlen im deutschen Film

Alle unsere Eigenheiten und Komplexe – diejenigen, die ich schon angesprochen habe, und andere, die ich noch darstellen werde – werden nicht nur in der Literatur, sondern auch im deutschen Film veranschaulicht, so natürlich auch der Mangel an Fühlen und integrierter Weiblichkeit beim Mann sowie die Jünglings- bzw. Mädchenstufe in der Entwicklung beider Geschlechter. Auch wenn ich vereinzelte, schon weiterführende Tendenzen in den Filmproduktionen der letzten Jahre nicht ausdrücklich würdige, so sind diese allgemeinen Feststellungen dennoch gültig und werden es wohl noch längere Zeit bleiben.

Am eindrücklichsten in den hiesigen Kinostreifen ist das noch unausgegorene Verhältnis der Geschlechter zueinander, das eben die psychischen Voraussetzungen von uns Deutschen widerspiegelt. Dieses Faktum, dass in unseren Filmen kaum einmal eine gute Liebesbeziehung gepflegt und über längere Zeit aufrechterhalten werden kann, hängt elementar mit der noch unausgereiften Fühlfunktion und der Unterdrückung des Weiblichen zusammen. In den Filmen dominieren die Schwierigkeiten, die Verhinderungen, die Störungen und das Nichtzustandekommen. Unsere Aversion gegen ein Happyend, auf die ich später noch genauer eingehe, ist nur ein Mosaikstein in diesem Gesamtbild.

Hierzu zwei ältere Filmbeispiele:

Nehmen wir als erstes die Verfilmung des Romans von Heinrich Mann *Professor Unrath,* der als *Der blaue Engel* mit Emil Jannings und Marlene Dietrich in die Kinos kam. In dem UFA-Film von 1930 verliebt sich der alternde Gymnasiallehrer Rath in die attraktive Sängerin Lola. Er wird völlig abhängig von ihr, muss den Schuldienst verlassen und demütigt sich, um sie zu halten. So tritt er z. B. als Clown mit ihr in einem Varieté auf. Als sie ihn betrügt, flieht er in sein ehemaliges Klassenzimmer, mit dem Wunsch, dort zu sterben. In einem weiteren UFA-Klassiker, *Große Freiheit Nr. 7* von 1944 mit Hans Albers, lässt sich ein ehemaliger Seemann im Nachtlokalmilieu von Hamburg nieder und verliebt sich in ein junges Mädchen. Die Liebe bleibt unerwidert, und so fährt der bärbeißige Matrose wieder auf das Meer hinaus.

Beide Geschichten drücken symbolisch denselben psychischen Sachverhalt aus, dass man nämlich zu einer Beziehung von gleich zu gleich nicht in der Lage ist. Das wird schon dadurch deutlich, dass sich ein älterer

Mann in eine sehr viel jüngere Frau verliebt. Im ersten Fall kommt der soziale Rangunterschied noch hinzu, der eine gleichwertige Partnerschaft unmöglich macht. Auch das Milieu mit Prostituierten, Tänzerinnen und Nachtbars, wo die Liebe eine in Geld bezahlbare Ware ist, spricht das Gleiche aus, nämlich die Unmöglichkeit einer wirklichen und ebenbürtigen Beziehung. In der unreifen männlichen Sicht wird das Weibliche entweder als Hure oder als Heilige erlebt. Und der Rückzug in die Einsamkeit, in das leere Klassenzimmer, der Todeswunsch bzw. die Flucht in die Weite des Meeres sind beides Eingeständnisse, dass eine gleichrangige Bindung mit dem anderen Geschlecht noch nicht möglich ist, weil die innere Fixierung an die Mutter noch überwiegt. Denn Todessehnsucht und Ozean sind Muttersymbole und entsprechen dem Wieder-Eingehen in ihren bergenden Schoß. Bereits das Wort Matrose verweist von seinen Wurzeln »Matte« (als Matten- und Bettgenosse) und »Mater« (lat. Mutter) her auf die Jünglingsstufe, wo die Männer unter sich sind und in ihrem Wohl und Wehe psychisch noch von der Mutter abhängen.

Die Faszination durch eine Sängerin oder durch eine sonstige ausdrucksstarke »Weiblichkeit« kommt unter anderem daher, dass Fühlen, Emotionalität und die weibliche Seite, die bei dem betreffenden Mann unterentwickelt sind, außen bei der Frau, bei der Liebespartnerin, gesucht werden. Der »trockene Professor« wie der »raue Seebär« haben da gleichermaßen ihr Defizit.

Die Symbolik des Hitlergrußes

Während die beiden erwähnten Filme wenigstens die Schwäche des Mannes abbilden und somit schon einen gewissen Fortschritt darstellen, ist die Überbetonung des Männlichen, gekoppelt mit der Unterdrückung des Weiblichen, wie sie sonst in der NS-Zeit herrschte, ein Zeichen viel weitergehender männlicher Unsicherheit. Die Akzentuierung des Männlichen wurde damals durch viele Gesten und Verhaltensweisen betrieben, so auch durch den Hitlergruß. Ich möchte mich im Folgenden dieser symbolisch bedeutsamen Gebärde tiefenpsychologisch annähern.

In der mikrosoziologischen Analyse *Der deutsche Gruß. Geschichte einer unheilvollen Geste* von Tilman Allert[47] wird der hochgereckte Arm des »Heil Hitler« bereits in einem gewissen Grade psychologisch gedeutet. Der Autor geht sogar so weit zu sagen, dass die in dieser Weise Grüßenden sich im Alltag jedes autonomen Handelns beraubten – weil man in die

Heuchelei gezwungen wurde – und sich selbst und den anderen entfremdeten und dass so letzten Endes die Vernichtungslager ermöglicht wurden. Wenn dabei auch vielleicht nicht genügend berücksichtigt wird, wie viele Menschen durch Zwang und Repressalien, durch Gruppendruck oder ansteckende Begeisterung in diese NS-Choreografie hineinfanden, so liegt in Allerts These doch ein Körnchen Wahrheit.

Immer wieder erweist es sich in der Psychologie Deutschlands, dass *pars pro toto* gilt, dass ein Detail die Grundcharakteristika des Ganzen aufzeigt. So scheint es mir auch mit dem »deutschen Gruß« zu sein, der im »Dritten Reich« zwangsweise eingeführt wurde und vor dem es kaum ein Entkommen gab, vor allem nicht im offiziellen Umgang miteinander und im dienstlichen oder geschäftlichen Briefverkehr, wo man abschließen musste mit der Losung »Mit deutschem Gruß« oder »Heil Hitler«. Der autoritäre Staat dringt immer bis in die Intimsphäre vor. So wachte auch der Hitlerstaat scharf, geradezu adlerhaft darüber, ob man dieses »Heil Hitler« einhielt oder nicht. Dieser Gruß wurde als Bekenntnis zum »Führer« verlangt und kontrolliert. Man konnte sich nicht einmal dahin retten, die Geste und Akklamation abzukürzen, nachlässig oder nur angedeutet auszuführen – dies war nur Hitler selbst vorbehalten –, erst recht nicht, sie zu verballhornen oder zu ironisieren. Die Vorschriften bauten dem vor, indem eine deutliche *Prononciation* gefordert und der Gruß bis in die »gebärdensprachliche Untermalung« hinein präzisiert wurde.[48] Wie wurde dadurch Unsicherheit unter Zweifelnden, Halbherzigen und bloßen Mitläufern gesät, die nun nicht mehr wissen konnten, ob der andere ein Überzeugter ist oder nur der vorgeschriebenen Etikette wegen den Gruß zelebriert! Wie wurde man dadurch selbst in Gewissensnot gebracht und korrumpiert, da man dem anderen ohne Eigengefährdung keinen genuschelten oder verwaschenen Wort- und Gestengruß entbieten konnte! So entfremdete das Grußritual in der Tat die Menschen immer mehr voneinander und eine vertrauensvolle Kontaktaufnahme war mit dieser Einleitung kaum möglich. Der Überwachungsstaat war schon in der Eröffnung einer Begegnung mahnend und drohend mit anwesend.

Wie bei so vielem hat Hitler auch beim »steifen Arm« und dem »Heil« Anleihen beim römischen Cäsarentum gemacht. Er greift hiermit nicht nur auf den Weltreichgedanken zurück, wenn sein »deutscher Gruß« an das ritualisierte Grüßen der Soldaten gegenüber dem Imperator erinnert. Im Cäsarengruß und noch ausgeprägter im Hitlergruß setzt sich darüber hinaus das Ich an die Stelle Gottes. Der Mensch tritt sozusagen in dessen

Fußstapfen und usurpiert dessen Macht, während der ursprüngliche zwischenmenschliche Gruß Gott galt (z. B. »Grüß Gott«). In dem schräg nach vorne oben gereckten Arm kommen ferner Aufwärts-Wille, Fortschrittszuversicht und der Glaube an eine bessere Zukunft, wo es nur geradlinig vorangeht, zum Ausdruck. Das Ich will hoch hinaus. Es ist die bewusste Haltung, die bis zum Krampf an ihrer Position festhält, die aber durch unbewusste Tendenzen vielfach durchkreuzt wird.

Das Armstrecken symbolisiert eine »Erektion«, eine willensmäßige Aufrichtung, wie es auch aufgestellte Geschützrohre tun. Es erinnert – wenn man weiter zurückschaut – an den griechischen Gott Priapos, der besonders in der römischen Welt weit verbreitet war und dessen kleine Statuen mit erigiertem Glied überall aufgestellt wurden. Psychologisch haben diese Gartengottheiten und seine modernen Nachahmungen die Funktion, ein noch schwaches Ich zu stützen. Sie sollen ein Bewusstsein stärken, das noch nicht lange aus dem Matriarchat herausgewachsen ist. So kam es bei den Reichsparteitagen, bei Vorbeimärschen und anderen Anlässen des Dauergrüßens zu regelrechten priapistischen Exzessen.

Was früher zur Stärkung eines noch jungen Bewusstseins allgemein notwendig war, wurde später vor allem in der Hitlerzeit von Männern unbewusst benutzt, um sich ihrer noch schwachen Männlichkeit zu versichern. Hier kam also besonders das Steckenbleiben der psychischen Entwicklung auf der Jünglingsstufe, das mit einer unentwickelten Weiblichkeit einhergeht, zum Ausdruck, sichtbar in diesen phallischen Selbstversicherungen sowie in Form von Männerbünden und der dabei verbreiteten Homosexualität.[49] Die betont patriarchalen Gepflogenheiten, das Ausleben von Macht und Autorität und der Kult der kriegerischen Männlichkeit sollten aber nur eine diesbezügliche Schwäche und Unreife kompensieren. Echte männliche Identität im psychologischen Sinne bedarf keines Macho-Verhaltens oder patriarchaler Dominanz. Das forciert männliche Auftreten, früher in Deutschland sehr verbreitet, war der unbewusste Versuch, das noch fragile männliche Selbstgefühl zu stärken. Heute gibt es diesen Männlichkeitstypus vereinzelt auch noch, doch teilweise ist er in sein Gegenteil, den Softie, umgeschlagen, was aber – wie das mit allen Extremen ist – ebenfalls noch nicht Mündigkeit signalisiert. Aus diesen Verzögerungen und Geburtswehen beginnt glücklicherweise langsam ein moderner Typus und gültiges »Mannsbild« zu entstehen.

Kapitel 4
Die Negativität

>»Nun gut, wer bist du denn?«
>»Ein Teil von jener Kraft,
>Die stets das Böse will und stets das Gute schafft.«
>»Was ist mit diesem Rätselwort gemeint?«
>»Ich bin der Geist, der stets verneint!
>Und das mit Recht; denn alles, was entsteht,
>Ist wert, dass es zugrunde geht;
>Drum besser wär's, dass nichts entstünde.
>So ist denn alles, was ihr Sünde,
>Zerstörung, kurz das Böse nennt,
>Mein eigentliches Element.«

Johann Wolfgang von Goethe

Negativität und verneinende Lebenseinstellung

Wer ständig negativ denkt, wer sein Denken unablässig ins Negative lenkt oder es vor allem nutzt, um negative Aussagen zu formulieren, erzeugt eine Aura von Negativität, die zum einen auf seine Umgebung ungut einwirkt, zum anderen aber auch auf ihn selbst ungünstig zurückstrahlt, wodurch sich ein Teufelskreis ergibt. Negativität erzeugt Negativität, so dass sich das Ungünstige erst einmal verstärkt. Negatives Denken ist liegt vor, wenn jemand sich sagt: »Das geht bestimmt schief«, oder von einem anderen annimmt: »Der will mich sicher nur übers Ohr hauen« usw. Die Negativmöglichkeiten sind Legion. In Deutschland ist nun nicht nur das Denken per se dominant, sondern gerade das negative Denken hat einen hohen Stellenwert. Viele Lebensäußerungen von uns Deutschen sind durchsetzt mit einem tüchtigen Schuss Negativität. Gesamtgesellschaftlich kursiert eine Menge von Negativaussagen und abträglichen Denkinhalten, die sich in Form eines allgemeinen Pessimismus und in den verschiedenen »Ängsten« zeigen, die eigentlich angstvolle Negativgedanken sind, wie z.B.: »Die Renten sind nicht sicher, weil Deutschland hoffnungslos überaltert.« Oder: »Wir treiben auf eine ökologische Katastrophe zu.« Im kollektiven Feld sammelt sich dadurch ein Potenzial an Negativität an, das die Gemeinschaft nachteilig beeinflusst.

Diese Negativität wird von uns selbst kaum als solche wahrgenommen, für viele Außenstehende aber ist sie unmittelbar sichtbar. So sagte mir einmal ein Norweger aus meinem Freundeskreis: »Die Deutschen sind so miesepetrig. Das Glas ist immer halb leer und nie halb voll. Da ich viel reise und in vielen Ländern bin, fällt mir das besonders auf. In Norwegen ist man meist freundlich und fröhlich. Selbst auf Behörden gibt es viel gemeinsames Lachen.« Wir Deutschen dagegen finden bei allem ein Haar in der Suppe; alles wird schlecht gemacht. *Paint it black* scheint die Devise zu sein. Man hat Lust an der Waffe des negativen Denkens, das sich vorzüglich eignet, zu mindern und zu verkürzen, zu pieksen und zu verletzen, das in der Steigerung zustechen und niederzumähen kann und damit die eigene Lebensgrundlage, zumindest die Lebensfreude gefährdet.

Gegenüber Mitmenschen sind wir eher kritisch und übervorsichtig als bejahend und offen eingestellt. Wir bevorzugen die negative statt die positive Annahme, sind im Großen und Ganzen eher aberkennend als anerkennend, eher herabmindernd als bestätigend, eher nörglerisch als enthusiastisch und eher behindernd oder zumindest untätig als unterstützend und fördernd. Auch sonst scheint es, als müssten wir alle schlechten Möglichkeiten bis zum bitteren Ende durchdenken und alle negativen Eventualitäten vorwegnehmen, weil wir glauben, sie auf diese Weise kontrollieren zu können. Wir haben die »Philosophie«, uns erst dann freuen zu können, wenn *the worst case* nicht eingetreten ist.

Man erkennt unsere Negativität also an der verbreiteten Larmoyanz, der Schwarzmalerei und Kritikasterei. Man erkennt sie an der kollektiven Depression mit der unterschwelligen Todessehnsucht und latenten Selbstmordneigung; an der landläufigen Katastrophenangst; dem fehlenden Glauben an das Gute und ein Happyend; an einer Unzahl von Ängsten, z. B. einerseits an der Angst davor, Kinder in die Welt zu setzen, und andererseits der Angst vor dem Aussterben der Deutschen, an der Angst vor Technik und Fortschritt und der Angst davor, den Anschluss zu verpassen, an der Angst vor der Zukunft und der Angst vor der Vergangenheit, an der Angst vor Reformen und der Angst, den Wohlstand zu verlieren usw. Der Bazillus der Negativität ist fast überall eingedrungen. Dies trägt – zusätzlich zum fehlenden oder unterentwickelten Fühlen – zur schlechten Stimmung im Land maßgeblich bei. Ist die Wirtschaftslage nicht tatsächlich schon schlecht, wird sie auf diese Weise schlechtgeredet. Es besteht geradezu eine Faszination an der Negativität, am Düsteren, Schrecklichen, ja Apokalyptischen.

Zudem wurde unsere Negativität in Form von vernichtendem Denken und vernichtenden Taten extrem in der Geschichte ausgelebt. Bei uns Deutschen war schon lange eine untergründige Tendenz zum Nein vorhanden. Durch diese innere Vorentscheidung (siehe unten) wurden die düsteren und apokalyptischen Bilder aus unserer Kollektivseele belebt und konnten in der Vergangenheit in destruktiver Weise wirksam werden. Ich werde noch zeigen, wie sich eine trotzige, das Schicksal herausfordernde Nein-Haltung nach dem Ersten Weltkrieg noch verstärkte und im Zweiten Weltkrieg ihren Kulminationspunkt erreichte, wo sich die Negativität ganz ungeschminkt in diesem schlimmsten aller Kriege entlud (siehe Kaptitel 7). Denn was ist Krieg anderes als die Entfesselung negativer Kräfte! Und einem Krieg geht immer viel Negatives an Gedanken, Gefühlen, Worten und Aktionen voraus.

Durch diese geschichtlichen Erfahrungen hat sich bei uns aber auch eine Selbstkritik entwickelt, die früher nicht zu unseren nationalen Vorzügen gehörte. Diese wichtige Selbstreflexion, die an sich ein großes Plus darstellt und auch die weitere Aufarbeitung fördert, kann sich jedoch bis zur Selbstzerfleischung und depressiven Schuldgefühlen steigern und damit zerstörerisch werden. In einer solchen Autoaggression kommen negative Energien zu uns zurück, die wir einst in die Welt gesetzt haben und die erkannt werden wollen.

Positivität oder Negativität, Bejahung oder Verneinung sind in der Tiefe vorgefasste Lebensentscheidungen, die nicht rational und absichtsvoll, sondern meist auf einer unbewussten Ebene getroffen werden. Die Wurzeln einer habituellen Ja- oder Nein-Ausrichtung bei einer Einzelperson liegen unter anderem in guten oder schwierigen bzw. traumatischen Erfahrungen in der Kindheit. Eine positive Elternbeziehung, erlebtes Urvertrauen usw. nähren ein generelles Ja zum Leben, verbunden mit Selbstvertrauen, Offenheit und Zuversicht. Schwierige Erlebnisse, z. B. früh erfahrene seelische Verletzungen, lassen einen Menschen skeptisch und misstrauisch werden und fördern die Neigung zu einem pessimistischen Nein. Dies ist aber nur ein Aspekt. Darüber hinaus haben wir immer eine Wahl und eine persönliche Verantwortung. Wir können uns für einen mehr bejahenden und optimistischen Lebensstil oder eine mehr verneinende, pessimistische Haltung bewusst entscheiden. Je nach Wahl – die bedingenden und prägenden Momente der Biografie sollen dabei nicht übersehen werden – bemächtigt sich das Denken der einen oder anderen Seite. So ist es auch bei einem Volk. Deutschland hat sich kollektiv, natürlich weitgehend unbewusst, für das Negative entschieden und die negativen Folgen in der Historie hatten diese Haltung zunächst nur verstärkt.

Die Faszination des Negativen

Bis in die Gegenwart wirkt in Deutschland ein Negativismus, teils direkt und unverblümt, teils in verfeinerter Weise. Für denjenigen, der Augen hat zu sehen, werden unsere Negativtendenzen überall sichtbar. Sie werden denen auffallen, die bewusst ihr Augenmerk auf alle Äußerungen des öffentlichen und kulturellen Lebens richten. Schon wer linguistisch auf die Sprache achtet, kann aus den bevorzugt benutzten Worten eine Vielzahl des Nein, des Nicht, des Gegen und des Un- heraushören. In Deutschland wird z. B. jedes Jahr das »Unwort des Jahres« ermittelt. Auch das »Wort des Jahres«, das es daneben gibt, hat eine starke Schlagseite hin zu sprachlichen Missbildungen. Warum wird bei den Neuschöpfungen nicht auch das schönste oder das die Zukunft am meisten bejahende Wort prämiert? In vieler Hinsicht konzentriert man sich auf das Negative und Misslungene.

Man braucht nur einmal deutsche Bandnamen zu betrachten. Natürlich gibt es auch Gruppen, deren Namen positivere Assoziationen wecken, doch es ist erstaunlich, wie viele dieser Popformationen bedrückende oder unheimliche Anklänge haben. Nur wenige Beispiele, die sich beliebig vermehren ließen, sind: »Einstürzende Neubauten«, »Ton, Steine, Scherben«, »Guns 'n' Roses«, »Scorpions«, »Böhse Onkelz« (mit Totenschädel und Gebein als Emblem), »No Angels«, »Rammstein« (benannt nach dem Inferno beim Absturz eines Jets während einer Flugschau auf dem Militärflughafen Rammstein 1988), »Geier Sturzflug«, »Abwärts«, »Die Toten Hosen« (die ebenfalls den Totenkopf führen) usw.

Es gibt sicherlich noch viele weitere Beispiele. Hier offenbart sich heute noch ein neugieriges Interesse am Negativen, Schrecklichen, ein gewisses Kokettieren mit Tod, Unheil und Zerstörung, und es zeigt an, dass wir noch weit von einer Integration dieser dunklen Gefühle entfernt sind.

Natürlich ist das Negative zum Teil ein universelles Phänomen, das uns in Form von Katastrophenberichten rund um den Globus, in der weltweiten Lust an Horror und Gewalt und in den entsprechenden Filmen, Videos und Computerspielen entgegentritt. Hollywood gebiert am laufenden

Band Katastrophen und Monster: In *Independence Day*[50] ist die Existenz der Erde durch eine Invasion Außerirdischer gefährdet; in *Armageddon – das jüngste Gericht*[51] droht ein Meteorit die Erde zu zerstören, was aber durch das mutige Eingreifen der Menschen verhindert wird; *Godzilla*[52] ist eine Riesenechse, die durch radioaktive Strahlung entstanden ist und New York angreift, so dass das Überleben der Menschheit auf dem Spiel steht; in *The Day After Tomorrow*[53] kommt es durch den Treibhauseffekt zu einer modernen Sintflut usw. Es fällt jedoch auf, dass drei dieser Blockbuster von Roland Emmerich gedreht wurden, einem Deutschen, der in Sindelfingen bei Stuttgart aufwuchs. Wir Deutschen bleiben offenbar Spezialisten für die Apokalypse. Der amerikanische Einfluss bei diesen Hollywoodstreifen besteht darin, dass letzten Endes das Verderben abgewendet wird.

Wie ist die Situation direkt in Deutschland? Wir sind hier täglich einem Bombardement von Negativem ausgesetzt, wovon ein erklecklicher Anteil hausgemacht, also nicht durch die Weltgeschehnisse oder globale Tendenzen bedingt ist. Man sollte einmal auf all die Negativelemente achten, die an einem einzigen Tag über Nachrichten- und Unterhaltungssendungen von Fernsehen und Radio und über die Papiermedien auf einen einstürmen. Selbst wenn man z. B. die Kultursendungen der Bundesländer hört, die dritten Programme oder auch die übergeordneten Kultursender anschaut, wird man mit einer Unzahl von Beiträgen konfrontiert, die »Negatives« zum Thema haben, wie z. B. Tod, Krankheit, Verletzung, Unfall, Unheil, Unglück, Krise, Krieg, Zerstörung, Verlust, Verbrechen, Mord, Selbstmord, Terror, Niedergang, Untergang, Scheitern, Katastrophe, Apokalypse und so fort. Man muss einfach nur einmal auf das einschlägige Vokabular achten, das manchmal schon die Titel dieser Sendungen beherrscht.

Auch vielen Informationen, die uns als wertneutral und objektiv verkauft werden, wohnt ein kräftiger Einschlag Negativität und kollektives Vorurteil inne. Und dies wird so selbstverständlich an uns herangebracht, dass wir es meist gar nicht als negativ getönt oder vorurteilsbehaftet erkennen. Vielen Fakten, die in manchen Aspekten vielleicht positiv interpretiert werden könnten, wird eine negative Betonung gegeben bzw. sie werden für eine negativistische Aussage benutzt. Das führt zusammen mit den blinden Flecken aufgrund der noch unerlösten Traumata wie des Schuldkomplexes durch die NS-Vergangenheit dazu, dass viele »Informationen« der Zeitungsmedien und der Rundfunk- und Fernsehsender in Deutschland unvollständig bleiben, die nötige Klarheit vermissen lassen und somit oft eine gewisse Vernebelung bewirken und viele offene Fragen zurücklassen.

An sich ist nichts dagegen einzuwenden, sich dem dunklen Bereich der Seele zu nähern. Es zeigt sogar Mut und Bereitschaft, diese Seite des Lebens nicht auszublenden, sondern sie durchzuackern. An sich ist es gut, das Negative ins Bewusstsein dringen zu lassen, besonders das Geschichtlich-Negative, denn nur so kann es aufgearbeitet werden. Das ist wie in der Psychotherapie, in der alle negativen und traumatischen Erfahrungen offen angeschaut und wo alle negativen Gefühle zum Ausdruck gebracht werden dürfen. Die Therapeutin oder der Therapeut verurteilt nicht, sondern nimmt alles in seinem Sosein an. Dann kann in der Patientin bzw. im Patienten eine Wandlung der negativen Energien stattfinden und das darunter verborgene Positive und Lebensbejahende nach und nach befreit werden. So müssen auch im gesamtgesellschaftlichen Bewusstwerdungsprozess all diese negativen Inhalte an die Oberfläche kommen, um transformiert zu werden.

Wir Deutschen sind aber noch zu sehr mit der Negativität *identifiziert*. Das heißt, wir glauben negative Dinge unbesehen und haben keine Distanz dazu. Uns ist überhaupt nicht bewusst, dass wir so negativ gepolt sind. Wir stecken kollektiv in der Phase fest, das Negative (heute hauptsächlich verbal) zu wiederholen, und können Dinge und Sachverhalte noch nicht ressentiment- und wertfrei anschauen. Dazu braucht es eine tiefgehende Bejahung und eine Entscheidung für das Positive. Nur mit einer solchen Grundhaltung kann die Integration des Negativen gelingen. Das ist unsere Verantwortung.

Sehnsucht nach und Scheu vor dem Happyend

Ein Ausdruck unter anderen für unsere Fixierung auf das Negative ist unsere Abneigung gegen Happyends und andere gütliche Ausgänge. Wie viele unserer »Lösungen« von fiktiven Handlungen, Storys und Romanstoffen bestehen am Ende in Selbstvernichtung, Tod oder Unglück! Wie oft kommt es in unseren Geistesprodukten vor, dass sich der Protagonist am Ende des Buches oder Films erschießt, vergiftet oder sonst wie tötet und die Handlung mit Austilgung, Zerstörung oder in anderer Weise schrecklich endet! Es gibt aber auch subtilere negative Verläufe und *bad ends*, z. B. unüberwindliche Paarprobleme, Misslingen und Verunglücken von Beziehungen mit Fremdgehen, Hassliebe oder Trennungen.

Ich bringe hier ein Beispiel für das Vorherrschen der Negativität im deutschen Filmschaffen, das exemplarisch für viele steht.

Im Fassbinder-Film *Die Ehe der Maria Braun* mit Hanna Schygulla von 1979 kommt es weder zu einer glücklichen Vereinigung, noch kann eine eheliche Gemeinschaft gelebt werden. Im Folgenden will ich in kurzen Zügen die Handlung schildern:

Sofort nach der Heirat muss Marias Gatte Hermann wieder in den Krieg. Er gilt nach Kriegsende als vermisst, und Maria schlägt sich als Barmädchen in einem Lokal für US-Soldaten durch. Der farbige GI Bill wird ihr Geliebter. Als Hermann schließlich doch zurückkommt, gibt es eine Prügelei zwischen ihm und Bill, wobei Maria ihren Liebhaber mit einer Flasche erschlägt. Ihr Mann nimmt die Bluttat auf sich und kommt ins Gefängnis. Maria, die jetzt bei einem älteren Fabrikanten arbeitet, geht mit diesem ein Verhältnis ein, um – im Grunde mit Blick auf Hermann – Karriere zu machen. Als dieser nach Jahren aus dem Zuchthaus kommt, verpassen sie sich (!) und Hermann zieht sich zunächst ins Ausland zurück. Er kehrt aber nach längerer Zeit wieder heim, und schließlich könnte das Eheleben beginnen. Durch das Testament des inzwischen verstorbenen Fabrikanten erfährt Maria, dass Hermann mit diesem ein geheimes Abkommen getroffen hatte, in welchem er dem Unternehmer zusicherte, ihm die Geliebte während dessen Lebzeiten zu überlassen. Als die Frau sich in der Nähe des offenen Gasherds eine Zigarette ansteckt, explodiert das Haus. Es macht keinen wesentlichen Unterschied, ob es ein Unfall oder Selbstmord- und Mordabsicht ist.

Am Anfang des Melodrams sieht man ein gerahmtes Hitler-Bild, wie es in der NS-Ära in allen Amtsräumen hing. Bei einem Bombenangriff zerschellt es in Stücke. Am Ende steht wieder eine Explosion, und diesmal geht das ganze Haus zu Bruch und reißt die Menschen mit in den Tod. Nur das Radio läuft noch. Die Stimme des Fußballreporters überschlägt sich (die Schlussszene spielt zur Zeit der Fußballweltmeisterschaft 1954): »Aus! Aus! Aus! Deutschland ist Weltmeister!«[54]

Viel mehr Verhinderungen für ein Zusammenfinden des Paares lassen sich kaum einbauen. Negativität und Verwüstung des Fühlens gehen nach dem Krieg auf der Ebene der Beziehungen weiter. Jetzt werden auch die Frauen vermehrt »schuldig«, indem sie – erlöst von den Rollenbildern der NS-Zeit und den Zwängen traditioneller Moral – nicht nur frei und selbstbestimmt entscheiden, sondern auch gegen die Gebote des eigenen Herzens verstoßen können. Wären bei beiden das Negativdenken nicht so eindringlich, das Herz »sehender« und schon wirkliche Beziehungs- und Liebesfähigkeit vorhanden gewesen, wäre es nicht zu einem solchen Beziehungschaos und diesen unseligen Verwicklungen gekommen.

In der Bildabfolge des Films wird ferner ein Zusammenhang mit dem Trauma des Krieges hergestellt. Das zerborstene Hitlerbild am Anfang des Films spiegelt das kollektive Unglück wider und verweist bereits auf das Ende des kleinen Glücks. Hitler mit seiner Selbstvernichtung diente ja als psychisches Muster der Negativität, das bis weit in die Gegenwart unsere Gedankenwelt prägte. Mit Marias Nachname »Braun« klingt Hitlers Partnerin Eva Braun an. Außerdem melden sich im Abspann die Weltmachtambitionen von uns Deutschen, die mit Hitler untergegangen sind. Die Verkündigung der Weltmeisterschaft schallt mit den paradoxen oder doppeldeutigen Worten »Aus! Aus! Aus!« aus dem Radio.

Dieser hervorragende Film zeigt hochsymbolisch die deutsche Psychologie und die deutschen Verhältnisse nicht nur der Nachkriegszeit. In diesem paradigmatischen Epos kommen viele deutsche Wesenszüge wie die Negativität mit Tabubruch, Veranlassen von Bösem und der unterschwelligen Selbstmordtendenz, ferner die Unzulänglichkeiten im Fühlbereich bei beiden Geschlechtern und das noch zu besprechende »Weltende im Feuer« zum Ausdruck. All dies sind natürlich uns weitgehend unbewusste Dispositionen, die sich in solchen Kinodramen ihren Weg bahnen.

Bis heute ist es noch kaum möglich, eine Filmgeschichte oder Erzählung über alle Krisen hinweg bis zu einem guten Ende fortzuspinnen. Wir waren und sind noch zu sehr im Bann des Scheiterns und des Negativen. Man könnte jetzt z. B. einwenden, die Handlungen mit untauglichen Partnerschaftsversuchen spiegeln die Realität der heutigen Beziehungsschwierigkeiten und die Scheidungsrate wider. Doch das reicht als Erklärung nicht aus. Der Film als künstlerisches Werk kann mit seiner Aussage, Botschaft und Zielrichtung weit über die soziologischen Fakten hinausreichen. Hier verhält es sich ähnlich wie bei Märchen, die symbolisch Entwicklungswege aufzeigen und als Sehnsucht und hoffnungsvolle Aussicht das gute Ende brauchen. Diese beispielhaften Muster wirken auf die Seele. In den Grimm'schen Märchen ist dieses Grundwissen in vollendeter Form verwirklicht, und so enden sie ja meist mit dem Glück, z. B. einer Hochzeit als dem Symbol der Vereinigung. Aber auch manche »Hollywoodmärchen« verstehen sich darauf. Auf jeden Fall besteht im Menschen eine tiefsitzende Sehnsucht nach einer glücklichen Paarbeziehung. »Mann und Frau und Frau und Mann, nähern sich der Gottheit an«, heißt es in Mozarts *Zauberflöte*. Der Wunsch nach Vereinigung der Gegensätze ist ein Ausdruck des Strebens nach psychischer Ganzheit. Ein harmonisches Zusammensein von Mann und Frau ist nämlich ein Sinnbild für die gelungene Zusammenkunft der männlichen und weiblichen Anteile in jedem Einzelnen.

Wir Deutschen aber haben es schwer, uns zum Positiven und zum Happyend durchzuringen. Im »Gefühlskino« Hollywoods belächeln wir gerne ein solches Finale im Glück und finden es kitschig. Wir lassen unsere Filme aus diesem Grunde möglichst nicht zu einem guten Ende kommen, weil wir dieses mit »Friede, Freude, Eierkuchen« verbinden. Mit einer – wenn auch kaschierten – luziferischen Freude und einem gewissen Stolz auf den »deutschen Sonderweg« haben wir es in der Vergangenheit geradezu auf *unhappy ends* angelegt. Das ist ein Teil unserer Identifikation mit dem Negativen. Dabei haben wir die Bedeutung der Hoffnung und des glücklichen Ausgangs in der Wirkung auf die Psyche aus den Augen verloren. Die unablässigen Wiederholungen von Scheitern, Untergang, Endkatastrophe oder ähnlichen Sachverhalten in unseren Filmen haben wahrscheinlich den Sinn und hoffentlich den Effekt, uns unsere negativen Vorstellungskomplexe und unser Sosein vor Augen zu führen, um auf diese Weise zu mehr Bewusstheit darüber zu kommen. Ganz allmählich sind auch schon Veränderungen und Fortschritte zu beobachten, und es werden verschiedentlich auch schon günstigere Lösungen ausprobiert.

Ich meine aber nicht, dass wir uns zwingen sollten, andere Plots zu finden. Das ginge nicht. Nein, wir sollten uns nur dessen bewusst werden und akzeptieren, wo wir stehen und wo unsere Grenzen sind. Erst dann sind Weiterentwicklung und Reifung möglich. Denn aufgrund der kollektiv gesehen noch minderen Fühlfunktion ist es für uns Deutsche gar nicht so einfach, einen glaubhaften guten Abschluss zu finden und darzustellen. Wegen der Unbeholfenheit in diesem Bereich gerät uns ein solches Ende schnell sentimental, was wir diffus spüren und uns vielleicht auch deshalb nur ungern auf ein solches Wagnis einlassen. Es erfordert eben »viel Gefühl«, ein überzeugendes Happyend hervorzubringen, das das Herz anspricht, ohne süßlich zu sein. Dazu gehört aber überhaupt erst einmal Mut, Gefühl zu zeigen. Und sicherlich müssen wir anfänglich durch eine Phase ungekonnter und gefühlsseliger Hervorbringungen hindurch, bis unser Fühlen nachgereift ist. Abhilfe scheinen uns da Koproduktionen mit dem europäischen oder außereuropäischen Ausland zu schaffen, in denen sich die Qualitäten aus verschiedenen Ländern ergänzen. Doch das darf uns nicht verführen, die Zuständigkeit für das Fühlen an andere zu delegieren.

Ausländische Filmproduktionen – man muss das jeweils Beste der einzelnen Länder vergleichen –, ob aus Frankreich, Spanien, England oder den USA, zeigen einen gefühl- und respektvolleren Umgang der Geschlechter miteinander. Auch findet man dort mehr echte Beziehungsfähigkeit im Sinne von anhaltender, ernsthafter Werbung und uneigennütziger Liebe zum anderen, bei der Egoismen und kurzfristige Bedürfnisbefriedigungen zurückgestellt werden.

Kollektive Depression und mangelndes Vertrauen in die Zukunft

Deutschland befindet sich gemeinschaftlich immer noch in einer Depression. Der negative Modus des Denkens – das ist bei einem Menschen wie bei einer ganzen Nation gleich – schafft, besonders wenn er jahrzehntelang gepflegt wird, so viele gegen sich selbst gerichtete, niederdrückende Vektoren oder Negativkräfte, dass er schließlich in eine Depression übergeht. Wir können die Symptome unserer kollektiven Depression in vielfachen Ausprägungen sehen: im wirtschaftlichen und technologischen Pessimismus (manchmal sind auch vorübergehend aufgehellte Stimmungen da), in der gleich zu besprechenden niedrigen Geburtenrate, in einem allgemeinen Negativismus und in einem Grundgefühl von Hoffnungs-, Aussichts- und Mutlosigkeit. Nach dem Report des Zukunftsforschers Matthias Horx glauben 90 % der Chinesen, aber nur 15 % der Deutschen, dass die Zukunft besser wird. Ein Volk, das seinen natürlichen Optimismus verloren hat und nicht mehr an sich selbst glaubt, befindet sich in einer tiefen Krise. Der Demoskop erkannte auch, dass in Deutschland immer der ärgste Fall an die Wand gemalt wird, das schlimmste Szenario und der GAU, der größte anzunehmende Unfall.

Wenn das negative Denken dermaßen überwiegt, dass man sich gleichsam ohne Zukunft sieht, hat das schwerwiegende Auswirkungen bis hinein in die Familienplanung. Es ist dann nämlich auch die Entscheidung für oder gegen Nachwuchs betroffen. Die Eltern werden durch den »rauen Wind« unserer Gesellschaft und die bei uns herrschende Negativität abgeschreckt. Wir haben uns in Deutschland mit dem negativen Denken so eingesponnen, dass eines der Hauptargumente gegen ein Kind ist: »In solch eine Welt möchte ich kein Kind setzen.« Kriege oder die Umweltverschmutzung müssen als Begründung herhalten. Selbst bei Paaren, die sich aufgrund anderer Gedanken – z. B. »Ich fühle mich nicht stark oder psychisch stabil genug, ein Kind aufzuziehen« – gegen eigene Kinder entscheiden, wirkt dieses Klima der kollektiven Zukunftsangst unterschwellig entmutigend. Dabei handelt es sich nicht einmal um eine stichhaltige Begründung, sondern um eine depressive Verzerrung der Realität, denn noch nie war das Leben objektiv betrachtet für ein Neugeborenes so sicher oder die Lebenserwartung so hoch wie heute.

Wir haben in Deutschland seit 30 Jahren eine extrem niedrige Geburtenziffer. Arithmetisch hatte seit den 70er-Jahren jede deutsche Frau nur zwischen 1,2 und 1,4 Kinder. Zur Aufrechterhaltung einer gleichbleibenden Bevölkerung müsste die Ziffer bei über 2,1 liegen. Wir sind jedoch heute auf dem Stand von 1945 und haben damit den tiefsten je in Deutschland vorgekommenen Wert erreicht. Damit befinden wir uns auf einem der letzten Plätze aller Länder der Welt. Da seit diesen drei Dezennien die Sterberate durch die zu kleine Geburtenzahl nicht aufgefangen werden kann, ist eine Bevölkerungsabnahme die Folge, sofern das Minus nicht durch Zuzug ausgeglichen wird.

Wir haben diesen schlechten Wert von gemittelt 1,3 Kindern pro Familie (in Schweden liegt er bei 1,7, in Frankreich bei 1,9 und in den USA bei 2,1), obwohl Deutschland im oberen Mittelfeld rangiert, was den Geldtransfer in Familien mit Kindern anbetrifft. Doch die niedrige Geburtenrate bei uns wird sich auch durch eine weiter verbesserte Familienpolitik nur ändern lassen, wenn das negative Denken aufgegeben wird und auch die Gefühlsbedürfnisse berücksichtigt werden. Inzwischen wird langsam bewusst, dass das emotionale Umfeld für Kinder in unserem Land nicht förderlich ist. Ich hatte schon festgestellt, wie wenig bei uns das Gefühl im sozialen Miteinander ausgeprägt ist, und dies gilt besonders gegenüber Kindern. Es sind also nicht die wirtschaftlichen Vorteile, die die Hauptrolle spielen, sondern nur eine Bewusstwerdung der eigenen Negativität und eine Verbesserung im emotionalen Bereich können Abhilfe schaffen.

Interessanterweise ist die demografische Alterung nur noch in wenigen anderen Ländern, z. B. in Italien und Japan, ähnlich dramatisch. Es sind meist Länder, die zu den Verlierern des Zweiten Weltkrieges zählen und die, nachdem sie viel Aggression in die Welt gebracht haben, selbst furchtbare Schläge einstecken mussten, wie Deutschland mit dem Flächenbombardement und Japan mit den Atombombenabwürfen.

Der Selbstmordkomplex in Deutschland

Hinsichtlich des negativen Bevölkerungswachstums wurde auch schon von einem schleichenden soziologischen Selbstmord gesprochen. Das ist wieder so ein übertriebener und abträglicher Gedanke, doch ausdauernde negative Kräfte sind tatsächlich da. Und die letzte Konsequenz der Negativität, des Nihilismus und der Depressivität ist eben die Suizidalität, die Selbstmordneigung. Depression ist immer eine Wendung der aggressiven Energien gegen sich selbst, die zugespitzt zu Selbstbestrafung, Selbstbeschädigung und Selbstmordtendenz führen. Als Todessehnsucht und Autodestruktivität hat dies in Deutschland Tradition. Insofern möchte ich von einem latenten Selbstmordkomplex hierzulande sprechen. Viele Erscheinungen dieser latenten Selbstmordneigung waren und sind noch bei uns zu beobachten. Auch wenn diese Tendenz eine Zeit lang durch Wirtschaftswunder und Kalten Krieg übertüncht werden konnte und heute abgemildert ist, war sie doch immer unterschwellig wirksam und spross wiederkehrend an verschiedenen Stellen hervor.

An Beispielen besonders gefährdeter Persönlichkeiten und historischer Etappen mangelt es nicht. Schon Ludwig II. von Bayern hinterließ testamentarisch, nach seinem Tod – es spricht vieles für Selbstmord – alle seine Schlösser zu sprengen, was zum Glück nicht geschah. Im 20. Jahrhundert ging bereits das Ende des Ersten Weltkriegs mit vielen Suiziden einher. Auch die Todesverachtung, mit der man in das Schlachtgetümmel ging, kann als selbstmörderisch angesehen werden. In der Wirtschaftsdepression 1929 bis 1932, als die Arbeitslosigkeit den Stand von 5 Millionen erreichte, kam es zu einer »beispiellosen Selbstmordwelle, deren Opfer anfangs vor allem fallierende Bankiers und Geschäftsleute, doch mit dem Voranschreiten der Krise immer häufiger Angehörige des Mittelstandes und des Kleinbürgertums waren. [...] Nicht selten gingen ganze Familien geschlossen in den Tod.«[55] Es grassierte einmal wieder eine der vielen Endzeitstimmungen. Es wird geschätzt, dass sich am Ende des Zweiten Weltkriegs und kurz danach noch 100 000 Menschen in Deutschland umbrachten. Auch hier begingen ganze Familien, mancherorts halbe Dorfgemeinschaften aufgrund des Weltuntergangsgefühls Suizid – ein zusätzliches Verbrechen an den mitgerissenen Kindern. Allen voran schieden so Hitler, Himmler, Goebbels und andere NS- und SS-Größen mit ihren Angehörigen aus dem Leben. Das Ehepaar Goebbels tötete seine sechs Kinder und nahm dann Zyankali. Hitler beging Selbstmord durch Erschießen und gleichzeitig durch Gift, seine ihm kurz zuvor angetraute Ehefrau nahm Gift. Auch Himmler zerbiss seine Zyankali-Kapsel, die er wie viele SS-Mitglieder für diesen Fall bei sich trug. Sie alle entzogen sich damit auch der weiteren Verantwortung. Die Selbsttötung erscheint hier als bequemer Ausweg, sich nicht den Folgen der eigenen Taten vor dem Menschheitsgewissen stellen zu müssen.

Es ist ein in seiner Wirkung nicht zu unterschätzendes Vermächtnis des »Führers«, dass er sich bei der nahenden Niederlage der Realität nicht gestellt, sondern sich selbst vernichtet hat. Konsequent erscheint so ein Verhalten nur vom nihilistischen Denken her, von jeder anderen Warte aber verantwortungslos. Hitler ist damit ein negatives Vorbild auch für spätere Politikergenerationen gewesen, von deren vereinzelten Selbstmorden wir in den vergangenen Jahrzehnten erfahren mussten. Die ungute Botschaft, die darin steckt, ist: »Wenn du nicht mehr weiterweißt, bring dich um.«

Natürlich töteten sich um 1945 herum besonders viele von denen, die im NS-System, in der Shoah oder im Krieg vor der Welt oder ihrem Gewissen schuldig geworden waren, doch nicht nur diese. Die vielen Millionen Tote des Holocaust und der Schlachtfelder bildeten (und bilden noch) einen Sog, der die Überlebenden und Lebenden wegzuziehen suchte und noch viele Opfer danach forderte.[56] Davon wurden nicht nur die direkt Beteiligten ergriffen, sondern auch deren Familienmitglieder und hier manchmal erst die der Kindes- oder Enkelgeneration. Es gibt Fälle aus den 70er- und 80er-Jahren, wo sich Söhne oder Töchter von SS-Mitgliedern aus scheinbar unerfindlichen Gründen umbrachten. Darüber hinaus wurden selbst ganz Fernstehende, die dem unbewussten Sog keinen Widerstand entgegensetzen konnten, in diesen Todesstrudel mit hineingezogen.

Das Negative, das sich damals gegen Sündenböcke, Geächtete und als Volksfeinde Verleumdete richtete – gegen Juden, sog. Zigeuner, psychisch Kranke, politisch Andersdenkende, Menschen des Widerstandes, Kriegsgegner, religiös Orientierte und Kommunisten –, dieses Negative richtet sich heute gegen uns selbst in Form des (unbewussten) Selbsthasses und der kollektiven Depression. Denn der hiesige Selbstmordkomplex ist – wenn es auch schon viele weiterführende Ansätze gibt – bis in die Gegenwart hinein noch nicht vollständig überwunden. Also nicht nur aus Respekt für die Opfer, sondern auch aus eigenem Interesse ist für uns Deutsche die völlige Bewusstmachung, Aufarbeitung und Integration der Schrecklichkeiten der damaligen Zeit erforderlich. Erst wenn ganz offen darüber geredet und bewusst damit umgegangen werden kann, werden die schädlichen Folgen aufgehoben. Wir haben die Negativität vielleicht am gründlichsten durchlebt, wie wir alles gründlich tun, und darin steckt auch die Chance einer Erneuerung von Grund auf.

Einer der ersten, der die verborgene Selbstmordtendenz der Deutschen in eine dichterische Form gebracht hat, war Goethe mit seiner Schrift *Die Leiden des jungen Werthers* von 1774, wobei es hier um Liebeskummer und Weltschmerz geht. Damals gab es viele Nachahmungssuizide, und noch heute bezeichnet man in der Psychiatrie eine solche infektiöse Suizidalität als Werther-Effekt. Goethe sah sich aufgrund der vielen »Lemminge«, die sich den Sturm-und-Drang-Roman allzu sehr zu Herzen und als Vorbild nahmen, veranlasst, in der 2. Auflage den dem Werther in den Mund gelegten Schlusssatz hinzuzufügen: »Sei ein Mann und folge mir nicht nach!« Wie viele deutsche Dichterinnen und Dichter, beispielsweise Heinrich von Kleist, Adalbert Stifter, Karoline von Günderode, Paul Celan, Stefan Zweig, Hermann Hesse, Klaus Mann (der Sohn von Thomas Mann und Autor des Romans *Mephisto*) usw. sind »freiwillig« – wie es euphemistisch in Deutschland heißt – aus dem Leben geschieden oder haben Selbstmordversuche unternommen! *Die Günderode* – so heißt auch Bettina von Arnims Buch über die darin porträtierte Freundin – hatte den *Werther* gelesen und war zeitlebens von einer Todessehnsucht erfasst, bis sie sich schließlich mit 26 Jahren am Ufer des Rheins erdolchte. Und wie im wirklichen Leben sind unsere literarischen und später auch filmischen Stoffe von Depression und Selbstmordtendenz durchsetzt.

Symbolik der Linkswendung

Von diesen krassen Ausprägungen machen wir nun einen Schwenk zur deutschen Emblemsymbolik und Heraldik, wo sich die Negativität bereits in Ansatz zeigt. Da ist z. B. die weitverbreitete Wendung des Kopfes oder Körpers von unseren Wappentieren nach links (vom Betrachter aus gesehen), was tiefenpsychologisch anders interpretiert werden muss, als es die Wappenkunde sieht. In der Heraldik nämlich bedeutet der Blick nach links Positives. Vom Wappentier aus gesehen wende dieses ja den Kopf nach rechts, argumentiert der Wappenkundler; und rechts beherbergt – darin sind sich Tiefenpsychologie und Heraldik einig – die »gute« Symbolbedeutung von »recht«, »richtig« und »günstig«, während links die »schlechte« Symbolbedeutung von »link«, »linkisch« und »ungünstig« trägt. (Mehr zur

Wappen Heinrichs VI. (1190–1197)

Doppeladler des Heiligen Römischen Reiches deutscher Nation, Ende 15. Jh.

Kaiserliches Wappen Wilhelms II. (1888–1918)

Wappen der Bundesrepublik Deutschland

Königliches Wappen von Großbritannien, ca. 1820

Abb. 2: Der Adler in deutschen Wappen und das königliche Wappen von Großbritannien

Symbolik von rechts und links weiter unten.) Doch für den tiefenpsychologischen Betrachter wie auch für den unvoreingenommenen Beobachter bleibt die rechte Bildseite rechts und die linke links. Hier verhält es sich bei der Beurteilung eines Bildes genau umgekehrt wie bei der Heraldik. Es liegt Ironie darin, dass das Unbewusste des kollektiven Feldes die bewusste Absicht des Heraldikers genau konterkariert. So kann sich insgeheim der Schatten durchsetzen.

Interessant ist nun, dass alle unsere Greifvögel in den Wappenschilden zum linken Bildrand schauen. Diese Blickrichtung des Adlers besteht vom ersten Auftreten dieses Wappensymbols an und gilt sowohl für die Reichsembleme als auch für die der Länder. Sie ist bei den damaligen Reichsländern, wie z. B. Preußen, sowie bei den heutigen Bundesländern zu finden. Übrigens orientieren sich auch andere Wappentiere der alten und neuen Bundesländer des vereinigten Deutschlands (Löwen, Bären, Pferde und andere Tiere) in aller Regel nach links (einzige Ausnahme ist Schleswig-Holstein), sie schauen – immer für den das Wappen Betrachtenden – nach links oder wenden sich mit dem Körper dorthin. Selbst das Muster der blauweißen Rautenflagge Bayerns ist schräg nach links gekippt.

Beim Doppeladler, der ca. 400 Jahre lang bis 1806 Emblem des römisch-deutschen Reiches war, weist ein Kopf nach links und der andere nach rechts wie bei dem Gott Janus, der sowohl die Vergangenheit als auch die Zukunft im Auge hat. Eigentlich ein schönes Symbol für eine umfängliche und ausgeglichene Bewusstheit, in der sich Nostalgie und Utopie die Waage halten. Da sich die Vögel jedoch nicht anschauen, sondern in entgegengesetzte Richtungen streben, deutet das aber auch auf eine Tendenz zur Spaltung und auf Zerrissenheit hin. Es kam ja dann auch zum äußeren Zerreißen Deutschlands, als sich Österreich Anfang des 19. Jahrhunderts abspaltete.

Im deutschen Kaiserreich posierte ab 1888 bis zum Ende des Ersten Weltkrieges wieder der zurückgewandte Adler, wie es auch im nationalsozialistischen Wappen der Fall war, das einen wie aus Beton gegossenen oder in Stein gehauenen, sehr starr wirkenden Raubvogel zeigt. Auch während der Weimarer Zeit und in der Bundesrepublik behielt das Wappentier diese Blickrichtung nach links bei (siehe Abb. 2, S. 116). Und ebenso kehrte das von Ungarn losgelöste Österreich in seinem Bundeswappen zum einköpfigen, linksblickenden Aar zurück.

Was bedeutet diese Linksgerichtetheit tiefenpsychologisch und symbolisch? In ihr kommt meines Erachtens eine gewisse regressive Sehnsucht nach der Vergangenheit, z. B. nach dem Germanentum oder nach alter

Reichs- und Landesherrlichkeit zum Ausdruck. Dieser einförmigen Rückwärtsgewandtheit fehlt der balancierende Ausblick in die Zukunft. Ich will aber damit nicht sagen, dass die Blickrichtung nach links durchweg negativ ist. Links und rechts sind ähnlich wie die Symbolik von Westen und Osten mehrschichtig zu sehen. Links ist vor allem die Blickrichtung zurück, in die Vergangenheit oder auch nach innen, d. h. ins Unbewusste und speziell zum Schatten hin. Psychologisch gesprochen heißt »links« Regression (dort, auf der Landkarte im Westen, geht die Sonne unter und wendet sich der Nacht zu, dort ist »Untergang«), während »rechts« Progression bedeutet (die Wendung nach außen, nach vorne, das Voranschreiten in der Zeit, so wie der Osten oder der »Orient« Sonnenaufgang, Anfang und das Neue versinnbildlicht). Die Linkstendenz in unseren Emblemen macht also meiner Auffassung nach auf die Notwendigkeit aufmerksam, sich mit unserem kollektiven Unbewussten und seinen Schattenseiten zu beschäftigen. Dies gilt übrigens für viele Völker, denn es ist heute ein Gebot der historischen Stunde, den Schatten ins Bewusstsein zu heben. Die Linksgerichtetheit kommt ja nicht nur in Deutschland vor, obwohl in vielen anderen Ländern stärker das Rechts eingebunden ist.

Der amerikanische Weißkopfadler schaut ebenfalls zurück. Das Siegel des Präsidenten dagegen zeigte früher interessanterweise nach rechts, wurde aber 1945 von Harry S. Truman geändert, um dem Wappen – wie er meinte – eine positivere Bedeutung zu geben. Ironischerweise bedeutet es aber tiefenpsychologisch gerade das Gegenteil. Das Wappen Großbritanniens ist komplizierter. Hier stehen sich ein großer rechtsgerichteter Löwe und ein großes linksgerichtetes Einhorn gegenüber, während die vielen kleinen Löwen in der Wappenmitte alle nach links sehen; der auf der Krone stehende kleine Löwe schaut aber zum Betrachter und hält so die Mitte zwischen links und rechts (siehe Abb. 2, S. 116). Auch die beiden Tiere des französischen Hoheitszeichens schauen sich an, orientieren sich auf die Mitte zu und finden so den Ausgleich zwischen rechts und links.

Ich finde es faszinierend, dass in neuerer Zeit der international renommierte Architekt Norman Foster im Reichstagsgebäude erstmals einen nach rechts schauenden Greifvogel geschaffen hat. Wenn er auch mit seinem weitergehenden Vorschlag nach einer völligen Neuerfindung des »Pleitegeiers« nicht durchdrang, so durfte er doch die Rückseite des etwas fettleibigen Bundestagsadlers gestalten, die dem Eingang des Gebäudes zugewandt ist, während die Vorderseite des Vogels dem Inneren des Saales zugekehrt ist. Wenn man also in den Reichstag hineingeht, stößt man als

Abb. 3: Bundestagsadler, Vorderseite, Reichstagsgebäude. © Ullstein/Christian Bach

erstes auf den nach rechts schauenden Aar. Ich finde, das ist eine bedeutsame Wendung, die wir diesem englischen Baukünstler zu verdanken haben, der die Gunst der Situation zu diesem korrigierten Ausdruck nutzte. Am Ende dieses Buches werde ich noch einmal von einer ähnlich vielsagenden Drehung um 180° berichten.

Das Hakenkreuz – die Swastika

Auch anhand des Hakenkreuzes der NS-Zeit kann symbolisch unsere Negativität abgeleitet werden. Das Hakenkreuz oder die Swastika ist ein uraltes, schon prähistorisch verwendetes, allgemein gültiges dynamisches Symbol, ein Sinnbild des sich drehenden Sonnenrades. Es hat seinen Ursprung in alten Sonnenreligionen und war in der Induskultur, im Jainismus und Buddhismus, im präkolumbischen Amerika, in Ägypten und fast im gesamten Europa der Frühzeit verbreitet.[57]

Meist wird die Swastika so dargestellt, dass ihre Außenarme, die »Fähnchen«, nach links zurückweisen, so dass beim Gesamtzeichen der Eindruck des Drehens nach rechts entsteht. Das NS-Hakenkreuz ist dazu spiegelverkehrt und dreht sich nach links (die Außenärmchen des Stammkreuzes weisen nach rechts). Kulturgeschichtlich gesehen steht das links herum

Abb. 4: Rechtsdrehende und linksdrehende Swastika, Induskultur, ca. 2500 v. Chr.

rotierende Hakenkreuz relativ isoliert da und kommt deutlich seltener vor. Die Swastiken in anderen Kulturen, wie die des Lamaismus in Tibet, sind meist rechtsdrehend, während die ältere, einheimische Bön-Religion, die stark dem Dämonenglauben verbunden ist, die Linksrichtung bevorzugt.[58]

Bezüglich der einschlägigen Literatur und Terminologie über Swastiken ist Achtsamkeit geboten: Was in den Texten »rechtsgerichtet« (= Fähnchen nach rechts) genannt wird, bedeutet aber Drehrichtung nach links oder gegen den Uhrzeigersinn. Umgekehrt ist das »linksgerichtete« Hakenkreuz (Fähnchen nach links) rechtsdrehend, bewegt sich also im Uhrzeigersinn. Die Drehrichtung, die dynamische Rotationsbewegung, ist entscheidend für die tiefenpsychologische Symbolik. Vereinfacht gesagt: Mit dem Uhrzeiger ist die »gute« Richtung und gegen den Uhrzeiger die »schlechte«.

Wie ich bei der Blickrichtung der Adlerkopfes schon ausgeführt habe, ist links – und das Gleiche gilt für linksdrehend – symbolisch die Richtung ins Rückwärtige, in die Vergangenheit, psychologisch ins Unbewusste, in Richtung Regression oder hin zu früheren Entwicklungsstufen. Es ist eine »negative« Tendenz, die in die dunklen Bereiche der Seele zielt, während rechts und die Rotation im Uhrzeigersinn symbolisch ins Schöpferische, Lichte, Progressive und Zukünftige weisen. Nur diese Rechtsrichtung hat demnach eine positive solare (sonnenhafte) Bedeutung. Ich möchte aber noch einmal daran erinnern, dass links und linksdrehend nicht ausschließlich negativ zu sehen sind. An sich sind die dynamischen Bewegungen nach rechts und links wertneutral, haben ihre je eigene Berechtigung und Zeit und ergänzen sich; sie sind beide für das Auf und Ab oder den »Gezeitenstrom« der Psyche notwendig. Es hängt vom Kontext ab, ob sich eine Tendenz negativ auswirkt.

Das Hakenkreuz in Deutschland ist keine Neuschöpfung Hitlers oder der NSDAP. Es lässt sich über Hitler zurück bis zum »Germanenorden« und dessen Nachfolgeorganisation, zur Thule-Gesellschaft, einem gnostisch-rassistischen Orden, und darüber hinaus zu Guido von List, einem Schriftsteller völkischer Ideologie und Okkultisten, zurückverfolgen. In diesen arischen Bewegungen um 1900, also lange vor der NSDAP, wurde die Swastika, die man aus keltisch-germanischer Zeit aufgegriffen hatte, als Schöpfungssymbol und »Feuerquirl« gesehen.[59] Auch die Vorläuferorganisation der NSDAP, die Deutsche Arbeiterpartei oder DAP, der Hitler ja beitrat und die er dann in die NSDAP umwandelte, hatte sie schon als Emblem. Wie Nicholas Goodrick-Clarke in seinem Buch *Die okkulten Wurzeln des Nationalsozialismus* ausführt, verfasste Friedrich Krohn, der Symbol- und Heraldikexperte jener Gruppierung, bereits 1919 ein Memorandum mit dem Titel »Ist das Hakenkreuz als Symbol der nationalsozialistischen Partei geeignet?« Darin schlug er die Verwendung des rechtsdrehenden Hakenkreuzes vor, weil er darin entsprechend der buddhistischen Anschauung glückliche Auspizien sah, während er die linksdrehende für ein Symbol des Untergangs und Todes hielt. Doch Hitler setzte sich mit seiner Obsession für das linksdrehende Hakenkreuz durch, so dass Krohn seinen Entwurf ändern musste.[60]

Allein schon durch die spiegelbildliche, linksdrehende, sonst kaum vorkommende Art der Swastika, die noch dazu von schwarzer Farbe ist und damit die Unbewusstheit und Rückwärtsgewandtheit unterstreicht, offenbart sich der Nationalsozialismus als eine Bewegung, die ins Dunkle und »Böse«, in Auflösung, Negativität und Tod zielt.[61] Hitler wählte unbewusst und intuitiv dieses uralte Symbol aus, wobei ihm nicht klar war, dass die spezielle Form dieses Signums im Grunde schon die ganze Natur seiner Ideologie offenlegt. Das NS-Hakenkreuz ist überspitzt gesagt wie ein Messerwerk, das in seiner scharfen und negativen Schnittrichtung bereits auf die Endkatastrophe hinweist, ein fataler Strudel, der alles mit sich reißen will. Es ist interessant, dass damals in den Personen Krohn und Hitler diese zwei Tendenzen, die »glückliche« und die »unheilvolle« miteinander kämpften und sich Hitler und seine Negativität, getragen von der Kollektivmehrheit, durchsetzten. Davor soll schon Kaiser Wilhelm II. auf seinem Reisegepäck eine linksdrehende Swastika aufgebracht haben.[62]

Negative Geschehnisse mit Symbolwirkung

Die im kollektiven Feld in Deutschland bis heute vorhandene Negativität kann sich manchmal auch in äußeren Zwischenfällen manifestieren. Vielleicht ist es nicht ganz abwegig, bestimmte Vorkommnisse an symbolträchtiger Stelle oder zu symbolträchtiger Zeit mit diesen Negativenergien in Verbindung zu bringen.

Bei der großen Silvesterfeier zur Wiedervereinigung rund um das Brandenburger Tor in der Nacht zum 1. 1. 1990, an der eine halbe Million begeistert Feiernder teilnehmen, erklettern viele Menschen ein Gerüst, das schließlich unter seiner Last zusammenbricht. Es gibt in dem Gedränge mehrere Tote und 135 Verletzte. Am 27. 5. 2006 wird in Berlin der neue Hauptbahnhof, das größte Eisenbahnkreuz Europas, mit einem ausgedehnten Fest und einer Laser-Show in Anwesenheit von Bundeskanzlerin Angela Merkel eingeweiht. Der gigantische glasüberdachte »Bahntempel« mit vielen Ebenen ist ein Prestigeprojekt der Deutschen Bahn und der deutschen Hauptstadt. Im Verlauf der Feierlichkeiten läuft ein 16-Jähriger Amok und verletzt mit Messerstichen 35 Menschen, einige davon schwer. Damit nicht genug: Im Januar 2007 riss der Sturm »Kyrill« zwei tonnenschwere Stahlträger aus der Verankerung der neuen Dachkonstruktion. Glücklicherweise kam niemand zu Schaden.

Diese Ereignisse als Zufall abzutun ist zu banal. Für mich drücken sie etwas Tieferreichendes aus. Bei einem einzelnen Menschen, der sich versehentlich verletzt, sprechen wir von einer Fehlleistung und wenn das des Öfteren passiert, von einer Verletzungstendenz, z. B. aufgrund eines unbewussten Konflikts. Ähnlich bedeutungsvoll können wir solche »Betriebsunfälle« beim Kollektivwesen Deutschland ansehen, besonders wenn sie an geschichtsträchtigen Orten und Zeitpunkten stattfinden. Als öffentlich sichtbare Signale weisen sie auf Zwiespältiges in der deutschen Seele hin. Wie der damalige hausgemachte Terrorismus offenbaren sie, dass das Negative bei uns noch nicht erlöst ist und eine neue Identität und Befreiung von der Vergangenheit so ohne weiteres nicht zu haben sind.

Kapitel 5
Der Vaterkomplex

> Wohl dem, der seiner Väter gern gedenkt
> der froh von ihren Taten, ihrer Größe
> den Hörer unterhält und still sich freuend
> ans Ende dieser schönen Reihe sich geschlossen sieht.
>
> *Johann Wolfgang von Goethe*

Autoritäres und Antiautoritäres

Meine nächste These ist, dass bei uns Deutschen kollektiv ein Vaterkomplex besteht, und zwar zumeist ein negativ getönter. »Vaterkomplex« bedeutet nicht unbedingt, dass man Schwierigkeiten mit seinem leiblichen Vater hat, sondern die Konflikte können sich auch an väterlichen Symbolfiguren abhandeln. »Vater« in diesem Sinne ist alles, was mit Herrschaft zu tun hat oder in einer hierarchisch übergeordneten Position ist. Dazu gehören neben dem persönlichen Vater der Lehrer und der Arzt, der Vorgesetzte, Wirtschaftsführer, Manager, der geistliche Vater wie Pastor, Pfarrer, Pater oder Papst (letzteren beiden liegt das lateinische *pater* = Vater bzw. das italienische *papa* zugrunde), der Vertreter der Obrigkeit wie Polizeibeamter, Richter, Behördenfunktionär, Regierungsvertreter und der Politiker, ebenso »Vater Staat« mit seinen Ämtern und Institutionen usw.

Der deutsche Vaterkomplex hat zwei Pole: Auf der einen Seite gibt es die völlige Identifizierung mit dem »Vater«, d. h. mit der Autorität, mit dem Prinzip von »law and order«, mit Macht und Strenge. Dem steht auf der anderen Seite eine antiautoritäre, aufbegehrende, den »Vater« ablehnende und ihn bekämpfende Haltung gegenüber. Aus diesem Grund spaltet sich unsere Gesellschaft – und zwar nicht nur auf der äußeren Ebene –, indem die einen dem patriarchalischen Pol der Identifizierung mit dem Vater-Prinzip, die anderen dem Gegenpol zuneigen, sondern auch innen sind wir zerrissen. In jedem Deutschen – »zwei Seelen wohnen, ach, in meiner Brust« – besteht dieser Konflikt zwischen den beiden Antagonisten: einer autoritären und einer dieser polar gegenüberstehenden, dagegen protestierenden Instanz, die nicht miteinander ausgesöhnt sind. Denn ein Ausgleich, eine Lösung oder Integration gab es bisher weder kollektiv noch in der Einzelpsyche. In jedem Deutschen kämpfen diese beiden Seelenanteile miteinander, und wenn einer scheinbar die Oberhand gewonnen und sich nach außen hin durchgesetzt hat, so wirkt der zweite doch im Hintergrund, in den er zurückgedrängt und verbannt worden ist. Es gibt ihn trotz mancher Fortschritte noch nicht, den gesunden Mittelweg, wo man sich zu einer normalen verantwortlichen Väterlichkeit bekennen kann und zu einer positiven Autorität gefunden hat. So haben sich viele Lehrer heute auf eine Laissez-faire-Haltung zurückgezogen, während sie damals überstreng waren. So sind heutzutage manche Richter vielleicht zu verständnisvoll, während die Richter früherer Zeiten rigoros durchgriffen, um nur diese beiden Beispiele zu erwähnen.

Diese Kontroverse zwischen einer Befehlshaberinstanz und einer aufbegehrenden Persönlichkeitsfacette in jedem Einzelnen erzeugt eine innere Dauerspannung, unabhängig davon, welche Seite des Gegensatzpaares sich stärker durchsetzt. Auch das Land insgesamt laboriert daran. In der Gesamtgesellschaft hat sich durch diesen Zwiespalt eine äußere Polarisierung in Form widerstreitender Gruppen, Parteien und anderen Gruppierungen herausgebildet. Dabei tendiert z. B. der Rechtsextremismus zum autoritären Pol, während der Linksextremismus zum antiautoritären, Protest- oder Anarchismuspol hinstrebt. In der zeitlichen Reihenfolge hat sich dieser innere Gegensatz aufgrund des Vaterkomplexes als eine Hin-und-Her-Bewegung zwischen solchen Polen entfaltet. Im Verlauf der historischen Entwicklung gab es mehrere Pendelausschläge, wobei in der Abfolge von Kaiserreich, Weimarer Republik, Hitlerstaat und der Bundesrepublik der 60er- und 70er-Jahre Autoritäts- und Antiautoritätspol jeweils abwechselten. Man kann sogar noch weiter zurückschauen, denn dieses Spannungsverhältnis im Unbewussten unserer Kollektivpsyche war schon früh angelegt.

Uniformkult, Beamtenwesen und Bürokratie

Zum autoritären Staat gehört die Uniformbesessenheit, -gläubigkeit und -hörigkeit, die in Deutschland mindestens bis 1945 anzutreffen war. Ein Beispiel dafür, welche Bedeutung eine solche Montur haben und welches Kuschen sie hervorrufen konnte, gibt das Stück *Der Hauptmann von Köpenick* von Carl Zuckmayer aus dem Jahr 1930, dem eine so ähnlich abgelaufene reale Köpenickiade von 1906 zugrunde liegt. Im preußischen

Königreich, im Kaiserreich – und hier besonders unter Wilhelm II. – spielte der Uniformkult eine herausragende Rolle. Unter Hitler steigerte sich dies noch in der Differenzierung von Dienstuniformen und der Vermehrung von Abzeichen und Ehrenzeichen. Hitler selbst wuchs in einem Haus auf, das durch Pedanterie, Gehorsam und Pflichterfüllung geprägt war. Sein Vater war ein »Zollamtsoberoffizial« – man muss sich diese Dienstbezeichnung einmal auf der Zunge zergehen lassen – in der höchsten Rangklasse im kaiserlichen Österreich-Ungarn, der großen Wert auf seine korrekte Anrede legte und gerne als Vertreter der Obrigkeit repräsentierte.[63] Hitler wurde von einem Vater und in einer Umgebung aufgezogen, in der Äußerlichkeit, Etikette und Formales mehr galten als unmittelbare Menschlichkeit und unverstelltes Gefühl.

Die Uniform oder machtheischende Dienstkleidung hat psychologisch mit der sog. »Persona« zu tun. Mit »Persona« ist die äußere Rolle gemeint, die wir leben und hinter der wir alles Private, Persönliche und Allzumenschliche verbergen. Aus der Persona folgt die Statusbewusstheit. Wichtiger als der menschliche Kontakt ist dann die Legitimation durch Symbole äußerer Macht sowie das Verschanzen hinter dem Rang oder der Berufsrolle. Da in der persönlichen Berührung Unsicherheit besteht, wird diese Minderwertigkeit durch das professionelle Ritual überspielt und überdeckt. In diesem Sinne kann man sagen, dass aus psychologischer Sicht der ganze in Deutschland einstmals so mächtige Militarismus als Abwehr und Schutz einer fragilen Identität fungierte. Hinter einem Militaristen steht ein unsicheres Ich, das sich auf diese Weise aufwerten und die Umgebung beeindrucken oder einschüchtern will. Heute sind die gesellschaftlich präsentierten Rangabzeichen, Statussymbole und Machtembleme subtiler.

In diesem Kontext des Verhaftetseins an die Persona gehört das Beamtentum, das seine Wurzeln im absolutistischen preußischen Staat hat. Unter den Preußenkönigen wurde es zur staatstragenden Einrichtung neben der Armee. Es wuchs eine Beamtenschicht heran, deren Positionen gleichsam erblich waren. Dafür waren die Staatsbediensteten gehalten, sich ganz mit dem Staat und der Regierung zu identifizieren. Das Staat-Beamten-Verhältnis ist das autoritäre Vater-Sohn-Verhältnis *par excellence*. Es bietet eine »Lösung« des Konflikts durch Unterordnung und Aufgabe von Selbstständigkeit (nur eine begrenzte, fest definierte dienstbezogene Eigenständigkeit ist zugelassen), die mit entsprechenden Vorteilen wie Beamtenpension, sicherem Arbeitsplatz usw. versüßt werden. Am deutschen Beamtentum wird neben den Vorteilen von materieller Absicherung und Unkündbarkeit auch deshalb festgehalten – tiefenpsychologisch ist dies vielleicht sogar der Hauptgrund –, weil die Beamtenposition im Verkehr mit den Bürgern (zu einem gewissen Grad gilt das natürlich für jede berufliche Position) soziale und emotionale Sicherheit gibt. Auch wenn die Uniform heutzutage nicht mehr die ausschlaggebende Rolle spielt, so ist doch der Beamtenstatus als solcher psychologisch wichtig für den Betreffenden, weil die ganze Machtfülle des Staates dahinter steht, egal ob es sich um einen Finanz-, Bahn-, Zoll- oder Polizeibeamten, einen Richter, Schul- oder Hochschullehrer oder einen sonstigen Dienstleister handelt. Der Betreffende erhält kraft seines Amtes ein gehobenes Selbstwertgefühl. Er ist jedoch gleichzeitig in seiner Freiheit beschnitten und zu vielen Zugeständnissen verpflichtet. Aufgrund der kaum bewussten psychologischen Vorteile lässt sich das Beamtenwesen nur schwer ändern. Für ein modernes Gemeinwesen wird eine ausufernde Beamtenschaft aber immer mehr zu einem Anachronismus; sie verträgt sich schlecht mit den Bürgerwerten und einer freien, flexiblen und mobilen Gesellschaft und mit der Entwicklung zu einem reiferen Ich beim Einzelnen.

Ganz gleich ob Staatsbedienstete, Verbeamtete, Verwaltungsangestellte oder sonstige Sacharbeiter – mittels dieser Personen wird die das gesamte Leben beherrschende Bürokratie an die Menschen herangetragen. Über den Behördenapparat mit Papierkrieg und Paragraphenreiterei wird heute viel Macht über die Bürgerinnen und Bürger ausgeübt. Die Staatsautorität, die früher direkte Gewalt anwandte, tut dies über das mächtige Verwaltungswesen inzwischen auf eine raffiniertere Weise und gießt nunmehr Gewalt in indirekter, verdünnter, aber oft ätzender Form über die Menschen aus. Sie kann ein Gefühl entsetzlicher Ohnmacht, wehrlose Wut, Gegenaggression, Widerstand und Trotzreaktionen erzeugen, besonders wenn sich Ämter und Organisationen einzig auf ihre Vorschriften und Vorgaben berufen. Hier besteht vielfach noch ein Bereich, wo sich die behördlich Befugten hinter »Panzerplatten« von Verfügungen und Verordnungen verstecken und alles Menschliche auf der Strecke bleibt.

An diesem Punkt werden wechselseitig Aggressionen über Formulare und Bescheide, über Eingaben und Einsprüche rituell durchexerziert, und es gibt unermessliche Reibungsverluste, die das Leben für alle Beteiligten unnötig erschweren und zeitweilig äußerst freudlos machen. Und auch die Einspruchsmöglichkeit gehört zu diesem Gesellschaftsspiel dazu. Auf jedem Bescheid, und wenn es der banalste und selbstverständlichste ist, wird über Widerspruchsverfahren und -fristen aufgeklärt. Ich glaube kaum, dass dies in einem anderen Land ähnlich exzessiv geschieht. Ein Bürokratieabbau und damit gesellschaftlich weniger Energieeinbuße werden aber erst dann möglich, wenn die dahinter stehenden Mechanismen von Machtausübung und dagegen gerichteter Widerspenstigkeit erkannt und überwunden sind. Denn den autoritären und verkappt aggressiven Machtgelüsten stehen ebenso aggressive Oppositionsbedürfnisse und Eigenmächtigkeiten gegenüber, die auf beiden Seiten relativ unbewusst sind.

In den folgenden Abschnitten will ich die hier angesprochenen Aspekte des Vaterkomplexes mit verschiedenen Beispielen aus der deutschen Geschichte illustrieren.

Der Vaterkonflikt Friedrichs des Großen

Die Vaterproblematik mit Konflikten zwischen Staatsbürgern und Vertretern des Staates durchzieht die deutsche Geschichte bis in unsere Zeit. Obgleich die Auseinandersetzungen zumeist an autoritätstragenden Vaterfiguren abgehandelt werden, so gab es doch auch in großer Zahl ganz konkrete Zerwürfnisse zwischen Söhnen und Vätern. Dieser Widerstreit war über eine geraume Zeit geradezu maßstäblich für die Stimmung in deutschen Familien und ist bis heute im Grunde nicht überwunden, auch wenn sich seine Manifestation in der Gegenwart eher ins Gegenteil verkehrt hat und viele Väter allzu kumpelig auftreten und eine Ausübung väterlicher Autorität vermeiden.

Ein besonders eindrückliches historisches Beispiel eines Vater-Sohn-Konflikts ist der zwischen dem »Soldatenkönig« Friedrich Wilhelm I. von Preußen und seinem ältesten Sohn, dem späteren König Friedrich II., dem Großen.

Wir befinden uns in der Zeit des absolutistischen Preußen. Der Vater-König war patriarchal-autoritär, streng protestantisch, jähzornig und unduldsam auch gegenüber den weiblichen Familienangehörigen. Er fokussierte seine Kräfte auf den Aufbau einer enormen Streitmacht und opferte sich für den Staat und dessen Wohl und für seine Soldaten auf, die spartanisch unter der Forderung unbedingten Gehorsams und Pflichterfüllung bei Aufgabe jeglicher Eigeninitiative erzogen wurden. Auch sein erstgeborener Sohn, der sich eigentlich zu den Schönen Künsten hingezogen fühlte, wurde dieser harten militärischen Dressur unterworfen. Mit 18 Jahren kam es zum offenen

Konflikt, als der Kronprinz mit seinem Jugendfreund Leutnant von Katte nach England fliehen wollte, um sich dem Einfluss des Vaters zu entziehen. Der Versuch wurde verhindert, die beiden gefasst, der Kamerad zu lebenslanger Haft verurteilt. Der König verschärfte das Urteil zur Todesstrafe und der Freund wurde vor den Augen des jungen Friedrich enthauptet, der sich selbst mit der Todesdrohung konfrontiert sah, dann aber nach einer kurzen Haftzeit freikam, nachdem er sich mit seinem Vater arrangiert hatte.[64]

Nach dem Historiker Joseph Rovan machten diese bitteren Erfahrungen »aus dem kultivierten und feinsinnigen Friedrich, einem exzellenten Musiker, Komponisten und Flötisten, der klassisch gebildet war und ein elegantes Französisch schrieb, einen harten, unerschütterlichen, energischen und menschenscheuen Charakter«. Im Gegensatz zu seinem Vater, der ein tief religiöser Mensch gewesen sei und sein Lebenswerk als Mission der Vorsehung zum Wohle der Untertanen begriffen habe, habe sein Sohn nunmehr seine Aufgabe mit Nihilismus, Verzweiflung und Genialität erfüllt, »weil er sonst nichts zu tun hatte und zum Freitod nicht berufen war«[65].

Interessant erscheint mir in diesem Kontext das von Friedrich II. in seinem Krönungsjahr erschienene Buch *Anti-Machiavell,* in dem er sich mit dem Hauptwerk *Il Principe (Der Fürst)* von Machiavelli, diesem obersten Verfechter der Alleinherrschaft, kritisch auseinandersetzt. Hat er hier die Vaterkontroverse auf einer intellektuellen Ebene weitergeführt?

Wie schon beim Thema der Frauenvermeidung in Deutschland kurz erwähnt, verlief die vom Vater aufgezwungene Ehe unglücklich und kinderlos. Man lebte bereits nach zwei Jahren getrennt und zeigte sich gemeinsam nur zu Festlichkeiten. Die These mancher Historiker, dass der Große Friedrich homosexuell gewesen sein könnte, ist wohl eher als latente Homosexualität im psychologischen Sinn zu verstehen, nämlich als ein Verharren auf der Stufe des Jünglings (siehe Kapitel 3, S. 97. Bei Vater und Sohn war der Zugang zur weiblichen Sphäre verschüttet, und nur in der Liebe zur Musik und in seiner Kunstsinnigkeit behauptete Friedrich ein gewisses Refugium. Sein Gefühlsbereich blieb weitgehend unterdrückt, sicherlich nicht nur durch die brutalen Erziehungsakte des väterlichen Despoten, sondern aufgrund des gesamten kollektiven Felds, das die Unterdrückung des Weiblichen vermittelte.

Lange Zeit haben solche »Abhärtungsmethoden«, wie sie in der obigen urtümlich deutschen Geschichte zur Geltung kommen, wenn auch in abgewandelter oder abgeschwächter Form das Familienklima beherrscht. Selbst lange nach 1945 bestanden sie bei Hartgesottenen – wenn ich mich an manche Lehrer erinnere – noch fort, begannen da aber schon vereinzelt in ihr Gegenteil, ins Antiautoritäre, umzukippen. Auch mein Vater stand noch unter dem Einfluss dieser alten Schwarzen Pädagogik. Als ich etwa 12 Jahre alt war, meinte er mich dadurch abhärten zu müssen, dass er mich der Schlachtung eines noch lebenden Karpfens auf dem Küchentisch beiwohnen ließ. Als ich beobachten musste, wie dem sich windenden Tier der Bauch aufgeschlitzt wurde, rannte ich weinend aus dem Raum.

Jedenfalls verhärtete sich das ursprünglich empfindsamere Wesen des Kronanwärters Friedrich. Es machte Ehrgeiz, Misanthropie und einsamer Pflichterfüllung Platz. Er verachtete fortan Gefühlswerte und Ideale. Wie sein autoritärer Vater löste er den Konflikt zwischen Macht und Liebe zugunsten der Gewalt, lebte nach seiner Krönung zum König von Preußen 1740 nur noch für seinen Staat und gab die Hälfte der Staatseinnahmen für das Militär aus. Doch er führte auch bedeutende Neuerungen und Verbesserungen ein, wobei er sich wohl als erster Herrscher überhaupt dem Prinzip der Toleranz verpflichtet fühlte.

Natürlich ist eine solide Machtbasis für jeden Staat unumgänglich, besonders im Europa des 18. und 19. Jahrhunderts, als die verschiedensten Kriege in rascher Folge den Kontinent überzogen, doch in der militärischen Stärke von Preußen und dem leidenschaftlichen Anhängen am Soldatentum können wir psychologisch den schon erwähnten Abwehrmechanismus gegen die weichere Wesensseite erkennen. Hitler ließ sich übrigens mit diesem Fridericus Rex und Bismarck zusammen in einer Collage dreier Profile abbilden, was in Hinblick auf die Gefühlskälte, die militaristische Härte und die Verherrlichung des Staates nicht abwegig erscheint, wie er überhaupt die Herrschaft des Nationalsozialismus in der rückwärtigen Anbindung an den »Alten Fritz« zu legitimieren suchte.

Der Innenkonflikt von Friedrich II., die Abtötung seiner weiblichen Seite und die Überbetonung seiner männlichen spiegelte sich auf der äußeren zwischenstaatlichen Ebene darin, dass er mit allen Mitteln Maria Theresia bekämpfte, die das Habsburgerreich führte. Gegensätzlicher konnten die beiden kaum sein, worauf schon Rovan hinweist. Die österreichische Herrscherin war eine warmherzige, mitfühlende und gütige Frau, religiös im Katholizismus verankert. Auf der anderen Seite der protestantische, schroffe, rücksichtslose, aber hochintelligente Friedrich. Es standen sich im Grunde Denken und Fühlen gegenüber, wobei jeder geniale Fähigkeiten auf seinem jeweils ureigenen Gebiet hatte. Hier zeigen sich – wie an vielen anderen Stellen unserer Geschichte – noch einmal zwei gegensätzliche Seelenanteile in der deutschen Brust, deren eine sich von der andern trennen will.

Für einige Zeit wurde der Konflikt durch den Antagonismus von Preußen und Österreich, den beiden damaligen Großmächten im deutschen Reich, verkörpert. In gewisser Weise gewann der Norden über den Süden (Preußen sollte Ende des 19. Jahrhunderts die Grundlage für das zweite deutsche Reich bilden), der Protestantismus über den Katholizismus, die Denkfunktion über die Fühlfunktion. Das ist natürlich etwas vereinfachend, denn im Grunde zieht sich die gespaltene Bewusstseinsausrichtung durch die ganze Nation. Auch in Österreich, wenn auch mit anderer Nuancierung, kam es zum Sieg der Rationalität über die Gefühlshaftigkeit, wenn hier vielleicht auch mehr Refugien für einen Wiener Charme oder eine süddeutsche Herzlichkeit bewahrt wurden (im weiteren Verlauf der Geschichte hatten Bayern und der Südwesten den Part Österreichs übernommen). Österreich wurde damals aus der deutschen Nation herausgedrängt und rechnet sich nun schon seit langem nicht mehr dazu. Doch hatten nicht alle späteren Bemühungen, Österreich wieder einzubinden bzw. es – wie in Hitlerdeutschland – mit der Formel »heim ins Reich« zu vergewaltigen, auch das unbewusste Motiv, die Innenspaltung in der deutschen Seele, das Auseinanderklaffen von diesen disparaten Seelenanteilen zu heilen? Der Nord-Süd-Unterschied selbst innerhalb der Grenzen der geschrumpften Nation ist bis heute noch nicht so verwischt, dass er nicht in vielem zwischen den Norddeutschen und den Süddeutschen spürbar wäre.

Der Vaterkonflikt mit dem Übervater Bismarck

Stringenz und Strenge des Denkens in deutschen Landen forderten schließlich auch die Verabsolutierung der Staatsautorität, die Verabsolutierung von »Vater Staat«. Das Individuum musste sich ihm bis zur Selbstaufgabe unterordnen. Der deutsche Historiker Heinrich von Treitschke, der viel Einfluss in der Kaiserzeit hatte, überhöhte den Staat derart, dass er von der »sittliche[n] Heiligkeit des Staates«[66] sprach. Hier, wie auch schon in preußisch-absolutistischer Zeit, erhielt die Einrichtung des Staates eine Gott-Vater-Projektion, was natürlich inneren Widerspruch hervorrufen muss.

Im neu gegründeten Deutschen Reich entspann sich der »Vater-Sohn-Konflikt« zwischen Bismarck und den Sozialdemokraten. Hier verhielt sich der »Eiserne Kanzler« anmaßend und tyrannisch. Er unternahm es, die Parteipresse und alle Aktivitäten der Sozialdemokraten zu verbieten, und er wollte die Gewerkschaften zerschlagen, während sich die Gegenseite auf Widerstandstaktiken verlegte. Viele Andersdenkende verloren aufgrund der von Bismarck eingeleiteten Sozialistengesetze von 1878 ihren Arbeitsplatz, wurden ausgewiesen oder wanderten nach Amerika aus. Schon dadurch kam es zu einer Ausdünnung von demokratisch eingestellten Menschen. Allerdings war Bismarck umsichtig genug, nicht nur durch autoritäre Führung und Entmündigung die Peitsche zu schwingen, sondern gleichzeitig Zuckerbrot auszuteilen, indem er weitsichtige soziale Gesetze erließ und die Sozialversicherung schuf. Sie sind die glänzende andere Seite der gleichen Medaille.

In seinem Mitarbeiterstab verbreitete Bismarck gleichfalls Angst und verhinderte so selbstständiges Denken und Eigeninitiative. Alles war auf den übermächtigen »Vater« zentriert. Der Historiker Gordon Craig geht recht hart mit Bismarcks »Launenhaftigkeit«, »Ich-Bezogenheit« und einer »Unmenschlichkeit in seinen persönlichen und amtlichen Beziehungen« ins Gericht, die letzten Endes zu seinem Sturz 1890 führten. Sein Urteil mündet in der Aussage: »[…] unter dem Joch einer unbarmherzigen Disziplin verlor die preußische Bürokratie vollkommen jenen fortschrittlichen Geist, für den sie in einer früheren Epoche berühmt gewesen war«[67]. Die im öffentlichen Dienst Beschäftigten waren durch ihren Amtseid zur Unterstützung des Staates und seiner Politik verpflichtet. Ähnlich wurde mit den Offizieren verfahren, die einen persönliche Treueeid auf den Monarchen leisten mussten und ihre politische Überzeugung nach ihrem Kriegsherrn auszurichten hatten. Bismarcks Politik war also unleugbar antiliberal.[68]

Pendelausschläge zwischen Protest- und Autoritätspol seit dem Ersten Weltkrieg

Während früher, in preußischer und Wilhelminischer Zeit und besonders im NS-Regime, das Autoritäre in Deutschland dominierte, gab es in den anarchischen Verhältnissen nach dem Ersten Weltkrieg mit der Auflösung der Monarchie einen Pendelschwung in die entgegengesetzte Richtung, in abgeschwächter Form auch noch in der Weimarer Republik. Es kam zu revolutionären Ereignissen, Auflösungserscheinungen und im Geldverkehr zu destabilisierender Inflation und Deflation.

Die totalitäre, auf die Person Hitlers zentrierte Diktatur stellte dann den absoluten Höhepunkt in der Gegenrichtung dar im Sinne der Restauration von Macht und Autoritärem. Natürlich war auch Hitler in diesem inneren Bann des Vaterkomplexes mit seinem Pro und Kontra, und seine Politik war in erster Linie durch Abwehr und Dagegensein gekennzeichnet; sie war antidemokratisch, antiliberal, antikapitalistisch wie antikommunistisch, antireligiös, antisemitisch und antihumanitär.[69] Doch er vertrat den Standpunkt totalitärer Macht. Der in der Bevölkerung damals sowieso nur vereinzelte, kaum organisierte und nicht sehr verbreitete Widerstand gegen das Regime wurde brutal »ausgeschaltet«, und viele seiner Träger, derer man habhaft werden konnte, wurden ermordet. Trotz seines Scheiterns und der geringen Zahl seiner Anhänger muss uns heute der »deutsche Widerstand« mit als das Beste erscheinen, was Deutschland in jener Zeit zu bieten hatte. Eigentlich ist es paradox, dass die bundesrepublikanische Gesellschaft bis weit in die achtziger Jahre ihr Problem mit diesem deutschen Widerstand hatte.

In der Nachkriegszeit mit der Kulmination in der 68er-Bewegung und der APO, der außerparlamentarischen Opposition, schwang das Pendel stärker denn je zum Anti-Pol. Auch die Zeit des deutschen Terrorismus Ende der 70er-Jahre, die Zeit der Rote-Armee-Fraktion (RAF) und der Baader-Meinhof-Gruppe, zeigt die starke Polarisierung in Deutschland zwischen einem als autoritär wahrgenommenen »Establishment« und den zornigen Rebellierenden. Damals waren Sympathisanten ein Medienthema, was zeigt, dass es in der Bevölkerung eine gewisse innere Sympathie, wenn auch weniger aktive Unterstützung für die widerständigen Systemgegner gab. Dies ist ein Spiegel für den aufsässigen Anteil in der Volkspsyche. Intern folgte die RAF dagegen einem autoritären Führer-Prinzip, was wieder einmal die innere Zerrissenheit angesichts des Vaterthemas offenbart.

Interessant ist, dass herausragende Figuren der RAF wie überhaupt der 68er-Bewegung einen »protestantischen« Hintergrund und zum Teil evangelische Pfarrer in der Familie hatten. Auf der einen Seite steht ein solches geistiges Herkommen für einen immensen Kulturbeitrag, denn Söhne und Töchter von protestantischen Pfarrern – ich nenne nur Friedrich Nietzsche, C. G. Jung, Gottfried Benn und die deutsche Bundeskanzlerin – haben den deutschsprachigen Raum geistig mitgestaltet bzw. Verantwortung für die Gesellschaft übernommen, auf der anderen Seite hat der protestantische Background zu kritischer Distanz und Protestneigung disponiert.

Die »skeptische Generation«, wie die Nachkriegsgeneration genannt wurde, und die 68er mit ihrem kritischen Bewusstsein haben gegen die Väter aufbegehrt und eine Protesthaltung gegen das Establishment eingenommen. In Bezug auf die NS-Aufarbeitung wurden jedoch nur erste Ansätze geschaffen. Es gelang noch nicht, das Schweigen der Väter zu durchbrechen. Ein fruchtbarer Beitrag unter anderem erfolgte dessen ungeachtet durch die Frankfurter Schule mit Theodor W. Adorno, Max Horkheimer, Jürgen Habermas und Herbert Marcuse, die durch ihre »kritische Theorie« und insbesondere durch die von Horkheimer und Adorno 1950 verfasste soziologische Studie *Der autoritäre Charakter* den Ursachen der deutschen Autoritätsgläubigkeit und ihrem Zusammenhang mit dem Faschismus nachging.

Jedenfalls blühte in den mittleren Jahren der Bonner Bundesrepublik die Protestkultur. Mao Tse-tung, Ho Chi Minh und Che Guevara wurden Idole; die Energien der Revolte sollten sich im »Klassenkampf« gegen die »Herrschenden« richten. Die antiautoritären Protestierenden initiierten Demonstrationen gegen den Vietnamkrieg und Blockaden gegen die Stationierung der Pershing-II-Raketen. Die Anti-AKW(Atomkraftwerk)-Bewegung, Bürgerinitiativen mit gezielten Protesten wie gegen die Startbahn West des Frankfurter Flughafens und Umweltbegehren entstanden. Agitprop – ein Kunstwort aus Agitation und Propaganda, das aus der Anfangszeit des sowjetischen Kommunismus stammt und von der APO übernommen wurde – wurde eingesetzt. Auf der soziologischen Ebene kam es ferner zur sexuellen Revolution mit einem Aufbrechen von überkommenen Moral- und traditionellen Familienvorstellungen. Der Sexus wurde von ehelicher und partnerschaftlicher Bindung losgelöst und als eigenständiger, das Verhalten bestimmender und sinnliche Genüsse bietender Trieb gesellschaftlich anerkannt. Dies sollte weitreichende psychische Implikationen haben.

Das ungelöste Vaterproblem heute

Seither ist die deutsche Gesellschaft trotz kleinerer »Zitterbewegungen« hin und her immer noch mehr mit dem Gegenpol, d. h. mit der Auflehnung gegen alles »Väterliche« beschäftigt, auch wenn sich dies inzwischen subtiler vollzieht. Die Pole Autorität und Auflehnung beginnen sich zu durchdringen, und der ursprüngliche Protest hat geradezu institutionelle Formen angenommen, hält sich also nicht mehr nur im Außerparlamentarischen auf. Dazu gehört z. B. auch, dass die Partei der Grünen, die ja einst als Gegenbewegung angetreten sind, einen festen Platz im politischen System gefunden hat. Das Infragestellen des »Vaters« nach dem Krieg ist natürlich eine Reaktion auf die Überziehung von Autorität und den Machtmissbrauch früher. Es zeigt aber – wie jedes Alternieren zwischen Extremen –, dass wir das Vater-Problem innerlich nicht gelöst haben und noch zu keiner gesunden *auctoritas* vorgedrungen sind. Denn auch hier gilt: *Les extrèmes se touchent;* die Gegensätze berühren sich, und wie bei einem emotionalen Ungleichgewicht zwischen himmelhoch jauchzend und zu Tode betrübt sind eine reife Zentrierung und goldene Mitte trotz einer gewissen Weiterentwicklung bis heute nicht gefunden. Immer noch gibt es ein Stück weit das Missverhältnis zwischen »Vater Staat« und dem »unmündigen Bürger«, zwischen den »Protestlern« und den »Herrschenden«.

Das übertrieben Autoritäre sowie das kompromisslos Antiautoritäre haben sich in gleicher Weise als fatal erwiesen. Schon vor dem »Dritten Reich« hatten sensiblere und differenziertere Deutsche unter dem autoritären Klima hierzulande gelitten. Einstein hatte in München in der Schulzeit eine sehr repressive Erziehung »genossen«, und er flüchtete daraufhin entsetzt in die liberalere Schweiz. Von der antiautoritären Erziehung musste man gleichfalls wieder abrücken. Deren Laissez-faire hat viel Schaden angerichtet, weil Grenzsetzungen für eine normale Entwicklung der Heranwachsenden unabdingbar sind. Für einen Außenstehenden sieht das Ganze wie ein etwas hilfloses Hin und Her zwischen den Gegensätzen aus.

Wir Deutschen haben noch nicht wirklich den Mittelweg einer liberalen Bürgergesellschaft gefunden, auch wenn es von den verfassungsmäßig zugestandenen Bürgerrechten und der demokratischen Gesellschaftsordnung her so aussieht. Zu uneinfühlsam, bürokratisch und entmündigend sind noch die Direktiven und Vorschriften der staatlichen Organe. Zu verbreitet und gesellschaftlich fast allgemein akzeptiert sind noch der Missbrauch von Freiheiten, das geradezu selbstverständliche Übertreten von Regeln und die innere Auflehnung gegen Gebote und Konventionen. Zu stark wirkt noch der innere Konflikt, der ungelöste Autoritätskomplex, denn wir haben die Mitte psychisch oder psychologisch noch nicht gefunden. Einen Bürgersinn und eine freundliche Hereinnahme der Autorität in uns selbst, in jeden Einzelnen (womit der drohende Zeigefinger außen wie innen unnötig wird), haben wir noch nicht erreicht. Erst eine Integration der Autoritätsfrage würde eine im vollen Sinne freiheitliche Gesellschaft auch in unserem Lande ermöglichen.

Zu allen Vaterfiguren besteht weiterhin eine zwiespältige Einstellung. Die Ablehnung des »Vaters« kann offen oder versteckt sein, z. B. auch versteckt vor dem eigenen Bewusstsein. Beispielsweise ist in kaum einem zivilisierten Land das Verhältnis zwischen Bürger und Polizei so gespannt wie bei uns. Man denke nur an die unbewaffneten Bobbys in London, mit denen jeder gerne ein Schwätzchen hält. Bei uns dagegen sind trotz einzelner Veränderungen vielfach noch Beklemmung, Angst und ein schlechtes Gewissen vor der grünen Uniform dominierend. Und es gehört fast schon zum guten Ton, sich gegen Obrigkeitliches zu solidarisieren. Dies muss immer wieder zur Zuspitzung des Konflikts zwischen staatlicher Autorität und dem einzelnen Bürger führen, auch wenn heute – wie wir gesehen haben – mehr und mehr dieser Konflikt über eine kalte Bürokratie und eine Widerständigkeit dagegen ausgekämpft wird.

Wir Deutschen können mit Macht nicht gut umgehen. Das haben wir in der Vergangenheit bewiesen, und deshalb scheuen wir uns bis heute weitgehend, die Verantwortung für eine positive Machtausübung zu übernehmen. Über viele Jahrhunderte, fast ein Jahrtausend, galt das Symbol des machtlosen Kaisers, der zwar Repräsentant des Heiligen Römischen Reiches deutscher Nation war, aber gegenüber den Königen, Fürsten und sonstigen Landesherren kaum Befugnisse und Machtmittel hatte. Dann folgten die letzten Endes verunglückten Versuche mit größerer Machtausstattung oder Machtanmaßung seit dem Zweiten Reich, denen die preußischen Könige vorgearbeitet hatten, der Schiffbruch und ein erster Ansatz zur Demokratie, schließlich das unvergleichlich gewaltsamere Experiment mit Hitler und seiner diktatorisch unbegrenzten Macht, das noch schlimmere Scheitern Deutschlands und schlussendlich die Rückkehr zum alten Prinzip: Heute haben wir das Symbol des weitgehend machtlosen Bundespräsidenten und neben der demokratischen Gewaltenteilung eine zusätzliche Machtaufspaltung durch den Föderalismus. Die föderative Struktur des Alten Reiches, die selbst im Zweiten Reich nie ganz aufgegeben und nur unter Hitler außer Kraft gesetzt wurde, ist wieder vollständig in die alten Rechte getreten. So positiv sinnvolle Mitregierung und partielle Eigenständigkeit der Länder im demokratischen Staat sind, so sind doch diesbezügliche Auswüchse und Übertreibungen des heutigen Föderalismus ebenso wie die Machtkonzentrationen davor Ausdruck des ungelösten deutschen Vaterkomplexes. Wir haben also heute gut dafür gesorgt, dass es zu keiner Machtkonzentration mehr kommen kann. Wahrscheinlich fürchten wir uns unbewusst, wieder zu versagen und das Maß zu verlieren.

Unsere Zwiespältigkeit zum »Vaterthema« der Autorität findet nicht nur innerhalb unserer Gesellschaft, sondern ebenso im Verhältnis zu anderen Nationen und im internationalen Rahmen ihren Ausdruck. Während wir uns selbst höchstens noch im kleinen Maßstab eine positive Führungsrolle zutrauen, wird gleichzeitig jeglicher Führungsanspruch anderer Staaten infrage gestellt, verdammt oder bekämpft, worauf ich weiter unten noch ausführlicher eingehen werde (vgl. S. 137 f.).

Sympathie für das Anti

Aufgrund des unerlösten Vaterkomplexes haben wir Deutschen also eine Affinität zu allem »Anti«, zu Opposition, Protestverhalten, zum Nein-Sagen, Dagegen-Sein, zu Trotz- und Widerstand-Bieten, was besonders seit der Nachkriegszeit eine große Rolle spielt. Man identifiziert sich hierzulande auch viel stärker mit dem Gesetzesübertreter, als dies in anderen Ländern der Fall ist. Unsere geheime Sympathie bezieht sich auf Falschparker, Schwarzfahrer, Versicherungsbetrüger, Steuerhinterzieher, Verweigerer, Opponenten und Tabubrecher. Um es metaphorisch zu sagen: Wir zwinkern dem Teufel gelegentlich verschmitzt zu. Das wird bei den religiösen Auswirkungen des Vaterkomplexes später noch anschaulicher werden (vgl. S. 142 ff.).

Der aufmüpfige und Disziplin verweigernde Schüler, protestierende Studenten, kämpferische Gewerkschaftler, streikende Arbeiter, anarchistische Rebellen und die gelegentlichen oder notorischen Nein-Sager können von der gleichen Energie des Dagegen-Seins beflügelt sein. Aber auch im antiautoritären Lehrer, in einer schlendrianischen Verwaltung oder in einer übermäßig weichen Gerichtsbarkeit steckt dieser Protestpol des Vaterkomplexes, eben jetzt mit umgekehrten Vorzeichen wie vormals. Doch das Autoritäre, Unnachgiebige, Harte findet immer noch statt. Denn wir sind ja zerrissen; wir halten gleichzeitig der autoritären Macht und der Gegenseite, dem Unangepassten und dem Ungehorsamen (»ziviler Ungehorsam« ist ein beliebtes Schlagwort), die Stange. Es fehlt das Mittelmaß. Wenn es beispielsweise neben dem zeitgemäß verantwortungsvollen engagierten Mentor und dem antiquierten autoritären Pauker den Laissez-faire-Pädagogen oder den Lehrer gibt, der sich innerlich rauszieht und die Dinge laufen lässt, so ist das von dem Gesichtspunkt her sogar verstehbar, dass unsere Gesellschaft die Pädagogen mit der Erziehungsaufgabe allein lässt und überfordert, da sie selbst keine verbindlichen Normen oder vorbildhafte Muster mehr anbietet. In manch anderem Land ist der Konflikt positiver und versöhnlicher gelöst.

Die Vaterprojektion auf Engländer und Amerikaner

An verschiedenen Stellen dieses Buches habe ich England zum Vergleich herangezogen und auf schon weiter fortgeschrittene Aspekte des Bewusstseins dort hingewiesen. Dies zu tun mag noch angehen, aber besonders heikel sind Vergleiche mit den USA, weil gegenüber diesem Land bei uns kollektiv ein Vorurteil besteht. Unsere Kritikliebe lassen wir besonders gern Amerika zukommen. Ich als Deutscher reihe mich da selbstverständlich ein, denn ich kann das Kritikwürdige an den Vereinigten Staaten oder seinen Präsidenten durchaus sehen. Doch darum geht es hier nicht, und es geht auch nicht um ein »besser« oder »schlechter«. Es kommt mir hier darauf an, auf die psychischen Voraussetzungen in uns hinzuweisen, die uns zum antiamerikanischen Ressentiment geführt haben. Wie kein anderer Staat bietet nämlich diese transatlantische Macht, wie in der Antike das Römische Reich, eine geeignete Projektionsfläche für unseren Vaterkomplex. Da sich unsere Anti-Affekte und Vorbehalte zuerst auf England, als dieses noch ein Empire war, bezogen und vereinzelt noch beziehen, also nicht nur die USA betroffen ist, benutze ich auch den umfassenderen Begriff Antiangloamerikanismus.

Die antienglischen Ressentiments kamen im Vorfeld des Ersten Weltkriegs auf und richteten sich schließlich ebenso gegen die Vereinigten Staaten, als Deutschland im Verlaufe der Kampfhandlungen zu Lande und zu Wasser mehr und mehr seine Felle davonschwimmen sah (siehe Kapitel 7, S. 180 ff.).[70] Dann folgte der Antiangloamerikanismus Hitlers, der mit antienglischen Ausbrüchen begann und der schließlich Amerika zusammen mit der »jüdischen Hochfinanz« und dem »Weltjudentum« anfeindete. Nach dem Zweiten Weltkrieg blieb der Antiamerikanismus vorübergehend unterschwellig. Auch wenn sich die Außenpolitik nach den großzügigen US-Hilfeleistungen in den Nachkriegsjahren freundlich gebärdete und es in den Anfangsjahren unter Adenauer vielleicht auch wirklich war, so setzte sich das antiamerikanische Ressentiment doch immer wieder durch, zuletzt unter Gerhard Schröder.

Wenn bei uns ein neues Buch von Michael Moore erscheint, dem amerikanischen USA-Kritiker, stapeln sich in den Buchhandlungen die Exemplare bis zur Decke und werden in rasender Geschwindigkeit verkauft. Der Schwerpunkt unserer Projektionen und Voreingenommenheit hat sich also immer mehr nach Amerika verschoben. Die Vereinigten Staaten sind die einzige verbliebene Super- und Führungsmacht in der Welt nach dem Zusammenbruch der Sowjetunion und haben die Vorherrschaft erreicht, die sich Deutschland schon im Kaiser- und besonders im »Dritten Reich« als Weltherrschaft erträumte. So steckt einerseits uneingestandener Neid auf den übermächtigen »Vater« darin, der zweimal unsere Weltmachtsambitionen verhinderte, und andererseits wird unser Oppositionsgeist durch ihn geweckt. Und projiziert wird ja immer etwas, dem man bei sich selbst nicht ins Auge sehen will, und das ist der starke aggressive, expansive Impetus, den wir in Amerika zu erkennen glauben. Vielleicht erkennen wir da auch etwas teilweise Zutreffendes.

Vaterverlust und Vaterlosigkeit

Das Verhältnis zu den Vätern innerhalb der Gesellschaft war natürlich besonders in der Nachkriegsgeneration gestört. Die Väter haben nach 1945 ihre Rolle in der Hitlerzeit geleugnet oder verschwiegen und damit ihren authentischen Einfluss auf die junge Generation verspielt, die mit Recht dagegen in den Protest ging. Zu dieser Stummheit und Verunsicherung der Vätergeneration kam die Tatsache hinzu, dass ein Großteil der erwachsenen Männer gefallen oder in Kriegsgefangenschaft war. Nach der Übersteigerung der Führer-Vater-Autorität im »Dritten Reich« konstellierte sich danach der Vater-Verlust, und zwar nicht nur als Autoritätsminderung und innerer Rückzug der Väter, sondern auch ganz real als Männer-Ausrottung. Ein Viertel der deutschen Kinder wuchs ohne Vater auf, weil er umgekommen oder vermisst war. Direkt nach dem Krieg war der Anteil aufgrund der noch kriegsgefangenen Männer sogar höher.[71] Die Väter waren also physisch oder psychisch-emotional abwesend, so dass man von einer »vaterlosen Gesellschaft« sprechen konnte.[72] Mit den noch vorhandenen Vätern und gerade mit denen, die sich innerlich entzogen, spitzte sich der Konflikt zu. Die längere Zeit allein auf sich gestellten Frauen hatten an Selbstständigkeit und Unabhängigkeit gewonnen, so dass den heimkehrenden oder verbliebenen Männern nun von dieser Seite ein anderer Wind ins Gesicht blies. Ihre Verunsicherung nahm zu, und da sie meist mit Verhärtung und umso stärkerem Rückzug auf ihre traditionelle Position reagierten, wurde auch hierdurch der Konflikt mit der jüngeren Generation noch angeheizt.

Die Unversöhnlichkeiten zwischen Kindern und Eltern, insbesondere zwischen Vater und Sohn, aber auch zwischen Tochter und Mutter, bestanden nicht nur in der Nachkriegszeit, sondern sind für Deutschland allgemein typisch, auch wenn sie in milderer Form in anderen Ländern ebenfalls vorkommen. Ein unauflösbarer Generationenkonflikt oder sogar eine Generationenfeindschaft mit einem Vater-Sohn- oder Kind-Eltern-Antagonismus sind aber nicht der Normalfall. Auch wenn zur »Pubertät« immer aufrührerische Elemente gehören und Grenzen ausgetestet bzw. überschritten werden, so ist dies doch z.B. innerhalb einer wohlwollenden Vater-Sohn-Beziehung möglich. Die Hollywood-Filme, die wir oft als kitschig empfinden, weil wir dieses Übermaß an positiven Gefühlen kaum ertragen, leben uns eine andere Realität vor. Hier steht am Ende meist ganz direkt die Versöhnung oder die Entdeckung der tiefen und unverbrüchlichen Verbundenheit zwischen Vater und Sohn. In Amerika spielt die Vater-Sohn-Beziehung eine eminente Rolle. Dies haben die Engländer in die amerikanische Kultur mit eingebracht. Charles Dickens schreibt in dem Roman *Barnaby Rudge,* dass ein »heiliges Band zwischen Vater und Sohn« existiert. In der englischen und amerikanischen Vater-Sohn-Beziehung dominieren Liebe, Verpflichtetsein, Stolz aufeinander und gegenseitige Unterstützung. Gefördert durch den Beistand der Väter, Großväter und Vorväter und durch den so möglichen Rückbezug auf die männliche Ahnenreihe konnte sich dort eine fundiertere und ruhevollere männliche Identität ausbilden. Vergleichbares gilt für das Mutter-Tochter-Verhältnis und die Psychologie der Frau.

Vater und Sohn im Film »Das Wunder von Bern«

Beim deutschen Vater-Sohn-Thema kann man in letzter Zeit jedoch eine Verbesserung feststellen. Zur Illustration dessen greife ich den Spielfilm *Das Wunder von Bern* aus dem Jahr 2003 auf.[73] Ausgehend von dem traditionellen Vater-Sohn-Verhältnis mit einem gefühlskalten, harten Kriegsheimkehrer (»ein deutscher Junge weint nicht«) vollzieht sich eine Wandlung zu einem wirklichen Vater, der weichere Züge zulässt, von der russischen

Kriegsgefangenschaft erzählt (aber nicht vom Krieg; so weit ist es noch nicht), eine emotionale Beziehung zu seinem jüngeren Sohn entwickelt und schließlich auch weinen kann. Er lernt, sich in das Kind einzufühlen, und kann Egozentrik und Selbstmitleid mehr und mehr zurücklassen. Der Film signalisiert damit für mein Erleben einen partiellen Fortschritt. Dabei handelt es sich aber nur um einen ersten Ansatz, was daran deutlich wird, dass die Beziehung zum ältesten Sohn – der Älteste symbolisiert die Hauptlinie – gänzlich misslingt. Dieser geht in den Protest, sucht die völlige Alternative, engagiert sich kommunistisch und zieht nach Ost-Berlin. Hier, in der männlichen Hauptlinie, bleibt das Vater-Sohn-Thema ungelöst; Konflikt und Entzweiung herrschen vor.

Wie es für die Psychologie Deutschlands typisch ist, steht auch in diesem Film die gleichgeschlechtliche *peer group* (dieser soziologische Begriff meint eine Gruppe Gleichaltriger oder Gleichartiger) im Mittelpunkt. Hier sind es die Spielermannschaft, die Sportkameradschaft, die fußballbegeisterte Männer-Kneipenrunde, das Team im WM-Bus und in der Umkleidekabine usw. Die »männlichen« Thematiken wie die Fußballweltmeisterschaft und die Vater-Sohn-Story überwiegen, wobei man gerechterweise sagen muss, dass das psychologische Hauptgewicht auf der emotionalen Vater-Sohn-Ebene liegt und dass es kein primärer Fußballfilm ist. Das Thema der Beziehung zwischen Mann und Frau ist dagegen eher nebensächlich, besonders bei den Protagonisten, in der Familie Lubanski. Die Gefühle in diesem Buch bleiben verarmt.[74]

Der Gottvaterkomplex

Auch Gott ist eine Vaterfigur, sogar die mächtigste, und so ist es kein Wunder, dass sich an ihm dieser urdeutsche Konfliktstoff des Vaterkomplexes ganz besonders entzündet.

Zunächst ein paar Worte zum Gottesbegriff. Unter »an Gott glauben« soll hier jegliches Anerkennen einer höchsten waltenden Macht im Kosmos verstanden werden, wozu ein christliches, jüdisches, islamisches, hinduistisches, buddhistisches usw. Credo gehören. Das Gottesbild kann biblisch – alttestamentarisch oder neutestamentarisch – oder von sonstigen Gottheitsvorstellungen geprägt sein. Der Vorstellungskomplex »Gott« entspricht tiefenpsychologisch dem »Selbst«, einer psychischen Instanz, die dem Ich so weit übergeordnet ist, wie Gott über dem Menschen steht.

In der Psychologie Jungs verkörpert dieses Selbst die Ganzheit der Psyche und fungiert als ein regulatives Zentrum, das oft genug die bewussten Absichten und Wunschvorstellungen des kleinen menschlichen Ichbewusstseins durchkreuzt, aber sozusagen von einem höheren Standpunkt aus den äußeren Lebensweg beeinflusst und die seelische Entfaltung des Individuums steuert. Damit wird klar, dass das Selbst dem Gottesbild entspricht und seine Impulse als »göttliche« Botschaften verstanden werden können. Gottesglaube bedeutet dann eigentlich, dem Selbst und seiner dem Ichbewusstsein oft verschlossenen Weisheit den Vorzug zu geben gegenüber ichbestimmtem Wissen und Planen.

Ich will es nicht bewerten, wenn Menschen an eine »außen« vorhandene Gottheit glauben. Die Frage ist zu vielschichtig. Man findet heute alle Stufen von Religiosität nebeneinander, den konkretistischen Bibelglauben, eine fundamentalistisch-religiöse Haltung, atheistische oder antireligiöse Standpunkte des ausgehenden Rationalismus und eine persönliche Spiritualität, die nicht konfessionsgebunden sein muss. Jeder kann – seit dem Toleranzedikt des Großen Friedrich – nach seiner Fasson selig werden. Für viele Menschen, die noch nicht einer verlässlichen inneren Ethik verpflichtet sind, ist ein äußerer Glaube eine notwendige Stütze, in dem sie religiöse Werte und eine Orientierung für ihr Leben erfahren und somit nicht der Denk- und Werteanarchie eines nihilistischen Zeitgeistes ausgeliefert sind.

Im christlichen wie auch im jüdischen und islamischen Kulturraum nimmt »Gottvater« die höchste Position ein. Es gehört zu unseren immer noch größtenteils patriarchalen Vorstellungen, die Gottheit als männlich anzusehen. Das war nicht immer so. Die ersten Steinzeitidole, kleine Votivskulpturen, zeigen weibliche Muttergottheiten, die in der Frühzeit der Menschheitsgeschichte überall verehrt wurden. Dabei reichte die Bedeutung der Fruchtbarkeit schenkenden Göttin weit in spätere Zeiten hinein, wie bei Isis in Ägypten, Demeter in Griechenland oder Ceres im alten Rom. Sie war nicht nur Fruchtbarkeitsgöttin, sondern ihre Symbolik umfasste vielmehr das ganze Mysterium von Leben, Tod und Wiedergeburt. Als dreigestaltige Göttin war sie Schöpferin, Erhalterin und Zerstörerin in einem.[75] Im Katholizismus wurde in der Marienverehrung noch ein Rest dieser alten matriarchalen Frömmigkeit beibehalten. Heute gewinnt die weibliche Gottheit langsam wieder mehr an Bedeutung, z. B. als Schwarze Madonna im christlichen Kulturkreis, während sie in anderen Kulturen und Weltreligionen – wie im tibetischen Buddhismus die Grüne

Tara – immer im kollektiven Bewusstsein präsent war. Der Wandel vom weiblichen zum männlichen Gottesbild hängt mit der Entwicklung von ursprünglich matriarchalen zu patriarchalen Kulturen zusammen. Doch langsam beginnt sich die Erkenntnis durchzusetzen, dass die Gottheit männlich und weiblich zugleich ist. Wird jedoch Gott als männlich gesetzt, kommen alle Aspekte des Vaterbildes zum Tragen, während das Mutterbild und die weibliche Seite außen vor bleiben.

Bei uns gibt der deutsche Vaterkomplex der Beziehung zu Gott noch eine besondere Kennzeichnung. Wir haben eben mit Gott genauso unsere Schwierigkeiten wie mit jeder anderen Autorität. Die Ablehnung, die Anti-Haltung, das Hadern mit Gott oder das »Leugnen Gottes« als psychologisch zu verstehender Sachverhalt zieht sich durch die Geistesgeschichte, bis Nietzsche – eigentlich ein Gottsucher – schließlich konstatierte, dass Gott tot sei. Unser Verhältnis zu Gott ist dementsprechend höchst ambivalent und manchmal klar ablehnend. In einem deutschen Zeitungsmedium las ich vor einiger Zeit, dass in Deutschland nur etwas über 50 Prozent an Gott glauben. Mit dem Unterton eines herablassenden Mitleids wurde festgestellt, dass es in den USA 95 Prozent sind. Es schwang fast so etwas wie Stolz mit, wie viel aufgeklärter wir offensichtlich sind.

Im Bereich des Religiösen wird also aus dem Vaterkomplex ein Gottvater-Komplex, der unsere gesamte geistige Einstellung zum Leben prägt. Zu diesem Thema hat Horst-Eberhard Richter mit seinem Buch *Der Gotteskomplex* einen bedeutsamen Beitrag geleistet, der sich allerdings auf den westlichen Menschen insgesamt bezieht. Er meint, dass der aus der geistlichen Ordnung herausgefallene moderne Mensch sich göttliche Allmacht angemaßt habe und den Weg eines von Angst bestimmten Machtwillens gegangen sei.[76] Zum deutschen Gottvaterkomplex kommen noch die spezifische Antihaltung und das Rangeln mit dieser väterlichen Instanz hinzu. Wie sich dieses zwiespältige Verhältnis gegenüber Gott in der Kulturgeschichte und im geschichtlichen Verlauf abgebildet hat, will ich im Folgenden an einzelnen aufscheinen lassen.

Sympathie für den Teufel und für das Böse

So wie wir uns mit Gottvater anlegen, fördern wir in uns eine geheime Sympathie für seinen Kontrahenten. Wir sind daher nicht nur mit dem Anti, sondern darüber hinaus unbewusst ein Stück weit mit dem »Teufel« identifiziert. In der Mythologie ist der Teufel der Gegenspieler Gottes. Er wird auch der Antichrist oder Widersacher genannt. Das Wort Teufel hängt etymologisch mit der »Zwei« zusammen, und damit ergibt sich eine Verbindung zur Denkfunktion, die ja dichotom arbeitet und Alternativen unterscheidet wie These und Antithese. Das Denken kann darüber hinaus, besonders wenn es negativ wird, in Zweifel ziehen, abstreiten und negieren. Und das Wort »Zweifel« leitet sich ebenfalls von »zwei« ab. Der Teufel ist also sozusagen der Verneinungsgeist und gehört in den Kontext der Negativität. Luzifer, Mephistopheles usw. haben die Fähigkeit zum negativen Denken und zur Negativität – alles Aspekte unseres faustischen Wesens. Symbolisch entspricht der Teufel all den bösen und verwerflichen Seiten in der Psyche des Einzelnen und darüber hinaus dem kollektiven Schatten oder dem absoluten Bösen.

Im 16. Jahrhundert lebte ein gewisser Doktor Johannes Faust, der wahrscheinlich im baden-württembergischen Knittlingen geboren wurde und über den 1587 das erste *Volksbuch vom Doktor Faust* erschien. Dieser Doktor Faustus hatte sich laut der Legende mit dem Teufel eingelassen und war bei alchemistischen Experimenten auf grässliche Weise ums Leben gekommen. Er ist die historische Figur, derer sich die Dichter für ihre Stoffe bemächtigten, zuerst Christopher Marlowe mit dem Drama *Tragical History of Doctor Faustus* 1590 in England, dann Goethe mit dem Urfaust, Faust I und II (siehe unten), Theodor Storm mit *Pole Poppenspäler,* Gustav Schwab mit einer Nacherzählung der Faustsage, Thomas Mann mit seinem Roman *Doktor Faustus* sowie Heine, Lenau, Grabbe und zahlreiche andere in Deutschland. An der Vielzahl der literarischen Bearbeitungen im deutschen Sprachraum sieht man die große Bedeutung, die das Sujet für die Kollektivpsyche hierzulande hat. Weitere Werke gibt es unter dem Titel *Mephisto.* Der Roman von Klaus Mann wurde unter gleichem Namen verfilmt. Im Schauspieler Gustaf Gründgens wurde während des Nationalsozialismus, der eine besondere Affinität zu diesem Symbol hatte, dieser Part des Faust-Dramas großartig gefeiert. Mephistopheles ist für uns Deutsche eine faszinierende Gestalt. Andere literarische Stoffe, die sich mit dem Teufel und dem Problem des Bösen beschäftigen, sind unter vielen anderen *Das kalte Herz. Mitteilungen aus den Memoiren des Satan* von Wilhelm Hauff oder *Die Elixiere des Teufels* von E.T.A. Hoffmann. Albrecht Dürer hat die für uns Deutsche typische »Trinität« von »Ritter, Tod und Teufel« dargestellt, die in diesem Kupferstich nach links reiten. In ihr haben die Spektren von Rittertum bis Militarismus, von Todesinteresse bis Todessehnsucht und von der Negativität bis zur Gottverneinung leibhaftige Gestalt angenommen.

Abb. 5: Ritter, Tod und Teufel. Kupferstich von Albrecht Dürer

In genialer Intuition und aller Klarheit hat Goethe den faustischen Charakterzug an uns Deutschen gesehen, zu dem ja die mephistophelischen Einflüsterungen gehören, und er hat diesen Charakterzug in seinem aussagekräftigen Faust-Epos eindrucksvoll dargestellt. Darüber hinaus wird in diesem Drama – und dies ist das Bedeutendste – eine Auflösung des Problems angeboten. Mephistopheles, der »Geist, der stets verneint«, ist eben auch die »Kraft, die stets das Böse will und stets das Gute schafft«. Goethe hat die Chance wohl erkannt, die in dem Abgrund der Verneinung und des Bösen steckt. Doch ein Sich-Einlassen mit dem Bösen ist erst einmal ein »Verkaufen der Seele«, und wir müssen nun in einem mühsamen Weg unsere Seele wieder befreien und uns auf eine höhere Ebene hinaufarbeiten. Dazu ist zunächst der »Abstieg zu den Müttern« notwendig, also ein tiefes Hinabtauchen zum Grund unserer Vergangenheit und in unser kollektives Unbewusste. Die »Mütter« symbolisieren hier den Urgrund, aus dem alles geworden ist. Sie stellen die Wurzelbasis dar und sind als Gebärerinnen Urheber allen Seins. Ein anderes Symbol ist die schon erwähnte »Schwarze Madonna« – das Weiblich-Göttliche, das auch das Dunkle umfasst –, die als Führerin durch diese Bereiche fungieren kann. Erst dann, mit dem Wissen aus der Tiefe und mit der Wahrnehmung auch des Schattens, der dem Leben erst Körperlichkeit und Dreidimensionalität verleiht, sind Erlösung, also Versöhnung und Integration, möglich. »Wer immer strebend sich bemüht, den können wir erlösen!«, heißt es tröstlich gegen Ende des zweiten Teils.

Neben der Sympathie für den »Teufel« bildet in der deutschen Geistesgeschichte ein Faible generell für das Böse ein beliebtes Sujet. Ich möchte auf eine Aufzählung einer schier unüberschaubaren Folge von Titeln und Werken verzichten und erinnere hier nur an wenige Exempel wie Nietzsches »bleichen Verbrecher« in seinem *Zarathustra* oder Schillers *Räuber*, der auch Novellen über Verbrecher und finstere Machenschaften schrieb. Das Interesse besonders am »erhabenen Verbrechen« war damals groß. Schiller verfasste obendrein die Vorrede zu einer deutschen Neuausgabe der bedeutendsten Verbrechensdarstellungen im 18. Jahrhundert von François Gayot de Pitaval.

Für die Weimarer Zeit resümiert der Historiker Joachim Fest: »In viel gefeierten Provokationen behandelten die Bühnen der zwanziger Jahre Vatermord, Inzest und Verbrechen, der tiefe Hang der Zeit ging auf die Verhöhnung ihrer selbst. In der Schlussszene von Brecht/Weills Oper ›Mahagonny‹ traten die Darsteller an die Rampe und demonstrierten auf Plakaten ›Für den chaotischen Zustand unserer Städte!‹, ›Für die Käuflichkeit der Liebe!‹, ›Für die Ehre der Mörder!‹ oder ›Für die Unsterblichkeit der Gemeinheit!‹«[77]

In den Weltkriegen, besonders im zweiten, dem »totalen Krieg«, wurde sichtbar, wie sehr sich Deutschland von »Gott« und ethischen Gesetzen abgewandt und insgeheim mit diabolischen und »bösen« Kräften identifiziert hatte. Dies verstärkte die Polarisierung zwischen den kämpfenden Parteien. England und Amerika durften sich mehr auf der Seite des »Guten«

wähnen und vertraten die Sache der Freiheit, während Hitlerdeutschland aktiv die Rolle des Bösewichts, des Störenfrieds und des »Widersachers« eingenommen hatte. Diese Gegenüberstellung hatte sich Deutschland also aufgrund seiner inneren Psychologie und der daraus resultierenden (Un-)-Taten selbst zuzuschreiben. Bezeichnend ist ein Militärlied, das in dieser Zeit gesungen wurde, von dem ich einige Ausschnitte wiedergebe:

Bomben auf Engeland
Wir fühlen in Horsten und Höhen
Des Adlers verwegenes Glück!
Wir steigen zum Tor
Der Sonne empor,
Wir lassen die Erde zurück. […]
Ran an den Feind!
Bomben! Bomben!
Bomben auf Engelland! […]
Wir stellen den britischen Löwen
Zum letzten entscheidenden Schlag.
Wir halten Gericht.
Ein Weltreich zerbricht.
Das wird unser stolzester Tag! […]

Hier werden nicht nur Wahn und Anmaßung evident, wie sie die deutsche Stimmung vor den Weltkriegen prägten, sondern auch die Identifizierung mit dem Bösen. Wie hätte man sonst das Land der Engel zerstören wollen? In praktisch allen abgedruckten Versionen, die ich gefunden habe, wird im Titel »Engeland« mit einem »l« geschrieben, während im Refrain dann »Engelland« mit zwei »ll« auftaucht. Der Inselstaat wird also unbewusst mit den Gottesboten in einen Zusammenhang gestellt, auf das man – somit ein doppelter Frevel – Bomben werfen will. Die Sprache verrät es. Deutlicher als in solchem folkloristischen Material können sich unsere verborgenen Anschauungen gar nicht zeigen. Außerdem klingen in der Tirade die typisch deutsche Weltfremdheit, das Wunschdenken und die Illusion an, selbst die Weltherrschaft an sich reißen zu können. Dass dazu höher entwickelte Fähigkeiten, unter anderem ein differenziertes Fühlen, ein bewältigter Vaterkomplex, eine Integration der unbewussten Aggressionen sowie eine bewusste Entscheidung zu ethischen Werten notwendig sind, wurde dabei nur allzu leicht übersehen.

Das Interesse an Schandtaten überdauerte die Kriege. Von den realen Schauplätzen des »Großdeutschen Reiches« verlagerte sich die Faszination wieder zu Bühnen- und Leinwandbösewichtern, wobei in der zweiten Hälfte des 20. Jahrhunderts Klaus Kinski unangepasste und verbrecherisch-geniale Gestalten am besten spielte. In der eruptiven Aggressivität und dem fanatischen Zorneswillen dieses Schauspielers lebte noch einmal der nietz-scheske und diabolische Deutsche auf – und stieß auf große Resonanz.

Unsere Identifikation mit dem »Anti« und dem »Bösen«, die zu unse-rem Hader mit Gott dazugehört, dem wir hierin sozusagen die kalte Schul-ter zeigen, erweist sich in der Welt auch darin, dass unsere Politik – wenn auch nicht expressis verbis, so doch im Effekt – in einem Interessens-konflikt bisher eher die totalitären Staaten (wie z. B. früher Irak und China) und weniger die freiheitlich gesinnten demokratischen Ordnungs-kräfte unterstützte. Dies zu sagen bedeutet keine Rechtfertigung von Inter-ventionen amerikanischer Politik, die bestimmte Länder als »Schurken-staaten« bezeichnet und damit zu einer schädlichen Polarisierung beiträgt. Das gilt besonders, wenn unausgesprochen religiöser Eifer dahinter steht. Aber es ist gut, wenn Menschenrechtsverletzungen klar beim Namen genannt werden. Wir Deutschen waren auf diesem Auge in Bezug auf dik-tatorische Systeme, vor allem wenn materielle Eigeninteressen auf dem Spiel standen – eines der letzten Beispiele war Schröders Haltung gegen-über China –, oft blind oder sehgemindert.

Reformation und Protestantismus

Unser Zwist mit dem »Vater im Himmel« und seinen Stellvertretern in der Kirche kam besonders in einer bestimmten historischen Epoche und in einem spezifisch deutschen kulturellen Phänomen zum Ausdruck, näm-lich in Reformation und Protestantismus. Beide sind sehr vielschichtig zu sehen und waren zunächst einmal eine berechtigte Antwort auf die Dege-neration der römischen Kirche mit ihrem Ablass-Unwesen und anderen Auswüchsen. In Bezug auf diese komplexe Ära und die daraus hervor-gehende religiöse Erneuerung kann ich hier nur wenige psychologische Hinweise geben und muss andere Dimensionen unberücksichtigt lassen. Offenbar handelte es sich um notwendige Umbrüche auf dem Weg zum modernen Menschen. Auch wenn eine ihrer Triebfedern sicherlich der (Gott-)Vaterkomplex Deutschlands war, darf man Reformation und Pro-testantismus deshalb z. B. nicht als schlecht oder falsch bewerten. Der

(Gott-)Vaterkomplex wurde hier gleich zweifach abgehandelt: Zum einen wurde er an der Person des Papstes, am Inbild des Vaters, und seiner weltlichen Macht ausgetragen. Zum anderen ist der Heilige Vater der »Stellvertreter Gottes auf Erden«, so dass man durch den Angriffs auf den Pontifex auch seinen Strauß mit Gott, mit Gottvater, ausfechten konnte.

Zwar gab es auch in anderen Ländern reformatorische Bestrebungen, doch der lutherische Protestantismus ist ein deutsches Phänomen und gehört zur Psychologie Deutschlands. Schon die Namensgebung ist nicht zufällig und uns schon aus dem Vokabular des Autoritätskomplexes vertraut. Das Wort *Protestantismus*, das von »Protest« oder »protestieren« abgeleitet ist (*protestari* bezeichnet in seiner lat. Urbedeutung den mutigen Vorgang des »öffentlich bezeugen«), weist auf unseren Urkomplex hin. Geschichtlicher Hintergrund der Benennung ist die »Protestation« der evangelischen Reichsstände 1529 beim Reichstag zu Speyer, auf dem Einschränkungen in Bezug auf die Reformation und die Freiheit zur Ausübung der katholischen Messe beschlossen werden sollten.[78] »Protestantismus« wurde aber zum Inbegriff der Opposition gegen die alte Kirche. Der Protestantismus im engeren Sinne war besonders in deutschem Boden verwurzelt. Er hatte keinen universellen Anspruch wie die Aufklärung oder der Humanismus, sondern spielte sich im Konfliktfeld zwischen den deutschen Ländern und dem Primas der katholischen Kirche ab. Auch daran ist abzulesen, dass es sich um ein typisch deutsches Thema handelt.

Doch Luther als überragende geistige Gestalt hatte eine große Ausstrahlung und brachte viel ins Rollen. Seine und die woanders entstehenden christlichen Erneuerungsbewegungen hatten ungeahnte Auswirkungen auf das damalige Europa. Wenn man die Reformation und ihre Folgen überblickt, kann man vielleicht mit einem gewissen Stolz, aber auch mit großem Erschrecken feststellen, dass deutsche Ideen und deutsche geistige Schöpfungen im Guten wie im Bösen schon immer eine hohe Sprengkraft hatten. Ähnlich wie bei Bismarck, Wilhelm II. und Hitler verdichtete sich schon bei Martin Luther die deutsche Geschichte in einer Person. Der Begründer des Protestantismus war ebenso ein Exponent der Kollektivpsyche seiner Zeit, wie es später z. B. Hitler war. Was Luther trug, war der im Volk bereitliegende Affekt gegen das Papsttum. In dem reformatorischen Aufbegehren konnte man lang angestaute Gefühle der Demütigung durch römische Bevormundung abschütteln. Die nicht nur auf das Religiöse begrenzten Umwälzungen, die Luther hervorrief, hatten auf der Basis des Vaterkonflikts kollektivpsychisch die Befreiung vom übermächtigen Rom zum Ziel. Und wie in späteren Zeiten das englische Imperium und anschließend die Weltmachtstellung der USA das Objekt deutscher Projektionen und eines Anti-Vater-Affekts wurden bzw. in subtilerer Form immer noch sind, so richteten sich im 16. Jahrhundert die zornigen Energien gegen den Papst und die Kurie in der Ewigen Stadt. Die Autorität des »allein selig machenden« Katholizismus, seine Traditionen und die Dogmen als patriarchale Ordnungsprinzipien wurden abgeworfen. Im Rahmen der reformatorischen Wirren und Kämpfe wurde schließlich sogar der Vatikan von meuternden Landsknechten erobert und geplündert.[79]

Ein problematisches Resultat der Reformation waren weitere Kirchenspaltungen, und eine geradezu fürchterliche Folge war der Dreißigjährige Krieg. Neben dem früheren Schisma in Orthodoxe und Römisch-Katholische kam jetzt der Graben zwischen den Reformierten und der alten Kirche hinzu. Damit nicht genug: Aufgrund weiterer Reformatoren in mehreren Ländern und durch Untergruppierungen waren die Evangelischen bald vielfach in sich zerstritten. Bezogen auf den Konflikt zwischen Lutheranern und den Anhängern Zwinglis resümiert Joseph Rovan: »Schon bei seinem ersten Auftreten zeigte sich der deutsche Protestantismus also gespalten, und Spaltungen sollten seine Geschichte und die Geschichte Deutschlands bis heute prägen. Der Hader unter den Protestanten verschärfte sich noch, als der Calvinismus als dritte Form des reformierten Glaubens hinzukam.«[80] Auch bei Luther selbst trat mit der Zeit das Uneinssein zutage. Entgegen seiner bewussten Absicht – und hierbei kann man wieder das Wirken des unbewussten Schattens sehen – kam es im weiteren Verlauf auch beim Urheber selbst zu religiöser Intoleranz und Ausübung von Zwang. Die ungelöste Vaterproblematik hatte den Deutschen sozusagen von hinten eingeholt.

Ungeachtet dessen hatten Luther und seine Reformation eine immens fruchtbare Bedeutung für die deutsche Geschichte. Mit Luthers Bibelübersetzung und der Einführung des Deutschen als religiöse, literarische, wissenschaftliche und politische Schriftsprache wurden zudem die Grundlagen für eine breite Allgemeinbildung der Bevölkerung, für die Selbstfindung der Deutschen und den späteren Aufschwung der Wissenschaften gelegt. Auch wenn der Befreiungsschlag des reformatorischen Umbruchs bewusstseinsgeschichtlich nicht nur nachvollziehbar, sondern sogar notwendig erscheint, so muss der Protestantismus dennoch als vorbereitender Schritt zu einer prekären weitergehenden »Befreiung« und geradezu »Entfesselung« gesehen werden. Er löste die Menschen aus den festen Bindungen der katholischen Kirche und den dazu gehörigen moralischen Fesseln und setzte bisher ruhende Kräfte frei. Der Pietismus des evangelischen Lagers, der eigene, ebenso enge Moralvorstellungen entwickelte, versuchte zwar ein Gegengewicht zu den atemberaubenden neuen Freiheitsmöglichkeiten zu schaffen, doch der durch den protestantischen Glauben hervorgerufene Bewusstseinsfortschritt konnte durch nichts mehr aufgehalten werden. Protestantismus und Reformation stellen nämlich in ihren Wirkungen einen Zwischenschritt zum Materialismus dar, und ihr Bekenntnis hat sich im Gang der Geschichte mit einer materialistischen Denk- und Handlungsweise verträglicher erwiesen als das katholische. Der rein materialistische Standpunkt – egal ob marxistischer oder kapitalistischer Prägung – kommt ohne Gott aus. Selbst viele Pfarrer von protestantischer Konfession sind heute von ihren Glaubensanschauungen her atheistisch geprägt oder unverständig gegenüber geistigen Wirklichkeiten und engagieren und verstehen sich eher sozialreformerisch denn als religiöse Seelsorger. Natürlich ist dieser Schritt heute angesichts des modernen Zeitgeistes auch aus einer katholischen Erziehung heraus möglich, doch geschichtlich und bewusstseinsgeschichtlich vollzog er sich zunächst über die protestantischen Kirchen.

Der erste Schritt, sich von Gott abzulösen oder gar abzukehren, war also der, sich von äußeren kirchlichen Autoritäten und Lehrmeinungen zu lösen. Der Mensch war jetzt nur noch unmittelbar Gott verantwortlich und brauchte keine Vermittlung mehr durch Priester oder Bischöfe, und schließlich glaubte er, nur noch vor sich selbst verantwortlich zu sein. Mit der Erstarkung und Selbstbewusstwerdung wertete sich der Mensch immer mehr gegenüber Gott auf und es kam zu einer Konkurrenz mit ihm. Psychologisch heißt das: Das Ichbewusstsein des Menschen stellte sich über das größere Zentrum der Psyche, das Selbst, und es wollte damit die Steuerung selbst in die Hand nehmen – ein großes Wagnis, da das Ich ja nur einen kleinen Ausschnitt der Wirklichkeit überblickt. So verlor der moderne Mensch mit der Zeit jegliche religiös-spirituelle Verpflichtung; es kam zu einer Bindungslosigkeit statt *religio* (lat. Rückbindung).

Indem das Ich an den Gott zustehenden Ort rückte, entstand die Möglichkeit des Missbrauchs der so angemaßten Macht. Im *Faust* sagt an dieser Stelle das entsetzte Gretchen, als es bei dem um sie werbenden Doktor diese gefährliche Bewusstseinshaltung erkennt: »Heinrich, mir graut's vor dir.« Hier liegt die Wurzel der »Hybris«, eine Gefahr, die die Griechen sehr wohl kannten und in dem Mythos von Ikarus abbildeten. Sie wussten um die Machtfülle und die Versuchungen der neu entdeckten mentalen Fähigkeiten und nahmen die Risiken im Bild des himmelstürmenden und schließlich abstürzenden Sohn des Dädalus ahnungsvoll vorweg. Hier ist der Ansatzpunkt für die mephistophelische Verführung, der Deutschland in seiner Geschichte erlegen ist. Doch die Entwicklung des Bewusstseins vom dogmatischen Glauben über den evangelischen Wunsch einer direkteren Ich-Du-Beziehung zu Gott bis hin zu einer materialistischen Auffassung, die geistigen Faktoren höchstens ein sekundäres Gewicht zugesteht und Gott entweder für inexistent erklärt oder in ein transzendentales Jenseits verschiebt, war wie gesagt psychologisch zwangsläufig, um durch solch eine Krisis der Gottesferne oder des Totsagens Gottes letzten Endes zu einer neuen und individuellen Spiritualität zu finden.

Auf der äußeren, der geografischen und soziologischen, Ebene war der *Dreißigjährige Krieg* 1618–1648 die schwerwiegendste Auswirkung der Reformation. Er tobte sich mit seinen Kämpfen, Verwüstungen, Plünderungen und Übergriffen auf die Bevölkerung fast nur auf deutschem Boden aus. Der Zusammenprall der verschiedenen Völker und Religionen wurde durch die vorausgegangene konfessionelle und politische Spaltung Deutschlands möglich gemacht. Dieser erste schreckliche Krieg führte zusammen mit Bildersturm und Bauernaufständen zu einer nie da gewesenen Vernichtung von Menschenleben und Ortschaften sowie von Kunstschätzen und anderen Kulturgütern. Sehr tiefgreifend waren auch die psychischen Folgen des massenhaften Tötens, Mordens und der unvorstellbaren Grausamkeiten, wie sie z. B. in Grimmelshausens Roman *Der abenteuerliche Simplicissimus* von 1669 beschrieben werden. Hier kam es erstmals im großen Stil zu einer Entfesselung destruktiver Kräfte und des »Bösen«. In jener Zeit ist erstmals im größeren Stil der kollektive Schatten auferstanden, und Schattenkräfte haben barbarisch auf deutschem Gebiet gewütet. Der Dreißigjährige Krieg hinterließ tiefe Spuren und Narben in der deutschen Psyche, die in den späteren Weltkriegen wieder aufbrechen sollten.

Weitere Aspekte des Gottvaterkomplexes in der deutschen Geschichte

Wir machen nun abschließend einen Sprung über das fast rein protestantische Preußen hinweg in das Zweite Deutsche Reich, in die Bismarck'sche und Wilhelminische Ära. Hier waren nicht nur die innen- und außenpolitischen Auseinandersetzungen ein Spielfeld des deutschen Vaterkomplexes, sondern in eindrucksvoller Weise auch religiöse Themen und der Clinch mit Gott und seinen Vertretern.

Nach Auffassung Gordon Craigs hatte es der Gottesglaube in dieser Periode Deutschlands schwer. Dazu trug seiner Meinung nach die in den westlichen Ländern seit der Aufklärung herrschende naturwissenschaftliche Orientierung mit ihrem zunehmenden Materialismus sowie die moderne Bibelkritik bei. Die Voraussetzungen für den Materialismus habe ich ja bereits angesprochen. Konsequenter und herausfordernder noch als Charles Darwin in England, der einen Schöpfergott bestehen ließ, hat bei uns Ernst Haeckel einen allumfassenden pseudoreligiösen biologistischen Standpunkt vertreten, der später zur Legitimation von Eugenik, Rassenhygiene und Sozialdarwinismus herangezogen wurde.[81] Auf der anderen Seite leistete Haeckel einen wichtigen Beitrag zur Biologie des ausklingenden 19. Jahrhunderts und schuf wunderschöne Bildbände, z. B. über die »Kunstformen der Natur«.

Um jene Zeit zeichneten sich in Deutschland und Österreich eine ausgeprägte antiklerikale und antikatholische Einstellung sowie antipäpstliche Stimmung ab, die nach dem Vatikanischen Konzil 1869/1870 mit dem Lehrsatz von der Unfehlbarkeit des Kirchenoberhauptes noch geschürt wurden. Denn dies war Wasser auf die Mühlen des deutschen Autoritäts- und Vaterkomplexes. Der so wachgerufene Oppositionsgeist suchte sich verschiedene Ausdruckskanäle. Zum einen gab es – wie der auch in literarischer Hinsicht beschlagene Historiker Craig im Einzelnen anführt – künstlerische Produktionen, Theaterstücke (z. B. Ludwig Anzengrubers *Der Pfarrer von Kirchfeld* [1870]), Gedichte (z. B. *Huttens letzte Tage* [1872] von Conrad Ferdinand Meyer), Erzählungen (z. B. *Der letzte Zentaur* [1904] von Paul Heyse), Gemälde (z. B. von Böcklin) und mit Wilhelm Busch erste comicartige humoristisch-satirische Bildergeschichten (wie *Heiliger Antonius* [1870], *Die fromme Helene* und *Pater Filuzius* [beide 1872]), die sich dieses Themas annahmen und in ihren Werken den Affekt gegen die Kirche zum Ausdruck brachten. Auf der politischen Bühne war an erster Stelle der deutsche Historiker Heinrich von Treitschke intellektueller Sprachführer. Er betrachtete auch den Sieg des protestantischen Preußens über das katholische Frankreich als die angemessene Antwort auf die römischen Provokationen der Unfehlbarkeit des Papstes und dessen fortschrittsfeindliches Denken. Rom sei ein Vampir, der dem Deutschtum die Lebensenergie aussauge. Diese Affronts hatten Rückhalt im ganzen Volk.[82]

Auch Bismarck unterstützte die antipäpstliche Kampagne, wobei es ihm darum ging, der katholisch orientierten Zentrumspartei eins auszuwischen. Es war ihm ein Dorn im Auge, dass diese Partei einer anderen Instanz verpflichtet war als der weltlichen Macht des Staates. Der Kanzler argumentierte in einer Rede im März 1873, es handele sich »um einen uralten Machtstreit, der so alt ist wie das Menschengeschlecht, um den Machtstreit zwischen Königtum und Priestertum [...].«[83] Dieser Konflikt wurde in Deutschland gründlicher als in vielen anderen Ländern durchgezogen. Das Besondere ist hier, dass der Staat eine quasi-religiöse Bedeutung erhielt und dass eine innere Verpflichtung gegenüber Gott als Konkurrenz angesehen wurde. Mit der obigen Aussage befand sich Bismarck auf einer Linie mit Treitschke. Später wies der Kanzler »in dunklen Andeutungen auf eine gigantische Verschwörung zwischen den katholischen Mächten hin, die das Reich zu zerstören versuchen würden, wenn Deutschland nicht die geeigneten Schutzmaßnahmen ergriff«[84]. Er erklärte in einem Zeitungsartikel der Zentrumspartei und der römischen Kurie den Krieg und war willens, alle katholischen Priester aus dem Staatsdienst zu entfernen, Kirche und Staat zu trennen und gegen katholische Bildungseinrichtungen vorzugehen.

Einzelne Schritte davon waren im Sinne eines modernen Staates durchaus sinnvoll, doch der Ton, der Affekt und eine unsachliche Schärfe machten die Musik. Dazu gehörte auch ein rational nicht begründbares Gesetz gegen die Jesuiten, das landesweit auf große Zustimmung stieß. Hier nahm die Auseinandersetzung die Dimension eines »Kulturkampfes der Menschheit« an, eine Formulierung des linksliberalen Abgeordneten und Mediziners Rudolf Virchow, die damals weithin Anklang fand. In diesem regelrechten Krieg zwischen der Reichsregierung und der Kirche, insbesondere dem Katholizismus, wurden so viele Bischöfe und Priester des Amtes enthoben und ins Gefängnis geworfen, dass schließlich das Ausland aufmerksam wurde. Das Resultat war, dass sehr viele Gemeinden besonders in Preußen – hier waren es fast ein Drittel – ohne Pfarrer auskommen mussten. Die Fehde und die damit entfachten aggressiven Kräfte, die mit der Zeit immer mehr Unbehagen unter einem Teil der Deutschen erzeugten, resultierten 1874 in einen Mordanschlag eines katholischen Küfergesellen auf Bismarck.[85] Später sollten sich solche »Kulturkämpfe« in ganz anderem Ausmaß wiederholen, indem sie wie z. B. im Ersten und Zweiten Weltkrieg nach außen gewendet und zu einem Konflikt zwischen der »deutschen Kultur« und der französischen bzw. angloamerikanischen »Zivilisation« verzerrt und hochstilisiert wurden.

Ausgehend vom protestantischen Preußen bis zu Hitler ist eine zunehmend nicht nur antikatholische, sondern überhaupt antireligiöse Stimmung festzustellen. Der Nationalsozialismus desavouierte die Religion insgesamt und verlangte von vielen Mitgliedern, insbesondere von SS-Angehörigen, der Kirche und dem Glauben an Gott abzuschwören. Priester, die sich nicht einschüchtern ließen und offen für ihre Wert- und Glaubensvorstellungen eintraten, kamen ins KZ, wurden misshandelt und gefoltert; und diese Opfer wurden im Konzentrationslager nach Augenzeugenberichten gezwungen zu sagen: »Es gibt keinen Gott. Unser Herrgott ist Adolf Hitler.«[86] Bei der Besetzung Frankreichs zerstörte die »Schutzstaffel« alle Kruzifixe (die in katholischen Gebieten oft im Freien stehen), die die Truppen auf ihrem Weg antrafen. Hitler erging sich in Phantasien und Plänen, nach dem Krieg mit den Kirchen abzurechnen, den Papst in vollem Ornat auf dem Petersplatz in Rom aufzuhängen und das Straßburger Münster in ein Ehrenmal für den unbekannten Soldaten umzuwandeln. Er soll auch ernsthaft daran gedacht haben, den Vatikan zu besetzen.[87]

Seit dem katholischen Adenauer der frühen Bundesrepublik trat im Konflikt und im »Kulturkampf« mit der katholischen Kirche eine deutliche Wende ein. Wir finden langsam zur Normalität, was sich auch darin zeigt, dass mit Joseph Ratzinger als Benedikt XVI. seit langem erstmals wieder ein Deutscher zum Papst gewählt wurde. Die letzte deutsche Papstnominierung liegt fast ein halbes Jahrtausend zurück. Und jener Hadrian VI. residierte nur etwas mehr als ein Jahr von 1522–1523. Davor war wiederum eine Pause von ca. 500 Jahren ohne einen Deutschen auf dem Papststuhl. Bei der Bedeutung Deutschlands damals als Kernland des Römischen Reiches ist das ein nicht zu übersehendes Signal für den Kriegszustand zwischen Deutschland und der kirchlichen Macht.

Kapitel 6
Der Mythos vom Weltenende

In Wahrheit ist jeder an allem schuldig,
nur wissen es die Menschen nicht:
wüssten sie es aber,
so hätten wir gleich das Paradies auf Erden.

Fjodor Dostojewskij

Germanische Mythologie und römisch-christliche Kulturierung

Ich komme jetzt zu meiner vielleicht brisantesten These, die besagt, dass die germanische Mythologie, die eine der ältesten und tiefsten Schichten unserer kollektiven deutschen Psyche darstellt, noch mächtig in uns wirkt. Sie nimmt mit bestimmten Bildern, insbesondere dem Vorstellungskomplex des Weltuntergangs oder Weltenbrandes von der Tiefe her auf unser Denken, Fühlen und Handeln bis heute Einfluss. Deshalb sind wir anfällig für irrationale Ängste, Weltuntergangsstimmungen und Fehlinterpretationen. Unterschwellig befürchten wir immer noch, das »Weltende« könnte sich jederzeit wieder ereignen. Die uns unbewusst jagenden Mythen hatten auch zur Verwirklichung in Form der Katastrophe der beiden Weltkriege gedrängt. Insbesondere der Zweite Weltkrieg ahmte das mythische Szenario ziemlich getreu nach.

Die germanische Mythologie stellt natürlich nur eine seelische Schicht unter anderen dar. Etwas später datieren weitere mythologische und kulturelle Lagen wie die griechisch-römische und die christliche, die bei uns allerdings verzögerter als in weiten Teilen des übrigen Europa hinzukamen. Nur das südliche und westliche Deutschland wurde von der antiken Weltmacht erobert, und römisches Recht und Denken wurden eingeführt, während weite Teile Germaniens nicht zuletzt durch den Limes vom Kulturierungsprozess, den die Römer vorantrieben, längere Zeit abgeschnitten blieben.[88] Gallien, Britannien und die hispanische Halbinsel kamen dagegen schon früh mit der antiken Kultur in Kontakt. Auch nahm die Christianisierung auf der britannischen Insel einen friedsameren Verlauf als bei uns, indem dort das hereinströmende Neue in das Bestehende integriert wurde.[89] Ein Zeichen für diesen versöhnlicheren Hergang bei den Briten ist der bis heute beibehaltene Name für Mittwoch, *Wednesday*, nach Wotan betitelt, der in spätgermanischer Zeit der Hauptgott war. In Deutschland dagegen wurde hier der Wotanstag durch den Mittwoch ersetzt, der nüchtern die Mitte der Woche anzeigt. Auch der Sonnabend bzw. Samstag, der bei den Römern »Saturntag« hieß, wurde bei uns umbenannt, während er in England als *Saturday* überdauerte. Saturn war ein Fruchtbarkeitsgott, dem zu Ehren um die spätere Weihnachtszeit herum die Saturnalien mit sexuellen Ausschweifungen gefeiert wurden. Die romanisierten Kelten und Germanen hatten diesen Kult weitgehend übernommen.

In den Landstrichen, die heute Deutschland heißen, lief die Einführung des Christentums gewaltsamer und unnachgiebiger ab. 723 n. Chr. ließ der Missionar Bonifatius, der später Bischof war und schließlich heilig gesprochen wurde, die dem Gott Donar/Thor geweihte Eiche bei Geismar im heutigen Hessen umhauen. Mit diesem Fällen der »Bonifatius-Eiche« und der damit verbundenen Bekehrung kamen die alten germanischen Götter zu Fall. Schon im 9. Jahrhundert versuchte Kaiser Ludwig der Fromme, die heidnische Überlieferung nach Möglichkeit zu unterdrücken. Es legte sich bei uns schnell eine christliche Schicht darüber, die die Urmythologie zum großen Teil in tiefere Bereiche verdrängte, wenn auch einiges »Heidnische« in die Rituale und Feiertage des Christentums einfloss. Vielleicht hängt mit dieser verzögerten Romanisierung und wenig konzilianten Christianisierung die etwas anders verlaufene und in mancher Hinsicht hinterherhinkende Bewusstseinsentwicklung in Deutschland zusammen.

C. G. Jung schrieb bereits im Jahr 1918 zu diesem Thema: »Das Christentum zerteilte den germanischen Barbaren in seine untere und obere Hälfte, und so gelang es ihm – nämlich durch Verdrängung der dunklen Seite – die helle Seite zu domestizieren und für die Kultur geschickt zu machen. Die untere Hälfte aber harrt der Erlösung und einer zweiten Domestikation. Bis dahin bleibt sie assoziiert mit den Resten der Vorzeit, mit dem kollektiven Unbewussten, was eine eigentümliche und steigende Belebung des kollektiven Unbewussten bedeuten muss. Je mehr die unbedingte Autorität der christlichen Weltanschauung sich verliert, desto vernehmlicher wird sich die ›blonde Bestie‹ in ihrem unterirdischen Gefängnis umdrehen und uns mit einem Ausbruch mit verheerenden Folgen bedrohen. Diese Erscheinung findet als psychologische Revolution beim Einzelnen statt, wie sie auch als soziales Phänomen auftreten kann.«[90]

Diese Sätze waren prophetisch genug. An anderer Stelle machte Jung sogar noch deutlicher auf den Einfluss der verdrängten Mythologie auf die historischen Ereignisse aufmerksam. Bereits 1936 erahnte er den kommenden Brausewind über Europa und sah die Bewegung in Deutschland, von der das Volk ergriffen war, als ein Erwachen des bis dato in der Volksseele schlafenden germanischen Gottes Wotan an.[91] Der Schweizer Tiefenpsychologe begreift dabei Wotan selbstverständlich nicht als persönliche Gottheit oder realen Gott, sondern symbolisch als Kraftphänomen und Urbild im Unbewussten der Seele, als – wie er sich ausdrückt – »Archetyp«. Ich werde darüber hinaus die nordisch-germanischen Mythen vom Weltenende hinzunehmen, wie sie uns in den Eddaliedern und speziell in der Völuspá erhalten sind. Denn diese Endzeitmythen scheinen mir einen noch unaufgedeckten fatalen Einfluss vom Unbewussten her auf uns zu nehmen, und nur mit ihnen wird ein volles Verständnis unserer Kollektivpsyche möglich.

Sturmgott Wotan

Doch zunächst zu Wotan-Odin. Im südlichen Germanien wurde diese Gottheit Wotan genannt, in den nördlichen Regionen hieß die mythologisch gleiche Gestalt Odin. Wotan, dessen Name sich von »Wut« bzw. »wütig« herleitet, ist der Führer des wilden Heeres. Er ist ein Sturm- und Windgott. Das ist auch im Sinne von Raserei und Wüten zu verstehen, da er die Leidenschaften seiner Gefolgsleute entfesselt. Er ist der Gott des Krieges und der Kampfbegier, ist »Heervater« und »Siegvater« und damit Herr über die Völkergeschicke. Sodann ist er ein rastlos schweifender Wanderer und Jäger. Als Gebieter des Sturmes und selbst Stürmender ist er ferner für die Unwetter verantwortlich. Der Wind ist ein Symbol des Geistes, und so verwundert es nicht, dass Wotan-Odin auch der Himmelsherr und Gott der geistigen Kultur ist. Außerdem ist er der Herr der Toten; die Toten der Schlachten gehören ihm als Opfer. Er ist Führer der Totengeister (der Geist als Gespenst ist ein primitiver Ausdruck für den Geist im Sinne des Geistigen), aber auch Schirmherr des Geistes wie der Dichtkunst, des geheimen Wissens und der Zauberkünste. Er ist der Erfinder der Runen und kündet durch sie das Schicksal. Mit all dem kann er Gemüt und Geist der Menschen erregen.[92]

Es ist nicht ganz von der Hand zu weisen, sondern erscheint nachvollziehbar, wenn Jung schon die Jugend- und Wanderbewegung um die Wende des 19. zum 20. Jahrhundert auf Wotan bezieht, der hier und dann besonders in der Kampfbegeisterung des Ersten Weltkriegs sozusagen schon einmal schlaftrunken geblinzelt oder sich kurz geräkelt hat. Der vollends erwachte Wotan ist dann durch Hitler leibhaftig geworden, der wie sein Vorbild ein »Ergreifer« der Männer war. Dies geschah in Form von Männerbünden wie der SA, der SS, dem Kriegsheer usw. Es sei somit – so Jung – zum »furor teutonicus« gekommen, ein Volk im Zustand des Wütens. Dies vermerkte der Begründer der Archetypenlehre wie gesagt bereits einige Jahre vor Kriegsausbruch, als der eigentliche deutsche Amoklauf begann![93] Auf die aus dem 13. Jahrhundert stammende Legende vom im Kyffhäuser schlafenden Kaiser Friedrich Barbarossa, der dereinst aufwachen und das Reich retten werde, komme ich noch genauer zu sprechen (siehe Kapitel 7). Hier wurde der Wotanarchetyp auf den Stauferkaiser projiziert.

Das Weltenende nach der Edda

Die germanische Endzeitmythologie geht zwar auf indoeuropäisches Ideengut zurück, steht aber mit ihren apokalyptischen Bildern ziemlich einzigartig in der Welt da. Etwas Ähnliches begegnet uns höchstens noch in der neutestamentlichen Offenbarung des Johannes mit *Harmagedon*, dem Schauplatz der letzten Entscheidungsschlacht der weltlichen Könige gegen Gott (darauf geht der Katastrophen-Film *Armageddon* zurück). Kaum ein anderes Sagengut hat sich sonst so auf das Weltende konzentriert und es so detailliert ausphantasiert wie das nordisch-germanische. In den Liedern der Edda sind diese nordischen Göttersagen und Visionen vom Untergang der Welt am besten und zusammenhängend überliefert. Auch das Nibelungenlied enthält Aspekte der Endzeitvorstellungen. Es war lange verschollen gewesen und trat erst 1755 mit seiner Neuentdeckung in einer mittelalterlichen Handschrift wieder ins deutsche Bewusstsein.

Hier eine kurz gefasste Darstellung des Mythos vom Weltenende nach den Edda-Liedern, hauptsächlich aus der Völuspá:[94]

Odin (der ja Wotan entspricht), der einst den ersten Menschen den Atem gegeben hatte, opfert sich selbst, indem er neun Tage mit dem Kopf nach unten im Wind an der Weltenesche hängt und eines seiner Augen dafür hingibt, vom Brunnen der Weisheit zu trinken. (Mit diesem Upside-down sind symbolisch eine Umkehr der normalen Sichtweise und ein Blick nach unten, d. h. ins Unbewusste verbunden, wodurch sich neue Einsichten ergeben.) Wotan-Odin gehört die Stätte Walhall, deren Dach aus Speeren und Schilden gebaut ist und über deren westlichem Tor ein Wolf hängt, darüber ist drohend ein Adler. Zwei Wölfe liegen ihm zu Füßen und auf seinen Schultern sitzen zwei Raben, die ihm aus der ganzen Welt Kunde bringen. Unheil verkündende Träume erschrecken nun die Asen (ein germanisches Göttergeschlecht). Odin erhält die düstere Kunde vom Falle Baldurs: Der lichte Gott ist tot. Der finstere Loki hatte den Tod Baldurs veranlasst. Loki wurde daraufhin von den Asen gefesselt und in eine Felshöhle eingeschlossen.

Doch nun bricht Ragnarök herein, das Weltenende und die Götterdämmerung. Unruhe geht durch die Welt und viele Zeichen geschehen. Odin schaut nun die drohenden Anzeichen des nahenden Verderbens und rüstet zum letzten Kampfe. (Der Zwist der Götter, d. h. der seelischen Mächte oder Archetypen des Unbewussten, hat seine Auswirkungen auf die Erde, auf das Geschehen in der sichtbaren Welt.) Krieg verbreitet sich unter den Menschen und schließlich in der ganzen Welt. Weithin über die Erde reiten bzw. durch die Lüfte fahren die Walküren, weibliche Geisterwesen, die Schlachten entscheiden und Krieger schützen oder für den Tod auswählen. Es wird von einem schrecklichen Winter berichtet, der dem Weltenende vorangeht. Loki und der Fenriswolf, bisher gefesselt, werden frei. Die höllischen Mächte brechen los. Der Wolf Fenrir ernährt sich vom Fleisch Gefallener und rötet den Sitz der Götter mit Blut. Nachdem er groß geworden ist, rennt er mit klaffendem Rachen der Sonne hinterher und verschlingt sie, deren Schein sich in blutrote Farbe verwandelt und sich schließlich verfinstert. Im Riesenzorn wälzt sich die Weltschlange durch die Wogen. Der Adler krächzt, Leichen zerreißend. Dem Wolf folgt ein wildes Heer. Die entfesselten Elemente Wasser und Feuer brechen von allen Seiten über das Land Midgart herein und raffen die Menschen dahin. Odin unterm Goldhelm, den Speer in der Faust, sprengt dem Wolf Fenrir entgegen, doch er unterliegt und wird von ihm verschlungen. Erst Odins Sohn Thor[95] kann das Untier töten. Er erschlägt die Midgartschlange, fällt aber durch ihr Gift ebenfalls tot zu Boden. Die Götter sind gefallen, Feuer verbrennt die ganze Welt. Die Sonne wird schwarz, die Erde sinkt ins Meer, Dampf und Feuer sprühen auf, heiße Lohe bedeckt den Himmel.

Die Götter der alten Welt erscheinen nicht mehr wieder, aber ein jüngeres Geschlecht löst sie ab. Unter anderem kommt Baldur der Gute zurück. Eine neue Sonne leuchtet, denn die alte Sonne gebar eine Tochter, ehe der Wolf sie verschlang. Ein neues Menschengeschlecht wird groß. Die Welt endet zwar im Feuer, doch sie ersteht erneut in verklärter Gestalt.

Baldur ist ein Lichtgott und trägt in seinem Namen eine indogermanische Wurzel von »weiß, glänzend, leuchtend«. Er ist so schön, dass ein heller Schein von ihm ausgeht. Sein Beiname »der Gute« unterstreicht seine positive Bedeutung. Er wird in den Erzählungen durch den Einfluss Lokis beseitigt, der das tötende Prinzip verkörpert. Loki und der Fenriswolf, der die Wahrheit verdunkelt, können als Aspekte des Bösen verstanden und in christlicher Sprache als »Teufel« übersetzt werden. Mit der Ermordung Baldurs werden das lichte Prinzip, die Weisheit (Weiß-heit im übertragenen Sinne), das erleuchtete Bewusstsein oder die hellsichtige Intuition umgebracht.[96] Erst nach der Götterdämmerung ersteht dieses alles wieder.

Die Parallelen von Wotan und Ragnarök zur deutschen Geschichte

Die Sichtweise Jungs, die seelische Auferstehung des Sturmgottes Wotan als Verständnisgrundlage für den nationalsozialistischen Sturm in Deutschland und über Europa zu nehmen, erscheint einleuchtend. Wir finden Belege dafür auch in vielen NS-Bezeichnungen und Rangabzeichen: Sturmgeschütz, Sturmabteilung (SA), ein »Sturm« als SS-Einheit, die SS-Dienstgrade Sturmmann, Sturmscharführer, Sturmbannführer etc. Eines der frühen Kampflieder der Nationalsozialisten geht so: »Sturm, Sturm, Sturm, Sturm, Sturm, Sturm! / Läutet die Glocken von Turm zu Turm! / [...] / Läutet Sturm, dass die Erde sich bäumt [...]« Der »Volkssturm« war das letzte Aufgebot aller Altersgruppen am Ende des Krieges. Bereits in einem Gedicht von Karl Theodor Körner aus dem Jahr 1813 hieß es: »Das Volk steht auf, der Sturm bricht los«. Diese Sentenz wurde von der Goebbels-Propaganda aufgegriffen und 1943 in den UFA-Film *Kolberg* umgesetzt, der an den Durchhaltewillen appellierte.

Schon lange vor der NS-Zeit grollte etwas aus dieser altgermanischen Seelenschicht heraus. Es fand seinen Niederschlag in düsteren, ahnungsvollen Gedichten wie dem folgenden expressionistischen von Georg Heym (1887–1912) mit dem Titel *Der Krieg,* das vor dem Ersten Weltkrieg datiert und der Wotan-Hypothese Recht zu geben scheint:

Aufgestanden ist er, welcher lange schlief,
aufgestanden unten aus Gewölben tief.
In der Dämmrung steht er, groß und unerkannt,
und den Mond zerdrückt er in der schwarzen Hand.

In den Abendlärm der Städte fällt es weit,
Frost und Schatten einer fremden Dunkelheit [...].

Und es schallet, wenn das schwarze Haupt er schwenkt,
Drum von tausend Schädeln laute Kette hängt.

Einem Turm gleich tritt er aus die letzte Glut,
Wo der Tag flieht, sind die Ströme schon voll Blut.
[...][97]

Schon hier hat sich etwas wie bei einem kommenden Erdbeben tief unten in der Erde gerührt und vibriert drohend. Die Intuition des Dichters hat das Bevorstehende gespürt. Ich möchte den Zeilen, die für sich sprechen, nur *einen* tiefenpsychologischen Hinweis hinzufügen: Der Mond symbolisiert das Weibliche. Es ist der weichere, weibliche Einfluss, der in diesem Gestirn zum Ausdruck kommt. Und diese Seite wurde ja in der finsteren Zeit damals – besonders durch das »Schwarze Korps«, durch die SS – unterdrückt oder wie zerdrückt.

Noch frappierender und bedrückender werden die Parallelen zur germanischen Mythologie, wenn wir die Weltzerstörungsmythen mit hinzunehmen. Mit ihnen haben wir aus der Tiefe unseres Unbewussten ein Muster für das kollektive Geschehen vorliegen. Wie gut kann man die Untergangsmythen auf die NS-Zeit und den Zweiten Weltkrieg beziehen! Auf Einzelheiten von Vernichtung und Selbstvernichtung und das unbewusst-zielstrebige Hinarbeiten auf die Katastrophe werde ich im nächsten Kapitel noch eingehen.

Ich sehe es auch nicht als Zufall an, dass Hitler an die Macht kam, dass – wie es manchmal heißt – »unglücklicherweise ein Mann wie Hitler die Geschicke Deutschlands lenken musste«. Hitler wurde durch eine kollektivpsychische Welle hochgespült. Die Gesamtpsyche des deutschen Volkes war damals in Bewegung, und sie war zu einem Vorstoß disponiert, wie er sich dann im Nationalsozialismus und im Zweiten Weltkrieg realisierte. Nur weil Deutschland sich Hitler unbewusst zu seinem Exponenten und

Exekutor auserkoren hatte, konnte dieser seinen Platz einnehmen und behaupten. Er wurde als ausführendes Organ der archetypisch-mythologischen Wirkkräfte gebraucht, handelte im Auftrag dieser Schicht des Unbewussten und setzte die Vorgaben getreu um. Auch Joachim Fest nähert sich diesem Standpunkt, wenn er schreibt: »Erst wenn dieser einzelne die Integrationsfigur vielfältiger Emotionen, Ängste oder Interessen [ich möchte hinzufügen: unbewusster Interessen, K.-U. A.] ist und machtvolle, von weither kommende Energien ihn vorwärtsreiben, werden solche Ereignisse möglich.«[98] Und an anderer Stelle, indem er sich auf Jacob Burckhardts Ausspruch »Die Geschichte liebt es bisweilen, sich auf einmal in einem Menschen zu verdichten, welchem hierauf die Welt gehorcht« zu beziehen scheint: »Hitlers Leben lohnte denn auch der Beschreibung und Interpretation kaum, wenn nicht überpersönliche Verhältnisse und Tendenzen darin zum Vorschein kämen und seine Biographie nicht stets auch ein Stück Biographie der Epoche wäre.«[99]

Wieder ist die Dichter-Intuition an der Quelle solcher unterirdischer Vorgänge, und so wurde durch Stefan George (1868–1933) der »Führer« 1921 in einem Versgesang vorweggenommen:

[…]
Herr wiederum herr · zucht wiederum zucht · er heftet
Das wahre sinnbild auf das völkische banner
Er führt durch sturm und grausige signale
Des frührots seiner treuen schar zum werk
Des wachen tags und pflanzt das Neue Reich.[100]

Der Wolf

Die oben vorgestellte Zusammenfassung des Weltuntergangsmythos lässt also mannigfaltige Assoziationen zu unserer deutschen Geschichte zu. Neben dem Wort »Sturm« sind noch einige andere in der nordischen Saga vorkommende Begriffe tief in der deutschen Sprache verankert und kommen in vielen Wörtern und Wendungen sowie in Märchen und Dichtungen vor.

Besonders im Nationalsozialismus hatten diese Bezeichnungen Konjunktur, zu denen auch der »Wolf« gehört. Er ist nicht nur in mannigfache deutschstämmige Eigennamen (Vor- und Nachnamen, Ortsnamen) eingegangen, sondern lebte seinerzeit in vielen Zusammensetzungen wie

»Wolfsschanze«, »Wehrwolf« und »Werwolfgruppen« wieder auf. Die »Wolfsschanze« war das von der Organisation Todt gebaute militärische Führer-Lagezentrum, der »Wehrwolf« ein anderes Führerhauptquartier; die »Werwölfe« waren freischärlerische SS-Verbände in den letzten Kriegswochen. Hitler ließ sich von seiner engsten Umgebung gern »Wolf« nennen, und er verstand den Namen als die germanische Urform von Adolf.[101] Winifred Wagner, eine Freundin Hitlers und Festspielchefin von 1930 bis 1944 in Bayreuth, bekam von ihm ein Porträt mit der Widmung »Von Wolf an Winnie«. Dass die jüngere Schwester Hitlers nach ihrer Verheiratung Paula Wolf hieß, ist nur als Kuriosum anzumerken.

Ein Theaterstück des NS-Dichters Hans Rehberg über den U-Boot-Krieg, das 1944 uraufgeführt, sich aber nicht für die damalige Propaganda eignete und wieder abgesetzt wurde, hat den Titel *Die Wölfe*. Übrigens heißt noch heute ein Geländewagen der Bundeswehr »Wolf«. Die VW-Stadt Wolfsburg geht auf den Sitz eines Adelsgeschlechts zurück. Diese von den Rittern von Bartensleben gegründete »Wolfsburg« ist schon 1302 verbürgt. Erst ab 1938 mit der Gründung des Volkswagenwerks wurde die Ansiedlung aber zu einem großen Ort, der zu Ehren des »Führers« Wolfsburg heißen sollte und wo dieser den KdF(»Kraft-durch-Freude«)-Wagen, den späteren »Käfer«, bauen ließ. Und erst 1945 erhielt die entstehende Großstadt ihren endgültigen Namen.

Weltenende

Ähnlich bedeutungsschwanger waren die Ausdrücke »Weltenbrand« und »Weltenende«, wie überhaupt »Ende« (»Endlösung«, »Endsieg«). Schon der Erste Weltkrieg war für Millionen von Menschen ein Inferno gewesen. Im zweiten wurde sinnbildlich die ganze Welt in Brand gesteckt, und für die meisten Deutschen war die Endzeit gekommen; etwas anderes als Untergang konnte nicht mehr gesehen werden. Mit dem 1939 begonnenen Krieg schien ein alles verschlingender Weltenbrand entfesselt. Schon in den Jahrhunderten davor geisterte die mythische Szene des Weltuntergangs im Feuer immer wieder durch deutsche Literatur und deutsches Gedankengut wie z. B. in folgendem pathetisch-patriotischen Vers von Emanuel Geibel (1815–1884) aus dem Jahr 1858:

Schlage, schlage denn empor,
Läutrungsglut des Weltenbrandes!
Steig' als Phönix draus hervor,
Kaiseraar des deutschen Landes![102]

Geibel ist derselbe Dichter, von dem auch die Zeilen stammen: »Und es mag am deutschen Wesen einmal noch die Welt genesen.« Zumindest kann die Intuition dieses Nationalpoeten das Weltende als Wandlungsgeschehen begreifen, aus dessen Asche Neues hervorgeht, hier allerdings konkret auf das künftige deutsche Reich bezogen und noch nicht als seelisches Geschehen.

Es ist interessant, dass wir Deutschen beim Verständnis des Mythos vom Weltende und der »Götterdämmerung« den Akzent bisher weitgehend auf seine negativen Aspekte gelegt haben, während das Wort »Dämmerung« den Sinn von Abend- *und* Morgenanbruch zulässt und der Mythos Tod *und* Neugeburt, Stirb *und* Werde hergibt. Auch in der gleichnamigen Wagner-Oper *Götterdämmerung,* dem letzten Teil des Zyklus *Der Ring des Nibelungen,* in dem dieser germanische Heldenstamm erlischt, feiert am Ende nur der Tod sein großes Fest: Alle Helden sterben; Siegfried und Gunther werden von Hagen getötet, Brünnhilde verbrennt sich auf dem selbst errichteten Scheiterhaufen. Auch hier finden sich statt Liebe und erfüllender Beziehung Streit, Missgunst, Fremdgehen (unter dem Deckmantel des Vergessenstrunks), Mord und Selbstmord.

Ganz unter dem Einfluss des Weltuntergangs-Mythos stehend und fixiert auf das Negative liebte der deutsche Diktator in den Wagner-Opern am meisten das Finale der *Götterdämmerung.* »Immer, wenn in Bayreuth die Götterburg unter dem musikalischen Aufruhr brennend in sich zusammensank, ergriff er im Dunkel der Loge die Hand der neben ihm sitzenden Frau Winifred Wagner und verabreichte ihr bewegt einen Handkuss.«[103] Deshalb und im Zuge des Rückgriffs auf das Germanentum wurden die Wagner-Opern im »Dritten Reich« besonders geschätzt, was sie in manchen Augen leider bis heute diskreditiert hat. Die in ihnen enthaltenen Heldenmythen kamen ferner der Kampfgeist-, Durchhalte- und Todesideologie damals sehr entgegen.

Der Adler

Auch der »König der Lüfte« weist weit in unsere mythologische und geschichtliche Vergangenheit zurück. Im Mythos bewohnt er die oberste Region der Weltenesche Yggdrasil, wo er die Winde erzeugt, und er ist ja auch bei der Götterdämmerung anwesend.

Geschichtlich gesehen ist der Adler unser ältestes Wappentier, das, wie bereits erwähnt (vgl. S. 39), schon früh im alten Römischen Reich deutscher Nation auftauchte. Hier laufen zwei Traditionslinien zusammen: der Adler als Teil der germanischen Mythologie und sodann als Emblem des römischen Imperiums. Karl der Große übernahm das Symbol von den Römern. Eine erste heraldische Darstellung ist auf einer Münze Kaiser Friedrich Barbarossas aus dem späten 12. Jahrhundert zu sehen. Später zierte der Greifvogel die Reichsflaggen des Alten Reiches, Preußens, des Deutschen Bundes, des Bismarckreiches und so fort bis heute. Zeitweilig gab es den Doppeladler. Er war seit dem 15. Jahrhundert das Signum des römisch-deutschen Kaiserreichs bis 1806 (Ende des Alten Reiches), hatte Bestand im darauffolgenden Deutschen Bund und in Österreich, wo er auch die Donaumonarchie Österreich-Ungarns prägte (siehe Kapitel 4, S. 117, und Abb. 2, S. 116).

Es zieht sich somit eine ununterbrochene Spur der Adlersymbolik von den Anfängen bis zum Bundesadler heute. Optisch besteht kein allzu großer Unterschied zwischen dem farbigen Adlerwappen, das in der Liederhandschrift Codex Manesse um 1300 das erste Mal abgedruckt ist, und dem Bundeswappen der BRD (siehe Abb. 2). Auch im neuen Bundestag des renovierten Reichstagsgebäudes in Berlin präsidiert der Aar (siehe Abb. 3, S. 119), und zwar als »Fette Henne«, wie heute sein nicht ganz unzutreffender Spitzname ist. Der etwas aufgedunsene Vogel des modernen Deutschland erscheint wie ein behäbig-saturiertes Wohlstands-Gegenbild zum asketischen, übermäßig harten, machtbekundenden und -besessenen Raubvogel der NS-Zeit und wäre diesem sicherlich dekadent und verweichlicht vorgekommen.

Hier zeigt sich wieder einmal der Wesenszug von uns Deutschen, von einem Extrem ins andere zu fallen. In den beiden zuletzt genannten Adlertypen spiegelt sich die gleiche Gegensatzschwankung, die wir im Autoritären und Antiautoritären kennengelernt haben. Wir haben eben noch kein normales Verhältnis zu einer balancierten Mitte gefunden, auch nicht zu der freien Kraft und der geistigen Höhe unseres Wappentiers. Denn beim »König der Lüfte« handelt es sich um ein schönes Symboltier, das durch seine Fähigkeit, sich hoch aufzuschwingen, frei umherzuschweifen und einen großen Überblick bei klarstem Erkennen zu bekommen, ein Geistsymbol ist. Er ist ein ideales Sinnbild für das geistige Potenzial, das in unserer Intuition und Denkfunktion – besonders wenn diese sich gut entwickelt und durchgeistigt – beschlossen liegt. Ist das Denken aber zu kontrollierend und überwachend, wird damit jegliche Freizügigkeit verhindert. Wir können also über das Symbol des Adlers ein Stück weit zu uns selbst finden.

Der Philosoph Johann Gottlieb Fichte (1762–1814) sagt in seinen *Reden an die deutsche Nation:* »[…] dagegen wird der deutsche Geist neue Schachten eröffnen, und Licht und Tag einführen in ihre Abgründe und Felsmassen von Gedanken schleudern, aus denen die künftigen Zeitalter sich Wohnungen erbauen. […] der deutsche Geist ein Adler, der mit Gewalt seinen gewichtigen Leib emporreißt und mit starkem und vielgeübtem Flügel viel Luft unter sich bringt, um sich näher zu heben der Sonne, deren Anschauung ihn entzückt.«[104] So schön diese Worte einmal waren – auf uns wirken sie unzeitgemäß und unangenehm durch ihr Pathos – und so sehr sie auch den geistigen Möglichkeiten Deutschlands an sich gerecht werden, so erkennt man doch hier schon offen die Gefährdung des Ikarus. Auch Hans D. Gelfert meint, dass mit Fichtes Reden die fatale Tradition deutscher Überheblichkeit begonnen habe.[105]

Der Weltuntergang oder das ungute Ende in geistigen Produktionen

Nach diesem Exkurs in die Symbolik komme ich zu meinem Hauptgedanken zurück. Das suggestive Bildmaterial des mythischen Weltuntergangs und der Götterdämmerung hat nach meiner Auffassung nicht nur stark in die dramatischen geschichtlichen Geschehnisse Deutschlands hineingespielt, sondern ist bis heute noch immer nicht ganz zur Ruhe gekommen. Die unbewältigten psychischen Energien der Ragnarök geistern weiter in Deutschland herum. Auch unser öffentliches Leben, unsere kulturellen Erzeugnisse und die Sendungen in den Medien sind durchsetzt von aus dem Mythos vom Weltenende herkommenden Bildern und Themen, was unter dem Aspekt der Negativität in Deutschland bereits angesprochen wurde. Wir sind noch ganz auf den Untergang konzentriert. Schon Oswald Spengler, beeinflusst durch den kulturkritischen Zeitgeist, hatte sein 1918 und 1922 in zwei Bänden erschienenes epochales, aber pessimistisches Buch *Der Untergang des Abendlandes* genannt. Und ein deutscher Film aus dem Jahr 2004, der sich dem Hitler-Phänomen nähert, heißt bezeichnenderweise *Der Untergang;* er stellt das Scheitern und die Selbstmorde im Hitlerbunker dar und trägt den Untertitel »Ein Volk wartet auf seinen Untergang«[106]. (Ich komme später auf diesen Film noch einmal zurück; siehe Kapitel 7.) Untergang, Untergang, immer wieder Scheitern und Untergang! Wir haben noch beharrlich, wie das Beutetier angesichts der Schlange, den Blick erstarrt auf den Schrecken gerichtet und sind bislang kaum darüber hinausgekommen.

Bei deutschen Filmproduktionen hatten wir die Neigung zu einem schlechten Ende schon kennengelernt. Auch viele deutschsprachige Dichter haben immer wieder die Endkatastrophe in ihren Werken in Szene gesetzt oder ihre Erzählungen in Katastrophen ausarten lassen, mehr als in anderen Ländern. So zieht sich eine Tendenz zu einem »tragischen« Ende in den verschiedensten Werken durch unsere Geistesgeschichte. Hier nur ein Beispiel: Als Deutscher hatte Schiller ebenfalls Probleme mit dem Happyend. Er bleibt bei seiner *Geschichte des Abfalls der vereinigten Niederlande* in der Schreckensherrschaft des blutrünstigen Herzogs Alba stecken, obwohl er den Triumph der Freiheit schildern wollte. Auch *Wallenstein* endet grauenhaft. Die Impulse fahren sich im Negativen fest. Was er schreibt, sind im Grunde Katastrophengeschichten in künstlerischer Form.[107]

Auch von literaturgeschichtlicher Seite ist der gleiche Sachverhalt – das Vorherrschen von Untergangsdichtungen in Deutschland – angemerkt worden. Der Unterschied zu anderen Nationen wird hier allerdings politisch erklärt. Während hierzulande über lange Zeit eine Vielzahl von – im literaturwissenschaftlichen Sinne – Tragödien geschaffen wurden, gab es laut dem Anglisten Gelfert in demokratischen Gesellschaften wie den USA in der literarischen Tradition überhaupt keine Tragödien. Im monarchistischen und besonders totalitären Deutschland dagegen sei das Ringen um die Demokratie von der Aufklärung bis zur Mitte des 20. Jahrhunderts von einem Ringen um die Tragödie begleitet worden, das sich bis in die Zeit des Nationalsozialismus hingezogen habe.[108] England war demgegenüber in allem früher dran. Schon nach 1616 begannen die echten Tragödien, wie Shakespeare sie schrieb, einem bloß sensationellen Trauerspiel zu weichen, bei dem der Held ein Verbrecher ist, den die gerechte Strafe ereilt. Und nach der Shakespeare-Zeit bricht hier die Tragödientradition Mitte des 17. Jahrhunderts ganz ab, während bei uns eine lange Reihe tragischer

Dichtungen von Lessing über Schiller, Kleist, Büchner, Grabbe, Stifter, Grillparzer und Hebbel bis hin zum Spätwerk von Gerhart Hauptmann bestehen bleibt.[109] Der tiefere Grund dafür scheint mir zu sein, dass das kollektive Feld bei uns anders geartet ist als in den angesprochenen Ländern und dass somit ein Unterschied in der Entwicklung des Bewusstseins besteht, wobei dies sich sowohl auf die Staatsform als auch auf die Inhalte der Literatur auswirkt. Konkret bedeutet dies: In Deutschland ist der germanische Mythos noch virulent.

Weltuntergangsängste heute

Dass Geschichte und zurückliegendes Kulturschaffen von der germanischen Mythologie beeinflusst wurden, erscheint nun ohne weiteres nachvollziehbar. In welcher Weise aber sind wir Heutigen noch von ihr geprägt, wie ich behaupte? Nach meiner Beobachtung besteht eine andauernde untergründige Angst vor dem germanischen Mythos; eine Angst, dass er sich wiederum bewahrheiten könnte, vielleicht in einem noch schlimmeren Ausmaß. Problematisch daran ist, dass uns die Quelle der Angst verborgen bleibt und ihre Herkunft aus dem Endzeitmythos nicht bewusst ist. Wir halten diese Mythen heute auf Abstand und setzen uns nicht bewusst mit ihnen auseinander, weshalb wir bis dato noch nicht ihrem geistig-symbolischen Gehalt näherkommen konnten. Mit solcher Angst und Abwehr bleiben aber die negativen Einwirkmöglichkeiten des Mythos bestehen.

Die Ängste wechseln, das hintergründige Motiv bleibt gleich. Die Befürchtungen werden an Verschiedenstem festgemacht, an der Umweltzerstörung (einschließlich des Waldsterbens in den achtziger Jahren), an einer möglichen Klimakatastrophe, an der nicht beherrschbaren Nuklearenergie, der irreparablen menschheitlichen Gen-Schädigung, an erwarteten pandemischen Seuchen, Asteroideneinschlägen, an einem sich möglicherweise ausweitenden regionalen Krieg oder an einem anderweitigen Inferno, das auf uns zukommt. Gut an diesen Besorgnissen und dem Unbehagen ist, dass es uns motiviert, besonders achtsam mit den Gefahren von Wissenschaft und Technik umzugehen, möglichst nachhaltig mit der Natur zu verfahren und politisch zurückhaltend zu agieren; weniger gut sind die allgemeine Überängstlichkeit, Verzagtheit und die daraus resultierende Übervorsicht, die z. B. in einer manchmal zu beobachtenden Technologiefeindlichkeit zum Ausdruck kommt.

Ich will dies an einem Beispiel klarmachen:

In Deutschland besteht zwar keine Gefahr mehr, militärisch das apokalyptische Geschehen des Weltenbrands oder Weltuntergangs erneut auszuagieren, und es gibt keine realistischen Anzeichen dafür, es demnächst erleiden zu müssen, trotzdem gibt es immer noch eine unterschwellige Angst vor solch einem Szenario. Teilweise floss dies – besonders in der Zeit des Kalten Krieges – in die Befürchtungen vor einem erneuten Welt- und Nuklearkrieg ein. Zwar war da wirklich nicht ganz auszuschließen, dass das Ost-West-Spannungsverhältnis einmal dramatischer ausgehen könnte, doch auch heute noch ist die psychische Situation diesbezüglich bei uns kaum verändert. Bei verschiedensten Konflikten und Kriegen der letzten Jahre und Jahrzehnte kam bei deutschen Politikern und den Deutschen allgemein immer wieder die Angst vor einer unkontrollierten Ausbreitung und einem »Flächenbrand« auf. Schon vor dem ersten Golfkrieg grassierte eine verbreitete Kriegsangst, wodurch selbst die Kinder hierzulande verunsichert wurden. Es erscheint mir ohne weiteres ersichtlich, dass hinter dieser »German Angst« das Bild vom Weltenbrand wirkt. Uns ist das manchmal Übertriebene solcher Befürchtungen nicht klar, doch vom Ausland wird es sehr wohl registriert und oft als typisch deutsche Hysterie belächelt.

Damit soll keinesfalls eine umsichtige und friedliebende Politik in Zweifel gezogen werden. Für mich als Deutschen mit unseren historischen Erfahrungen ist es ganz selbstverständlich, dass wir uns auf kein militärisches Unternehmen – außer auf von der UN gemeinschaftlich getragene Missionen – einlassen dürfen. Für uns ist nur noch eine echte Friedenspolitik möglich. Es ist aber notwendig, auf den dahinterstehenden psychischen Mechanismus aufmerksam machen, weil dieser unseren Realitätsblick oft ein Stück weit trübt. Wir projizieren nämlich die Inhalte unserer Psyche nach außen und erleben dann die Bedrohungen von dorther kommend.

Die geistig-transformierende Dimension des Weltuntergangsmythos

Die archetypischen Vorbilder Wotan und Endzeitkatastrophe wirken also noch untergründig in unserer Kollektivpsyche und werden weiter wirken, bis ihr Gehalt ganz ins Bewusstsein gehoben und verstanden ist. Erst dann können diese Mythen ihre positive und geistig transformierende Kraft entfalten. Nach dem Verdämmern und dem Tod der alten Götter können schließlich neue »Götter« heraufdämmern, und eine neue Zeit kann anbrechen. Die Götterdämmerung erhält dann ein positives Vorzeichen und beschränkt sich nicht mehr nur auf den Untergang.

Bewusstheit über die eigene Mythologie ist meines Erachtens eine Voraussetzung, um ihr nicht zu verfallen. Der Nationalsozialismus hatte zwar Anleihen bei und einen Rückgriff auf die germanische Mythologie gemacht, aber nicht im Sinne einer bewussten Auseinandersetzung, sondern in Form einer blinden Identifizierung. In der nationalsozialistischen Bewegung, in den Blitzkriegen und im Sturm über Europa wurde man eins mit Wotan und den Endzeitmythen, d. h., der germanische Mythos wurde unwillkürlich und konkretistisch ausgelebt. Man ließ sich unbewusst von diesen archetypischen Kräften erfassen, doch ihre geistigen Dimensionen verstand man nicht. Damit kam es eben ganz real zu einer Entfesselung von bösen Kräften, zu einer Verdunkelung der Kultur und zu einem In--Brand-Setzen der Welt. Baldur, der intuitive Weisheit und hellsichtige Voraussicht, aber auch Gefühl und »Weiblichkeit« verkörpert, wurde getötet. Zum Glück enthält der Mythos, dass »Baldur« wieder aufersteht und eine neue, geklärte Welt ins Leben tritt. Ich werde am Schluss des Buches diesen Gedanken noch einmal aufgreifen und überlegen, wie eine zeitgemäße Transformation dieser Energien aussehen könnte, die mir nur über eine Wiederbelebung und Förderung von Geist und Gefühl zu gehen scheint.

Kapitel 7
Der Abstieg – Deutschlands Weg nach »ganz unten«

> Es ist ja wirklich keine kleine Sache, um seine eigene Schuld und um sein Böses zu wissen, und es ist nichts weniger als ein Gewinn, seinen Schatten aus den Augen zu verlieren. Das Bewusstsein der Schuld hat nämlich den Vorteil, dass man damit in der Lage ist, etwas daran zu ändern und zu verbessern. Was im Unbewussten bleibt, verändert sich bekanntlich nie, nur im Bewusstsein lassen sich psychologische Korrekturen anbringen. Das Bewusstsein der Schuld kann daher zum gewaltigsten moralischen Antrieb werden.
>
> *C. G. Jung*

In diesem Kapitel wende ich die psychologischen Gesichtspunkte *in summa* auf die Geschichte an, nachdem ich in den vorangegangenen Abschnitten schon hin und wieder einzelne Zusammenhänge dieser Art hergestellt habe. Die bisher erarbeiteten deutschen Komplexe und psychischen Besonderheiten oder Unvermögen – die Vorherrschaft des Denkens, das unterentwickelte Fühlen, die damals noch viel mehr als heute grassierende Negativität, der ungelöste Vaterkomplex, die Identifikation mit dem Bösen sowie das Wirkfeld des germanischen Mythos vom Weltenende – setzen uns nunmehr in die Lage, die politischen Ereignisse und Verwicklungen, die zu den beiden Weltkriegen geführt haben, besser zu verstehen. Und gleichzeitig lassen sich an dem historischen Ablauf – ich konzentriere mich auf die Zeit von der Reichsgründung 1871 bis zum Ende des »Dritten Reiches« 1945 – noch einmal alle Merkmale deutscher Psychologie verdeutlichen. Viele Menschen bewegen bis heute die Fragen: Wie konnte sich eine so ungünstige Entwicklung in Deutschland vollziehen, angefangen von der Wilhelminischen Zeit bis zum Ersten Weltkrieg, mit einer gewissen Atempause in der Weimarer Republik bis hin zum absoluten Tiefpunkt der NS-Diktatur und zum Zweiten Weltkrieg, der quälendsten Zeit im Verlauf unserer deutschen Historie? Was hat Deutschland selbst dazu beigetragen und auf welche Weise?

Folgende psychologischen Determinanten haben meines Erachtens zu dieser Abwärtsbewegung geführt und den Lauf der Dinge schließlich in die braune Zeit und ihre Entsetzlichkeiten einmünden lassen, als Deutschland kulturell und moralisch so absank und letzten Endes auch von seiner geistigen Bedeutung her einen Niedergang verzeichnen musste: Einerseits haben das mangelnde Fühlen und Feingefühl zusammen mit rechthaberischem Denken, das dazu führte, dass man sich selbst überschätzte und sich überheblich über alle anderen Länder stellte, diese verprellt, verärgert und gegen Deutschland eingenommen. Dies ist in der emotionalen Vorgeschichte zum Ersten Weltkrieg ersichtlich und wiederholt sich in noch größerem Maße vor dem Zweiten. Ferner verschärfte die Negativität des Denkens unsere Projektionen, indem den potenziellen Feinden, z. B. Russland und Frankreich, in übertriebener Weise Übelwillen, Hass und Bedrohlichkeit unterstellt wurde, was wiederum die eigene Feindseligkeit scheinbar rechtfertigte und präventive Aggressionen begründen sollte. Der Vaterkomplex, der sich auf Länder wie England und die Vereinigten Staaten als Mächte und Mächtige richtete, lieferte zusätzliche Affektenergien. Eine weitere Polarisierung und Eskalation bewirkte die geheime Sympathie mit dem Bösen – durch Hitler teilweise ja ganz offen gelebt –, die die eigene Würde beschädigte und Deutschland in eine noch misslichere Position hineinmanövrierte. Den Kriegsgegnern wurde dadurch auch die Motivation zu schärferem Vorgehen geliefert. Nicht zuletzt wurde das Geschehen noch durch die apokalyptischen mythischen Bilder in der deutschen Kollektivpsyche dramatisiert und eine Endkatastrophe herbeigesehnt, wodurch ein frühzeitiges Einlenken, Zur-Besinnung-Kommen oder ein Akzeptieren der Niederlage verunmöglicht wurden.

Zur Vorgeschichte des Ersten Weltkriegs

Schon am Ende des 19. Jahrhunderts, beginnend mit der Reichsgründung 1871 und besonders nach dem Ende der Amtsperiode Bismarcks 1890, entstand in Deutschland parallel zu einem erstarkenden Machtgefühl ein immer anmaßenderes Denken bei gleichzeitig »tumbem« Fühlen, das der emotionalen Bedürfnisse und Empfindlichkeiten der anderen europäischen Länder nicht gewahr wurde. Bismarck, der als ein großes Politikgenie und bedeutsamster deutscher Staatsmann vor 1945 zu würdigen ist, mahnte dagegen immer zur Mäßigung. Es ist vor allem ihm zu verdanken, dass das Reich geschaffen wurde und sich stabilisieren konnte und dass es damals zu einer insgesamt 43-jährigen Friedensperiode kam. Doch während unter seiner fast drei Jahrzehnte dauernden Regierungszeit die besonnenen Kräfte überwogen, verließen diese Deutschland nach seinem Abgang 1890 weitgehend.

Schon 1866, nach dem Sieg Preußens über Österreich durch die Schlacht bei Königgrätz, hatte dieser weitsichtige Mann an seine Frau geschrieben: »Wenn wir nicht übertrieben in unseren Ansprüchen sind und nicht glauben, die Welt erobert zu haben, so werden wir auch einen Frieden erlangen, der der Mühe wert ist. Aber wir sind ebenso schnell berauscht wie verzagt, und ich habe die undankbare Aufgabe, Wasser in den brausenden Wein zu gießen und geltend zu machen, dass wir nicht allein in Europa leben, sondern mit noch 3 Mächten, die uns hassen und neiden.«[110] Ohne Bismarck als preußischen Ministerpräsidenten und später als Reichskanzler wäre ein überzogenes Streben nach »Weltgeltung« bereits viel früher ein Zug der deutschen Politik geworden. Priorität hatte bei ihm Diplomatie und nicht Krieg; so war er auch immer ein Gegner eines Präventivfeldzugs, welcher im Ersten und Zweiten Weltkrieg von deutscher Seite gleich gegen mehrere Länder ausging.

Doch auch der »Eiserne Kanzler«, ein exzellenter, klarer Denker, war den zeitbedingten negativen Projektionen (»hassen und neiden«, siehe oben) unterworfen. Beständige freundschaftliche Beziehungen zu anderen Ländern aufzubauen schien ihm kein prioritäres Bedürfnis zu sein. Es ging ihm eher um den Ausgleich von Machtinteressen. Das war sein eigentliches Betätigungsfeld. Innen- wie außenpolitisch beeindruckend und wirkungsvoll – so der Historiker Gordon Craig – »erwies sich seine nie um einen Ausweg verlegene Verhandlungskunst und seine virtuose Fähigkeit, rivalisierende Kräfte gegeneinander auszuspielen«[111]. Seine Mitarbeiter hätten seine Fähigkeit geschätzt, Entwicklungen abzuwarten, und ihre größte Bewunderung habe seiner Entschlossenheit, seiner zupackenden Sicherheit und seinem unerschöpflichen politischen Einfallsreichtum gegolten.[112]

Bismarcks Intentionen und Interventionen waren jedoch ganz vom Denken geprägt. Wohl machte er damit eine kluge und überlegte Arbeit, und unter ihm kam es nicht zu den späteren eklatanten Verkennungen und der verzerrenden Selbstüberschätzung. Doch auch er schenkte als Deutscher in seiner »Realpolitik« typischerweise der Realität des Fühlens nicht genügend Beachtung. Man kann ihm das natürlich nicht ankreiden, weil kollektiv das Bewusstsein dafür noch nicht entwickelt war und es teilweise bis heute ja noch nicht ist. Jedenfalls tat sich Bismarck nicht gerade durch Liebenswürdigkeit hervor, und er war in diesem Sinne im internationalen Verkehr nicht besonders »diplomatisch«. Er verstand sich als »ehrlicher Makler«, der er ja auch war. Ich habe auf die von der Denkfunktion gesteuerte Ehrlichkeit, der manchmal Fühlgrundsätze geopfert werden, schon aufmerksam gemacht (vgl. S. 59). Verstieß nicht auch Bismarck gegen Gesetze des Fühlens und gegen Freundschaftsbindungen? Auf dem Berliner Kongress 1878, auf dem er sich zugestandenermaßen aufrichtig um eine Friedensregelung in Europa bemühte und darin für die nächsten Jahrzehnte auch erfolgreich war, verärgerte er Russland dermaßen, dass es später eine Allianz mit Frankreich einging. Das sollte sich als schwerer Nachteil zu Beginn des Ersten Weltkriegs erweisen, worauf der Publizist und Historiker Sebastian Haffner hinweist. Es war weniger deshalb, weil Russland bei der Regelung stark benachteiligt worden wäre, sondern eher das Atmosphärische, Klimatische, das den Riesen im Osten verbitterte. Dabei wäre Deutschland dem Zarenreich aufgrund der Vorgeschichte der bilateralen Beziehungen eigentlich zu Dank verpflichtet gewesen.[113]

Dadurch und durch anschließende Affronts verschlechterte sich schon unter Bismarck die Beziehung zu den Russen weiter. So wurde der gut gemeinte Rückversicherungsvertrag mit dem Zarenreich von 1887, der in verschiedenen Kriegsfällen den jeweils anderen Partner zur Neutralität verpflichtete, durch doppelgleisiges Fahren auf deutscher Seite in seiner Bedeutung als emotionales Bindeglied zunichte gemacht. Die russische Enttäuschung wuchs, als im gleichen Jahr im Rahmen der deutschen Schutzzollpolitik der inländische Kapitalmarkt durch das sog. Lombardverbot für russische Anleihen gesperrt wurde. Dies führte zu einem Kursverfall der russischen Wertpapiere und zu einer schweren Beeinträchtigung der Finanzmärkte Russlands, die daraufhin nach Paris und Amsterdam auswichen. All das kränkte Russland, entfremdete es von Deutschland, und ein Bündnis des Zarenreiches mit Frankreich rückte bereits hier näher.

Dieses Taktieren Bismarcks gab dazu den deutschen Militärs mehr Raum, den diese sofort nutzten. General Alfred von Waldersee, Stellvertreter Moltkes im Großen Generalstab, hielt in seinem apokalyptischen Denken eine militärische Auseinandersetzung mit Russland für unausweichlich, plädierte für einen Präventivkrieg und bemühte sich zusammen mit dem einflussreichsten Außenpolitiker des Reiches, Friedrich August von Holstein, darum, Österreich in einen Konflikt mit Russland zu treiben. Hierauf musste wieder Bismarck dämpfend in Aktion treten.[114] Doch die Folge war der Zweibund zwischen Frankreich und Russland als Geheim-

vertrag, der großes Unbehagen in Europa hervorrief und weitere Bünd-
nisse dieser Art nach sich zog. Notgedrungen schlossen sich Italien, Österreich und Deutschland 1882 zu dem hauptsächlich gegen Frankreich
gerichteten Dreibund zusammen.

Auch gegen England gab es bewusste und unbewusste Vorbehalte, die
zu ungünstigen Auswirkungen führten. Der Emporkömmling Deutschland »löckte« wider das mächtige Weltreich. Dies begann schon mit der
Kolonialpolitik unter Bismarck, die in ihrer Stoßrichtung provokativ anti-
englisch war.[115] 1884 schickte er seinen Sohn Herbert nach London. Dieser
»rang den Engländern mit einer guten Portion unnötigen Säbelrasselns
sowie einiger für seine Gesprächspartner recht peinlichen Hinweise auf
ihre schwache Position in Ägypten« die Anerkennung deutscher Ansprü-
che auf Gebiete in Südwestafrika und die Fidschi-Inseln ab.[116] Diese englischen Zugeständnisse führten aber nicht zu einer Verbesserung der
gespannten deutsch-englischen Beziehungen, da Bismarck keine freundlichen Signale setzte, um die Lage zu entschärfen. Im Gegenteil folgten
weitere Provokationen, die Togo, Kamerun, Ostafrika und Neuguinea
betrafen. Die vor allem mit Blick auf Paris lancierte anti-englische Stim-
mungsmache, mit der man die Franzosen für sich einnehmen wollte, lös-
ten bei diesen jedoch nur Befremden und Irritation aus.

1888 sah es kurzfristig nach einer Wende der deutschen Politik aus, als
Friedrich III. Nachfolger Wilhelms I. und deutscher Kaiser wurde. Seine
Regierungszeit dauerte jedoch nur 99 Tage, da der an Kehlkopfkrebs
schwer Erkrankte bald darauf starb. Es hat keinen Sinn zu spekulieren,
was unter seiner Ägide geworden wäre, denn die Schicksalsbahnen für
Deutschland sollten anders verlaufen. Das kollektive psychische Feld war
anders gepolt. Der Kronprinz war Enkel von Victoria von England und
hatte Prinzessin Viktoria von Augustenburg geheiratet. Die beiden Frauen,
besonders seine ihm geistig und – wie wir ergänzen müssen – vor allem
gefühlhaft überlegene Gemahlin, hatten einen glücklichen Einfluss auf
ihn und verhalfen ihm zu einer für deutsche Verhältnisse fortschrittlichen
und vergleichsweise liberalen Einstellung. Von ihm wäre ferner eine dezi-
diert anglophile Politik zu erwarten gewesen, was ihn sofort in Gegensatz
zu Bismarck brachte, der allen Impulsen und Plänen des neuen Kaisers
entgegenzuwirken suchte. Doch erst nach der Ära Bismarck häuften sich
die diplomatischen Fehler, die – und das wird meines Erachtens bis heute
außer bei Historikern nicht genügend gesehen – ursächlich daran beteiligt
waren, dass Deutschland überhaupt und noch dazu in einer so ungünsti-

gen Konstellation in den Ersten Weltkrieg hineinschlitterte. Das Studium der deutschen Geschichte in der Zeit seit dem Abgang Bismarcks erfüllt einen mit Bestürzung und Scham, wie sich deutsche Politiker unter Federführung Kaiser Wilhelms II. verhielten, was sie auslösten, in die Welt setzten und wie im Grunde schon die Zielgerade zu 1945 hin vorgebahnt wurde. Vielen wird es ähnlich wie mir gehen, dass ihnen beim Verfolgen der kommenden Jahrzehnte ab 1888 der Atem genommen wird, dass sie wie durch etwas Schweres und Dunkles hindurchgehen und zeitweise in einem peinvollen Gefühlszustand sind, aus dem sie am Ende wie betäubt auftauchen. Denn in dieser Zeit bis zum Nationalsozialismus gibt es nur verschwindend geringe Lichtblicke, so z. B. Stresemann in der Weimarer Republik und wenige andere. Aber diese hatten keine Chance und wurden entweder kaltgestellt oder ermordet, während Hitler ja mehrere Attentate überlebte. Wir sollten die aus heutiger Perspektive eklatanten Fehlleistungen der deutschen Politik jedoch nicht von unserem jetzigen Standpunkt aus bewerten. Denn hinsichtlich der Entwicklung der Fühlfunktion sind wir ja nur ein recht kleines Stückchen weiter. Wir können lernen, wenn wir das Damalige anschauen, wenn wir uns mit der »Diplomatie« der Wilhelminischen Ära konfrontieren und uns dem Schamgefühl stellen, denn in subtilerer Form wirken oft noch ähnliche Tendenzen, und unser Fühlen und Takt vertragen eine ordentliche Portion Weiterentwicklung.

Nach dem Tod seines Vaters wurde Wilhelm II. 1888 mit knapp 30 Jahren Kaiser. Da er selbst starke Ambitionen hatte und in seiner Monarchenfunktion nicht nur Staffage sein, sondern auch auf die Staatsgeschäfte Einfluss nehmen wollte, kam es bald zum Konflikt mit Bismarck, der so zwei Jahre später aus dem Amt gedrängt wurde, dazu aber selbst durch zunehmend unflexibles Verhalten mit beitrug.

Ich muss hier kurz auf den Charakter dieses letzten deutschen Kaisers eingehen, der fatale Züge aufwies und mit seiner Sprunghaftigkeit, Unstetigkeit, hohlen Repräsentiersucht und seinem übersteigerten Geltungsbedürfnis die deutsche Außenpolitik bald auf einen Schlinger- und Crash-Kurs brachte. Der deutsche Herrscher war von einem ungestümen Bewegungsdrang erfüllt und liebte es, mit Pomp und »in vollem Ornat« geräuschvoll aufzutreten, wobei sein Imponiergehabe oft peinlich wirkte. Sein unbeständiges Wesen trug maßgeblich dazu bei, dass weder die Konflikte im Innern gelöst noch die Außenpolitik verantwortlich geführt werden konnte, die im Gegenteil immer mehr entgleiste. Triumphale Gesten und pathetische Worten sollten Dilettantismus, Egozentrik und Mangel an Selbstdisziplin überdecken, und in seiner Uniformversessenheit entsprach er genau dem Typus, der sich aus Selbstunsicherheit hinter seiner Persona versteckt (vgl. Kapitel 6, S. 125 f.). Dadurch räumte er auch dem Militär unverhältnismäßig viel Einfluss ein.[117]

Aufgrund des mächtiger werdenden Reiches wurden der Kaiser und seine neuen Kanzler im Vorfeld des Ersten Weltkrieges immer überheblicher und versäumten es, haltbare partnerschaftliche Beziehungen zu den anderen Mächten (außer der »Nibelungentreue« zu Österreich) zu knüpfen. Der entscheidende Fehler war, den 1887 von Bismarck abgeschlossenen Rückversicherungsvertrag trotz großen Interesses und weitgehenden Entgegenkommens Russlands 1890 nicht zu verlängern. Hier spielt schon eine unausgesprochene Geringschätzung gegenüber dem weiter östlich gelegenen Nachbarn hinein. Die unheilvolle Folge war, dass Frankreich sich – wie schon erwähnt – sofort Russland annäherte und es 1894 zwischen diesen beiden Mächten zu einem festen Bündnis kam. Nachdem sich die unangenehmen Konsequenzen des aufgelösten Vertrags mit Russland bald darauf zeigten, wähnte man sich gezwungen, den Engländern in der Kolonialpolitik übermäßige Zugeständnisse zu machen, in der blauäugig-gutmütigen, aber realitätsfremden Einschätzung, nach der vorangegangenen anti-englischen Kampagne sich jetzt an England anschmiegen zu können und dort schnell eine Annäherung zu erreichen, was natürlich bei den realistischen und auf Gleichgewicht bedachten Briten nichts fruchtete. Dann gab man sich vorübergehend der Illusion hin, das Einvernehmen mit Russland reaktivieren zu können. Also eine unstete Politik ohne Takt und Fingerspitzengefühl, deren Zickzackkurs selbstverständlich absoluten Schiffbruch erleiden musste.

Und sofort erfolgte wieder eine Kehrtwendung aufgrund der Enttäuschung über Großbritannien. Nun glaubte die deutsche Regierung, durch Drohen und militärisches Imponieren zum Zuge zu kommen. Die Instrumente autoritären Handelns, Zuckerbrot und Peitsche, die im Innern nur begrenzten Schaden anrichten können, wirken sich in der Außenpolitik verhängnisvoll aus. Und Drohgebärden sind weder im zwischenmenschlichen Umgang noch im Verhältnis der Völker zueinander eine probate Maßnahme, langfristig friedliche Ziele und Vorteile zu erreichen. Wilhelm II. verstärkte das koloniale Engagement Deutschlands, und sein einflussreicher Außenpolitiker Graf Holstein meinte damit England unmissverständlich klarmachen zu können, dass es vorteilhafter für das Inselreich sei, Deutschland als Freund denn als Feind zu haben. Auch glaubte er, die in dieser Weise eingeschüchterten Engländer an den Dreibund (Deutschland, Österreich-Ungarn und Italien) binden zu können. Man verschmähte es fortan besonders, die Position des britischen Empire zu würdigen, mischte sich im Gegenteil unklugerweise in verschiedene überseeische Angelegenheiten ein und übersah geflissentlich britisches Entgegenkommen, sodass die Beziehungen zwischen Deutschland und England an einem nie dagewesenen Tiefstand anlangten. Der Ton macht ja bekanntlich die Musik, und da die deutschen Politiker selbst berechtigte Einwände wie z. B. die Rücknahme des Kongo-Vertrages mit Schroffheit und kränkenden Worten vorbrachten, wurde unnötig viel Porzellan zerschlagen.[118]

Die mangelhafte Fühlfunktion tritt einem hier also unübersehbar entgegen, was aber in Deutschland selbst nicht erkannt wurde. Besonders schlimm und im Tonfall noch verletzender wurde es, als der Kaiser die Außenpolitik selbst in die Hand nahm. Sogar die Verbündeten waren zusehends entgeistert über die nicht nachvollziehbaren Stimmungs- und Positionswechsel, die immer rascher erfolgten. So mischte sich Wilhelm II. 1896 plötzlich in die Auseinandersetzung zwischen England und Transvaal, dem heutigen Südafrika, ein. Er sandte an den Staatschef von Transvaal, Ohm Krüger, eine unterstützende und England provozierende Depesche, die sog. Krüger-Depesche, die erstmals in der britischen Presse und Öffentlichkeit eine starke antideutsche Stimmungswelle hervorrief.

Die deutsche Außenpolitik am Ausgang des 19. Jahrhunderts muss also als in vollem Umfang gescheitert angesehen werden, da man sowohl eine Entzweiung mit Russland, das sich mit Frankreich verbündete – von der französischen Republik, die man sowieso als Erzfeind betrachtete, gar nicht weiter zu reden –, als auch ein tiefes Zerwürfnis mit England zustande gebracht hatte. Dieses Resümee war aber – wie Craig feststellt – nicht die Meinung des Volkes, das begeistert war über die Ambitionen und Vorstöße des Reiches und »fortgetragen von der berauschenden Freude, England gedemütigt zu sehen. […] Dass der Opportunismus und die Arroganz der deutschen Politik im Laufe der vergangenen drei Jahre das Gleichgewicht der Kräfte in Europa bereits zuungunsten Deutschlands verschoben hatten, entging den meisten Deutschen.«[119] Deutschland wollte eine Weltmacht sein und hatte auch das militärische Potenzial, doch seine innere Verfassung und die Unreife des kollektiven Bewusstseins standen in einem frappanten Widerspruch dazu. Wie Craig konstatiert, wies Deutschland in seiner Grobheit, seinem trampeligen Auftreten, seiner emotionalen Ungeschicklichkeit und seinem übertriebenen Gehabe alle

Fehler eines Parvenüs auf. Dass dieser Stil im Lande selbst euphorisch gefeiert wurde, sagt eben viel über den Stand des Bewusstseins zu jener Zeit aus.[120]

Sogar von Intellektuellen wurde der Weltmachtanspruch Deutschlands propagiert und mit dessen »höherer Kultur« begründet. Die Vormachtstellung Englands wurde – wie ich meine hauptsächlich aufgrund des kollektiven negativen Vaterkomplexes und der damit zusammenhängenden Anti-Haltung – ignoriert. Ohne dass man den Kontakt zum Empire und eine Abstimmung mit ihm gesucht hätte, wurde 1898 schließlich die Flottenpolitik eingeleitet, die die damalige Weltmacht aufs Äußerste brüskieren musste. Man wollte den Konkurrenten damit bewusst reizen – und dies zu einem Zeitpunkt, als es schon eine Allianz zwischen Frankreich und Russland gab! Als England dann ein Bündnis anbot, wenn Deutschland auf die Flottenaufrüstung, die den Lebensnerv des Inselstaates mit seinen überseeischen Kolonien traf, verzichte, reagierte man mit, wie Sebastian Haffner feststellt, einem typisch deutschen Denken: Wenn England uns jetzt schon entgegenkommt, wird es nach der Flottenaufrüstung noch viel mehr Zugeständnisse machen. Ein Denken – aber eben kein Fühlen –, das sich nach Meinung dieses Historikers in fast gleichlautender Weise wiederholte, als die Sowjetunion 1952 Adenauer die Wiedervereinigung anbot.[121] Wahrscheinlich sind aber diese beiden Fälle nicht ganz zu vergleichen, denn die Offerte Stalins war sicherlich mit vorerst nicht sichtbaren Pferdefüßen verbunden.

Gibt es einen besseren Beweis als die deutsche Politik am Ausgang des 19. Jahrhunderts, wie fehlendes Fühlen und einseitiges, von Selbstüberschätzung genährtes Denken zu Realitätsfremdheit führen? Bei all dem machten Wilhelm II. selbst und die Reichskanzler nach Bismarck eine klägliche Figur. Sie waren nicht in der Lage, außer der blinden Verbrüderung mit Österreich auch nur mit *einer* anderen Macht einen positiven Gefühlsrapport herzustellen. Stattdessen kam es bereits 1904 zwischen England und Frankreich zur *Entente cordiale*, also zu einem »herzlichen Einvernehmen« trotz mancher gegensätzlicher Interessen. Echte freundschaftliche Beziehungen sollten Deutschland erst nach dem Erlebnis der totalen Demütigung und nach dem Erschrecken über sich selbst, also erst nach 1945 möglich werden, und auch hier nur vereinzelt wie zuerst zu Frankreich und dann zu Russland. Merkwürdigerweise nicht zu England. Und auch mit Amerika sind wir nicht so richtig warm geworden. Das Verhältnis zu den Vereinigten Staaten bleibt trotz der Dankesschuld aus den in Kapitel 5 besprochenen Gründen (vgl. S. 137) ambivalent.

Der Erste Weltkrieg

Damals, vor 1914, fühlte sich Deutschland auf einmal »eingekreist« und machte sich nicht klar, dass es zu dieser Situation selbst maßgeblich beigetragen hatte. Eine ordentliche Portion emotionaler Trübsicht war nötig, die europäischen Mächte Frankreich, Russland und England gegen sich einzunehmen. Doch damit nicht genug. Noch im Juli 1914, nach dem von einem Serben auf den österreichischen Thronfolger verübten Attentat und kurz vor Kriegsbeginn, wies der Kaiser englische, auf Vermittlung ausgerichtete Vorschläge selbstgerecht zurück. Und schließlich drängte der Schlieffen-Plan, der Einmarsch nach Frankreich durch Belgien, dessen Neutralität durch England garantiert war, Großbritannien in den Krieg. In ähnlicher Weise sollte später Hitler die durch England garantierte Integrität Polens nicht ernst nehmen, und Hitlerdeutschland war ebenso überrascht vom Kriegseintritt Englands in den Zweiten wie das Wilhelminische Deutschland von dessen Eintritt den Ersten Weltkrieg.

Das mangelnde Respektieren von Abkommen und völkerrechtlichen Zusagen, in erster Linie gegenüber England, war ein Zug deutscher Politik bis einschließlich Hitler. Fatal daran war die Koppelung solcher Konventionsbrüche mit selbstüberschätzendem Wunschdenken und Realitätsblindheit. Ähnlich motiviert – oder besser: ähnlich unmotiviert – war dann das Verhalten Deutschlands, das Amerika in den Krieg zwang. Das Kaiserreich eröffnete den unbeschränkten U-Boot-Krieg, dehnte ihn auch auf US-Schiffe aus und forderte damit natürlich Nordamerika heraus. Der U-Boot-Krieg war militärisch weitgehend sinnlos, erzeugte aber ein vorübergehendes Triumphgefühl und hatte die voraussehbare Folge, mit den USA als weiterer Gegner den Krieg verlieren zu müssen. Schon hier kam – noch unterschwellig und gemäßigt – ein gewisser Untergangsrausch zum Tragen, auch noch die letzten Chancen und Hoffnungen zu verspielen. Das sollte sich im Dritten Reich bis zum endzeitlichen »Armageddon« steigern, wo Hitler den USA ebenso selbstmörderisch den Krieg erklärte. Doch schon 1914 hatte sich der mythische Hintergrund der Kollektivpsyche belebt, als »Wotan« erstmals auferstand, sich das »wilde Heer« in unbeherrschbarer Anfangsbegeisterung in Bewegung setzte und gemäß dem apokalyptischen Mythos-Vorbild alle Register damals möglicher Vernichtung gezogen wurden.[122]

Mit dem Giftgaskrieg, bei dem es zum Einsatz von Senfgas kam, überschritt Deutschland eindeutig eine moralische Grenze und setzte sich durch diesen Pakt mit dem Bösen ins Unrecht. Die Technik der Giftwaffen hatte Prof. Fritz Haber entwickelt, Präsident der damaligen Kaiser-Wilhelm-Gesellschaft (ihre Nachfolge hat die Max-Planck-Gesellschaft angetreten), der daraufhin als Patriot gefeiert wurde. Er entwickelte sie gegen den Willen seiner Frau weiter, die wenige Tage nach dem ersten Gaseinsatz 1915 (im belgischen Ypern) mit der Dienstwaffe ihres Mannes Selbstmord beging. Doch auch dies hielt ihn nicht ab, den Giftgaskrieg weiter zu betreiben. Auch hier gibt es wieder den symbolisch bedeutsamen Tod des Weiblichen in Deutschland, wo das Prinzip Macht über andere Werte wie Fühlen und Ethik die Oberhand bekam. Vor sich selbst wird ein unethisches Verhalten meist mit Hilfe der Denkfunktion entschuldigt, d. h. es wird »rationalisiert«, wie der psychologische Fachterminus lautet. Fritz Haber legte es sich so zurecht, dass die Franzosen ja mit gasgefüllter Gewehrmunition den Anfang gemacht hätten und dass durch den Giftgaskrieg Menschenleben geschont werden könnten, da dadurch der Krieg schneller (für Deutschland siegreich) beendet würde. Der jüdischstämmige Nobelpreisträger (1918/1919 für die Synthese des Ammoniak im Haber-Bosch-Verfahren), der früh zum protestantischen Glauben konvertierte, war auch an der Entwicklung eines Schädlingsbekämpfungsmittels gegen Nager auf Blausäurebasis beteiligt, das später als Zyklon B von der SS zur Judenermordung eingesetzt wurde. Auch Angehörige von Haber fielen diesem Gift zum Opfer. Er war selbst Mitglied des Aufsichtsrats der IG Farben, der Herstellerfirma, emigrierte aber 1933 nach England, als in Deutschland die antijüdischen Gesetze auf den Weg gebracht wurden. Welch eine Verquickung der Schicksalswege![123]

Wibke Bruhns arbeitet überzeugend heraus, dass wir es in diesem ersten großen Krieg mit Ludendorff, dem Stabschef der Obersten Heeresleitung, mit einer ähnlichen Schlüsselfigur zu tun haben, wie sie später Hitler darstellte. Noch im Juli 1918 hatte er den Endsieg prophezeit. In verblendeter Wundergläubigkeit und Verleugnung der Realitäten verhinderte er nicht nur einen Verständigungsfrieden, der im Laufe des Krieges mehrmals möglich gewesen wäre, sondern informierte auch den Kaiser und die Regierung, die ihrerseits den Reichstag unterrichtete, erst Ende September 1918 über die wirkliche Lage und die Notwendigkeit eines Waffenstillstands. Da alle in Deutschland die Ausblendung der wahren Situation stillschweigend mitgemacht hatten und bei der bislang herrschenden Siegesgewissheit niemand auf eine Niederlage vorbereitet war, fiel man aus luftiger patriotischer Höhe plötzlich unsanft auf den Boden der Tatsachen.

Selbst in der Truppe war man überrumpelt von den Neuigkeiten. Wibke Bruhns schildert dies in ihrem Buch *Meines Vaters Land* so: »›Stöhnend und schluchzend‹ nahmen die hochrangigen Offiziere zur Kenntnis, dass der Krieg verloren und an der Westfront jeden Moment ein Durchbruch des Feindes zu erwarten sei.«[124] Und die Politik fühlte sich jahrelang von den Militärs belogen. Bei mehr Realitätssinn hätte aber jeder das Kommende sehen können. Die Verlängerung des Krieges durch Ludendorff kostete im letzten Dreivierteljahr allein auf deutscher Seite noch einmal 1,5 Millionen Soldaten das Leben. Ludendorff war dann aber zu feige, die Verantwortung zu übernehmen und selbst den Waffenstillstand zu erbitten, sondern ließ das den Reichstag mit Hilfe der Sozialdemokraten machen, die später undankbarerweise dafür geschmäht wurden. Ihnen und der Regierung wurde der »Dolchstoß« in den Rücken unterstellt, während die Armee im Felde unbesiegt geblieben sei.

Bereits 1918 war man also der Verführung unterlegen, aus der Niederlage durch eigenes Zutun noch Schlimmeres und geradezu Endzeitliches zu machen. Dies geschah einerseits durch das Verzögern eines noch rechtzeitigen und akzeptablen Friedens, andererseits durch geplante Akte eines theatralischen Untergangs. So befahl die Leitung der Marine – an der Waffenstillstandspolitik der Regierung vorbei – die selbstmörderische Aktion, die gesamte kaiserliche Flotte gegen England zu werfen, was nur durch die bekannte Meuterei der Mannschaften und die beginnende Revolution in Deutschland verhindert wurde. Die Marine ließ es sich jedoch nicht nehmen, sich kurz vor Unterzeichnung des Versailler Vertrags in Scapa Flow, einer Bucht zwischen den Orkneyinseln, selbst zu versenken.

Für das Selbstverständnis eines Volkes ist es auch erschreckend und erniedrigend mitzuverfolgen, wie 1918 sang- und klanglos die Monarchie unterging, nachdem 47 Jahre lang das Kaisertum, hervorgegangen aus dem Königtum Preußens, bestanden hatte. Es war ein würdeloser Abgang Kaiser Wilhelms II., der sich frühzeitig in die Niederlande absetzte. Und würdelos auch, dass die Bevölkerung dieses Ende nach einer langen Zeit vaterländischer Kaiserbegeisterung ohne deutlich artikulierte Gefühlsregung hinnahm. Hier fehlten schon das emotionale Abschiednehmen und ein adäquater Trauerprozess.

Als Fazit müssen wir leider festhalten, dass es schon in der Kaiserzeit im Vorfeld des Krieges Fehler über Fehler des »deutschen Michel« in der emotionalen Politik gab. In beiden Weltkriegen wiegte sich Deutschland dazu in der Illusion, England (und die USA) könnten neutral bleiben, worauf man aber in der politischen Beziehungsarbeit nicht hingewirkt hatte. Im Gegenteil: Das ambivalente Verhältnis zu diesen Großmächten und »Vaterfiguren« bedeutete ja gerade, dass man einerseits glaubte, auf sie arrogant herabsehen und ihre Aussagen ignorieren zu können, während man andererseits insgeheim zu ihnen als einer Instanz aufschaute, die der deutschen Sache letzten Endes Sympathie entgegenbringen werde.

Die psychische Befindlichkeit Deutschlands nach dem verlorenen Weltkrieg

Bedauerlicherweise führte die Niederlage 1918 nicht zu einer wirklichen und anhaltenden Ernüchterung und Bescheidung. Es kam im Gegenteil sofort zur besagten Legendenbildung, es habe seitens der Politik einen Dolchstoß von hinten gegeben, während das Militär »Ehre eingelegt« habe. Bei dieser Realitätsverleugnung und Abwehr aller Enttäuschungs- und Trauergefühle können wir hier, bezogen auf die Kollektivpsyche, das »psychotherapeutische« Urteil fällen, dass der »Klient« Deutschland noch nicht bereit war, sich mit sich selbst zu konfrontieren, sondern stattdessen die Schuld auf einen Sündenbock schob. Wir Deutschen wollten oder konnten uns der Frustrierung unserer Wunschvorstellungen noch nicht stellen und waren nicht in der Lage, selbstkritisch zu reflektieren, was zu dem Fiasko des Ersten Weltkriegs geführt hatte. Wir waren auch noch nicht bereit, unsere Weltwahrnehmung als Wirklichkeitsverkennung bloß- zulegen. Das schuf die Voraussetzung dafür, dass sich die Katastrophe in noch größerem Stil wiederholen musste.

Die Realitätsausblendung war im ganzen Land ohne Ausnahme vom »kleinen Mann« bis zu den höchsten Repräsentanten des Staates verbrei- tet. Wie anders ist sonst die Forderung Hindenburgs 1918 zu verstehen, nachdem General Ludendorff den verlorenen Krieg eingestanden hatte, in den anstehenden Verhandlungen die Annexion der lothringischen Erz- gruben zu erwirken?[125] Die Wirklichkeit sah anders aus und führte zum Versailler Vertrag. Dessen Bedingungen waren zwar rigoros, demütigend und keinesfalls fair, doch es ist immer ein fataler Zug – bei einem einzelnen Menschen wie bei einer ganzen Nation –, die Schuld außen und bei den anderen zu sehen. Denn so sind keine Selbstbesinnung und innere Verän- derung möglich. Mit einer Haltung, den eigenen Anteil an der Schuld

einzugestehen und die Verantwortung für das eigene Versagen zu übernehmen, hätte Deutschland auch bei den Siegermächten eine andere Wirkung erzeugt. Stattdessen ging es zu ihnen in Opposition und gegenüber
den festgelegten Reparationszahlungen in den passiven Widerstand. Weh-
leidigkeit und Protest gewannen die Oberhand und waren wichtiger als
das eigene Wohlergehen. So wurden die Inflation Anfang der Zwanziger
Jahre und die Deflation während der Weltwirtschaftskrise 1929 nicht nur
hingenommen, sondern insgeheim begrüßt und wirtschaftspolitisch
gefördert, damit ein verarmtes Deutschland nicht in der Lage wäre, die
Kriegskompensationen zu entrichten. Das Verhalten erinnert an ein Kind,
das sich selbst schädigt, um den Eltern Schuldgefühle zu machen, oder an
einen Ex-Ehepartner, der sich geschäftlich ruiniert, um keinen Unterhalt
zahlen zu müssen. Reichskanzler Brüning nahm übrigens mit der hausge-
machten Verschärfung der Wirtschaftskrise seit 1929 auch das weitere
Erstarken der nationalsozialistischen Partei in Kauf, denn das Elend der
Massen trieb die Menschen Hitler in die Arme.

Psychische Ursachen für das Aufkommen des
»Dritten Reiches«

Deutschland schob also die Schuld am verlorenen Krieg und seine Folgen auf die unglücklichen Umstände, auf ein zu frühes Eingehen auf die
Niederlage (Dolchstoßlegende), auf das »neidische England« usw. und über-
dachte sein eigenes Verhalten nicht. Im Gegenteil, nach einer kurzen demokratischen und gemäßigten Phase brach die eine Zeitlang unterdrückte ent-
täuschte Wut umso stärker hervor. Es kam in einer Art Trotzreaktion zu
einer Forcierung und Steigerung all jener Kräfte und Verblendungen, die
eigentlich schon ihre Untauglichkeit für die Realitätsbewältigung bewiesen
hatten. Deutschland beharrte starrsinniger denn je auf seinem Standpunkt.
Bezeichnenderweise wurde 1921 zum Deutschlandlied noch eine inoffizielle
Strophe hinzugedichtet, in der es hieß: »Deutschland, Deutschland über
alles / und im Unglück nun erst recht.« Dies alles trug wesentlich dazu bei,
dass Hitler und der Nationalsozialismus hervorgebracht wurden.

Daneben gab es natürlich auch andere und gegenläufige Ansichten
und Stimmen. Doch ähnlich wie sich in einem Menschen bei einem fragwürdigen Verhalten die Stimme des besseren Selbst zwar melden kann,
mit Blick auf das gewünschte Ziel aber einfach weggespült wird, so verhielt

es sich damals mit dem Gesamtwesen Volk, in dem die einsichtigen und warnenden Rufer in der Minderzahl waren und unterdrückt wurden. Ich möchte in Bezug auf die Situation um 1933 diese Analogie zwischen Einzelperson und Nation noch ein wenig weiterspinnen. Nehmen wir einen Menschen, der eine (vielleicht nur kleinere) Verfehlung begangen hat. Er wird zur Rechenschaft gezogen, doch er stellt sich selbst nicht in Frage und zieht daraus keine Lehre. In einem trotzigen »Jetzt erst recht« behält er seine bisherige Einstellung nicht nur bei, sondern intensiviert sein schuldhaftes Verhalten noch und macht sich nun erst eigentlicher Verbrechen schuldig. Ein solcher Mensch wird dadurch nur umso schlimmer Schiffbruch erleiden. Und oft kann erst eine Katastrophe mit furchtbarem Schuldigwerden und hartem Zurückschlagen der Umgebung Einhalt gebieten und Reflexion und innere Umkehr ermöglichen. Ähnlich ist es mit den Wegen und Irrwegen einer ganzen Nation, bis schädliche Denk- und Verhaltensweisen abgelegt oder gewandelt werden können.

Aus einer solchen Perspektive wird es ganz klar, dass die Geschehnisse von 1933 bis 1945 nicht einer kleinen Clique in die Schuhe geschoben werden können. Die Weichen zur NS-Diktatur wurden damals – gedanklich und tatsächlich – *kollektiv* gestellt, so dass nahezu alle in geringerem oder größerem Ausmaß als psychisch verstrickt anzusehen sind. Dabei wurde Hitler nicht nur von unbewussten kollektivpsychischen Kräften, sondern natürlich auch auf der bewussten und äußeren Ebene vom Großteil der Bevölkerung getragen, wenn auch nicht von jedem Einzelnen völlig reflektiert. Nach seinen großen innen- und außenpolitischen Erfolgen hatte er eine offen bekundete Zustimmung von 80 Prozent in der Bevölkerung. Es gibt einen Ausspruch, der besagt, dass ein Volk immer die Führung hat, die es verdient. Ich möchte es psychologisch ausdrücken: Die Regierung eines Landes entspricht cum grano salis dem Bewusstseinsstand der Bevölkerung. Deutschland war von seiner inneren Entwicklung einfach noch nicht so weit, dass ein Hitler unmöglich gewesen wäre; im Gegenteil: Hitler war der passende Schuh.

Außer denjenigen, die das Land frühzeitig verließen oder die aufgrund ihres sensiblen Gewissens und ihres für das Leid anderer offenen Herzens nicht wegschauen konnten, sondern sich äußerten und aktiv wurden, haben alle in irgendeiner Form mitgemacht und das System mitgetragen. Nur ganz wenige wie die Geschwister Hans und Sophie Scholl oder Dietrich Bonhoeffer – um nur drei herausragende Persönlichkeiten zu nennen – hatten ein so hoch entwickeltes Bewusstsein und ein solches Mitgefühl, dass sie den Mut aufbrachten, um der Wahrheit willen und für die Verfolgten ihr eigenes Leben einzusetzen. Die deutsche Widerstandskämpferin Sophie Scholl war nicht einmal 22 Jahre alt, als sie hingerichtet wurde. Sie zeichnet sich durch ein – bei uns seltenes – hoch entwickeltes Fühlen aus. Ihre Briefe und Tagebuchaufzeichnungen, aber auch der sehenswerte Film[126] über sie aus dem Jahr 2005 zeigen uns eine junge Frau von hoher Empfänglichkeit für die Schönheiten der Natur und von tiefem Glauben, aber auch einen Menschen von innerer Anmut. Sie beschäftigte sich in ihren Aufzeichnungen intensiv mit der Harmonie der Seele: »Ich merke, dass man mit dem Geiste (oder dem Verstand) wuchern kann, und dass die Seele dabei verhungern kann.« In einem ihrer Briefe ist zu lesen: »Man muss einen harten Geist und ein weiches Herz haben.«[127] Diese ungewöhnliche Frau hatte also ein klares Bewusstsein für Denken *und* Fühlen.

Wenn wir Heutigen uns fragen, wie wir uns in der damaligen Zeit verhalten hätten, so müssten die allermeisten von uns ehrlich zugeben, dass sie entweder enthusiastisch eingestimmt oder sich angepasst, zumindest aber arrangiert hätten. Wer könnte von sich sagen, dass er eine solche Zivilcourage aufgebracht hätte wie die Mitglieder der Weißen Rose oder der Begründer der Bekennenden Kirche? Erst kürzlich hat Günter Grass zugegeben, dass er bei der Waffen-SS war, zu der er in den letzten Kriegswochen eingezogen wurde. Es ist für uns heute leicht zu behaupten: »Ich hätte da nicht mitgemacht«, weil wir auf die historische Erfahrung zurückblicken und mit unserem heutigen Bewusstsein auf den verlorenen Krieg und die Gräueltaten der NS-Zeit schauen können. Wir stecken nicht in der damaligen Zeit drin, sind nicht vom damaligen Zeitgeist mitgerissen und sind nicht den Bedrohungen ausgesetzt, wie es die Andersdenkenden damals waren. Wir sind dem aktuellen Zeitgeist unterworfen und ausgeliefert. Unser Verfallensein an den jetzigen Zeitgeist und die Fehlgriffe, die wir dadurch heute machen – auch heute herrscht ein kollektives Feld mit spezifischen Denkmustern und Vorurteilen –, werden uns erst später und ebenfalls erst im Rückblick bewusst werden. Wir sollten uns also nicht über die damalige Generation erheben. Ohne unser heutiges Wissen und ohne den Verarbeitungsprozess seit der Nachkriegszeit wären wir nicht auf dem jetzigen Stand und vielleicht genauso in das Geschehen mit hineingezogen worden.

In dem Moment, als Deutschland seine zarteren Stimmen abtötete, hatte es seine Seele endgültig verkauft und war den »Teufelspakt« mit der mephistophelischen Denkfunktion eingegangen. Es hatte sich gegen »Gott« entschieden und gewandt; d. h. es hatte sich gegen sein höheres Selbst und die diesem innewohnenden ethischen Werte gestellt. Psychologisch gesehen maßt sich hier das Ich (oder die Nation) durch sein egomanisches Denken göttliche Allmacht an und schwingt sich damit zu hoch auf. Erst sein Fall und sein Scheitern, der furchtbare Absturz oder »Höllensturz«, können das Ich (die Nation) zu einem heilsamen Wendepunkt bringen.

Das Denken wurde innerpsychisch und außen zur Diktatur; es begann das Fühlen brutal zu unterdrücken und zu tyrannisieren, und es kam zur Machtergreifung Hitlers. Das Verführerische sowohl an der verabsolutierten Denkfunktion als auch an Hitler ist, dass sie Stärke suggerieren sowie Sicherheit und Schutz vor schmerzlichen Gefühlen versprechen. In Deutschland sorgten unter anderem *Schutz*staffel oder SS (die Buchstaben wurden als Doppel-Sig-Rune zackig, mit geraden, abgeknickten Linien und nicht mit gerundetem S dargestellt[128]), *Sicherheits*dienst (SD) und die Geheime Staatspolizei (Gestapo) für die Durchsetzung und Behauptung der Denk-Ideologie. Die starke Aufrüstung, der gewaltige Militärapparat, die Massenaufmärsche, der Reichsparteitag, die geradezu soldatische »Gleichschaltung« der Gesellschaft wie auch die monumentale Architektur Albert Speers stellten eine Machtdemonstration und Drohgebärde nach innen und außen dar. Was nicht in diese Selbstüberhebung der Denkfunktion passte und die Großmachtillusionen stören konnte, wurde als entartet, als minderwertig und lebensunwert oder als »Parasiten im Volkskörper« rigoros ausgegrenzt und liquidiert. Symbolischer Ausdruck des »Willens zur Macht« war der Adler, der seine Krallen in den Globus bohrt – dieses Bild war auf der Diplomatenuniform des Außenministers Ribbentrop aufgestickt[129] und war auch als riesenhafte Skulptur zu sehen.

Zur Vorgeschichte des Zweiten Weltkriegs

Hitler war zwar machtpolitisch bis 1938 außerordentlich erfolgreich, doch nie ist die deutsche Diplomatie verheerender ausgefallen als in seiner Ära. Das gilt besonders, seit Ribbentrop 1936 deutscher Botschafter in London war. Das Ziel war eigentlich, England zu einem dauerhaften Bündnis zu bewegen. Doch selbst angesichts der kommunistischen Gefahr in Osteuropa waren die Briten von Hitlers Art und Auftreten so angewidert, dass sie mehr und mehr gegen eine Allianz eingenommen wurden.

Als alle Angebote an England seitens Hitlers nichts fruchteten, nahm er einen immer kritischeren, herausfordernden, ja drohenden Ton gegenüber dem Inselreich an.

Die Appeasement-Politik des britischen Premiers Chamberlain konnte zu nichts führen, da sie auf Hitler traf, der ein archaischer geartetes Bewusstsein hatte als die Regierungschefs der anderen westlichen Mächte. Man kann aber in der »Beschwichtigungspolitik«, wie sie deutsch genannt wird, auch die mehr generöse, von Taktgefühl geleitete und den Interessen des anderen entgegenkommende Haltung der Engländer sehen, die nach den erlebten Enttäuschungen schließlich unter Churchill wieder in mehr Macht- und Revanchedenken umschlug. Während der Sudetenkrise im September 1938 stellte der britische Premierminister alles Prestigedenken zurück und war zu weitestgehendem – im wahrsten Sinne des Wortes – Entgegenkommen bereit. Hitler ließ für eine Zusammenkunft den fast 70-Jährigen bis nach Berchtesgaden zu seinem Berghof kommen und war nicht in der Lage, die Großmut Chamberlains mit wenigstens einer freundlichen Geste zu erwidern; und er war überhaupt nicht bemüht, ernsthafte Angebote zu einem friedlichen Kompromiss zu machen. Dennoch erklärte sich der Brite bei einem Folgetreffen eine Woche später in Godesberg bereit, der Abtretung des Sudetenlandes an Deutschland zuzustimmen.[130]

Um die emotionalen Folgen des demütigenden Verhaltens gegenüber England machte sich Hitler keine Gedanken, es war ihm nicht einmal bewusst. Eine Konsequenz der erlittenen Demütigung Englands, das nicht mehr an eine aufrichtige Verhandlungsbereitschaft Hitlers glaubte, war sicherlich die Garantieerklärung für Polen im März des folgenden Jahres. Hitler in seiner Realitätsverkennung sah sich als abgewiesener Bewerber um ein Bündnis mit dem Inselstaat, schlug schrillere Töne an, polterte gegen die »Einkreisungspolitik« Englands und drohte bei einer Rede anlässlich des Stapellaufes der »Tirpitz«, den gemeinsamen Flottenvertrag aufzukündigen, was auch wenig später erfolgte.[131] Der historisch Versierte sieht hier schon die zahlreichen Wiederholungsmomente: wieder die Projektion, man werde eingekreist; wieder kommt Tirpitz ins Spiel, der für die Flottenaufrüstung im Kaiserreich hauptverantwortlich war – hier als Name eines Schlachtschiffes, hinter dem die gleiche herausfordernde Großmachteinstellung steht wie in der Zeit vor dem Ersten Weltkrieg. Der überfällige Meinungsumschwung in Großbritannien war jetzt zum ersten Mal auch an antideutschen Demonstrationen zu erkennen.[132]

Aus dem Konzept gebracht, stürzte sich Hitler in den Pakt mit Stalin, dessen tiefere Motivation wahrscheinlich der Hass auf England war. Er war so begierig, dieses Nichtangriffsabkommen mit der Sowjetunion abzuschließen, dass er alles Verhandlungsgeschick fahren ließ, um schnellstmöglich diesen Vertrag unter Dach und Fach zu bringen. Selbst als zusätzliche sowjetische Forderungen kamen, telegrafierte Hitler einfach »Ja, einverstanden«, womit er Stalin kurzerhand halb Osteuropa einschließlich Finnland und Bessarabien überließ.[133] Das Geheime Zusatzprotokoll des Ende August 1939 – also kurz vor Eröffnung der Kampfhandlungen – abgeschlossenen Pakts sah für den Eventualfall eine Teilung der Interessensphäre in Osteuropa mit einer Aufteilung Polens vor. Während Stalin den Vertrag nach seinen Äußerungen sehr ernst nahm und auf sein Ehrenwort versicherte, dass die Sowjetunion ihren Partner nicht betrügen würde,[134] war dieses Abkommen für Hitler nur ein taktisches Manöver, um vorübergehend seitens Russlands Ruhe und für seine allerersten Kriegsziele freie Bahn zu haben.

England machte angesichts der drohenden Gefahr und eingedenk der Erfahrungen von 1914, als es Belgiens Neutralität garantiert hatte, noch einmal unmissverständlich klar, dass es entschlossen sei, zu seiner Zusage bezüglich Polens zu stehen, und wandelte die Garantie sogar in einen Beistandspakt um. Hitler glaubte dennoch nicht an die ernsthafte Kriegsbereitschaft Großbritanniens und fuhr mit seiner nach allen Seiten geringschätzigen Diplomatie fort, selbst gegenüber dem Bündnispartner Italien. Obwohl ihm klar war, dass er einen Krieg mit dem Empire unbedingt vermeiden musste, da dies ein vorzeitiges Ende seiner Ambitionen bedeutet hätte, ignorierte er die englische Schutzzusicherung an Polen und rechnete nach einem schnellen Überrennen des östlichen Nachbarn mit einem Einlenken der damaligen Weltmacht. Welche Fehleinschätzung! Hitler konnte aufgrund seiner insuffizienten Fühlfunktion nicht erkennen, dass er es emotional mit England völlig verdorben hatte und dass man dort den deutschen »Führer« und seinen Charakter bereits gänzlich durchschaut hatte. Als das Einlenken nicht kam, setzte Hitler auf die irreale Hoffnung – für ihn war es eine Gewissheit –, dass nach einem Sieg über Frankreich sein Angstgegner und Wunschpartner auf einen Frieden eingehen müsse.

Der Beginn des Zweiten Weltkriegs und das »Unternehmen Barbarossa«

Nach Joachim Fest traf Hitler, besonders nachdem seine Pläne mit England gescheitert waren, eine Reihe von »Selbstmordentscheidungen«, was nur ein anderer Ausdruck ist für die ihm innewohnende Negativität und sein Bestimmtsein durch den Mythos vom Weltende. Dass schon Bethmann Hollweg, der zu Kriegsbeginn 1914 Reichskanzler war, »von den gleichen pessimistischen Phantasien und germanisch getönten Untergangsstimmungen erfüllt war wie Hitler auch, zeigt die ganze weitgespannte Verbindlichkeit des Schicksals- und Katastrophenmotivs für das deutsche Bewusstsein«[135], so Fest.

Nach dem Überfall auf Polen als Auftakt des Zweiten Weltkriegs und nach dem Präventivfeldzug gegen Frankreich war die nächste fatale Handlung Hitlers, im Juni 1941 das »Unternehmen Barbarossa« zu starten, die vertragsbrüchige Attacke auf die Sowjetunion. Der Name der Aktion war mythologisch aufschlussreich gewählt. Friedrich I, Kaiser des Heiligen Römischen Reiches im 12. Jahrhundert, genannt Rotbart, lateinisch Barbarossa, hatte Deutschland eine 38-jährige Periode der Kaiserherrlichkeit beschert. Friedrich Barbarossa ertrank 1190 im Alter von 68 Jahren im Fluss Saleph in Kleinasien. Der Sage nach ist er nicht gestorben, sondern ruht im Kyffhäuser, einem Bergrücken im Thüringischen, und harrt darauf, im alten Kaiserglanz und mit aller Machtfülle wiederaufzuerstehen. Er sitzt schlafend auf einer Bank dort in einer Höhle, und sein rötlicher Bart ist schon durch den Tisch gewachsen. »Er hat hinabgenommen / des Reiches Herrlichkeit / und wird einst wiederkommen / mit ihr, zu seiner Zeit«, wie sein Namensvetter Friedrich Rückert gedichtet hat. Schon im Zweiten Reich lebte der Kyffhäusermythos auf, und Wilhelm II. ließ ein Kyffhäuserdenkmal erbauen. Ähnliche Mythen, dass der Herrscher nicht tot ist, hielten sich ja auch nach Hitlers Ende, der wohlweislich seine Leiche unkenntlich machen ließ. Gleich danach tauchten Gerüchte auf, die sich bis in die 50er- und 60er-Jahre hielten, ihm sei mit einem U-Boot die Flucht gelungen, er lebe in einem spanischen Kloster oder auf einer südamerikanischen Ranch.[136] Wir erkennen in all diesen Legenden, allem voran in der Barbarossa-Sage, das uns schon vertraute Wotan-Motiv, das untergründig im Volksbewusstsein rumort.

Hitler war sich ahnungsweise bewusst, dass er mit dem Lostreten des Krieges mit Russland einen weiteren Schritt tief in den Kollektivschatten tat und endgültig die Büchse der Pandora öffnete. In der Nacht vor dem Angriff auf Russland äußerte er: »Mir ist, als ob ich die Tür zu einem dunklen, nie gesehenen Raum aufstoße, ohne zu wissen, was sich hinter der Tür befindet.«[137] Dahinter warteten die Gräuel im Osten einschließlich der nun bald forciert betriebenen Ermordung von Menschen in Konzentrationslagern. Dass Hitler im Dezember dieses Jahres 1941 auch noch unsinnigerweise und ohne Not den USA den Krieg erklärte, die zu der Zeit schon der mächtigste Staat der Erde waren, wundert jetzt nicht mehr. Vier Tage zuvor hatten die Japaner Pearl Harbor, den amerikanischen Kriegshafen und Stützpunkt auf Hawaii, überfallen und mit Kamikazeflügen bombardiert. Doch dies war für Hitler nur ein äußerer Aufhänger; die Würfel mit der Entscheidung, den Endzeitmythos ablaufen zu lassen, waren längst gefallen.

Alle Attentate auf Hitler scheitern

In einem größeren Zusammenhang kann man auch das Scheitern der zahlreichen Attentate auf den Diktator nicht als Zufall abtun. Sie waren in dem damals noch herrschenden Energiefeld einfach unwahrscheinlich und nicht erfolgversprechend, und oft retteten den »Führer« offensichtlich seine Eingebungen.

Hitler war ja sehr intuitiv. Die Intuition ist eben nicht nur für geistige Höhenflüge zuständig, sondern kann allen Zwecken dienen. Dass diese Ich-Funktion bei Hitler leitend war, ohne von anderen Funktionen mäßigend und überprüfend begleitet zu werden, erkennt man unter anderem daran, dass er mehr in einer Traum- und Phantasiewelt lebte als in der Wirklichkeit. Besonders in seinen jüngeren Jahren hatte er die Vorliebe, Entscheidungen durch das »Münzorakel«, das Hochwerfen einer Münze, herbeizuführen. Sonst ließ er sich von der Impulsivität seiner Einfälle fortreißen. Seine Phantasie schoss über das Ziel hinaus und ins Kraut bis zur »Pseudologia phantastica« (so bezeichnet der Psychiater das Fabulieren, Märchenspinnen oder Lügen, an deren Wahrheitsgehalt der Betreffende größtenteils selbst glaubt). Seine Intuition garantierte Hitler zwar über Jahre hinweg eine erstaunliche Treffsicherheit in seinen Entscheidungen und ließ ihn mit der Zeit wie einen genialen Spieler (Spieler sind ebenfalls von der Intuition geleitet) fast unfehlbar erscheinen, doch dadurch rutschte er immer mehr in eine Va-banque-Mentalität hinein.[138] Dieses

»Anhangen an den Zufallsgott« (auch dies eine Spielereinstellung) offenbart ein unreifes Urteil und ein schwaches Ich, das sich so der Eigenverantwortlichkeit entzieht. Für ichhafte Entscheidungen muss man die Verantwortung übernehmen; überlässt man sie dem Schicksal, so kann man diesem hinterher die Schuld geben. Ferner illustriert das Beispiel Hitler, wie eine entfesselte Intuition, die nicht von einem warmherzigen Fühlen begleitet wird, sondern der – wie bei diesem Diktator – ein negatives, vernichtendes Denken zur Seite steht, letztendlich fürchterlich in die Irre führen muss.

Wie Joachim Fest ausführlich beschreibt, häuften sich ab 1943 die Anschläge auf das Leben des »Führers«. Zwei Sprengkörper versagten und detonierten nicht. Beim nächsten Mal hatte Hitler den Schauplatz 10 Minuten verfrüht verlassen. Beim folgenden Versuch explodierte die Bombe vorzeitig. Dann wieder verhinderte ein alliierter Angriff ein Attentat, weil dabei sämtliche Modelle der Uniformen zerstört wurden, die Hitler vorgeführt werden sollten, währenddessen ihn ein Offizier erschießen wollte. Als der Termin nachgeholt werden sollte, war Hitler plötzlich nach Berchtesgaden gefahren und entging damit gleich zwei Komplotten, da zu diesem Zeitpunkt erstmals auch Graf von Stauffenberg zuschlagen wollte. Bei einem dritten Vorführtermin – der Offizier war inzwischen schwer verwundet, aber ein anderer wollte das Vorhaben ausführen – erschien Hitler unvorhergesehen nicht. Ein anderer Entschlossener von Offiziersrang bekam am Tag des geplanten Attentats entgegen den sonstigen Gepflogenheiten keinen Zugang zu Hitlers Berghof. Parallel dazu verweigerten auch die Westmächte die Unterstützung, da sie den Verschwörern keine Zusagen für den Fall eines erfolgreichen Staatsstreichs gaben.[139]

Der Ausgang des berühmten Attentats vom 20. Juli 1944 ist bekannt. Stauffenberg hatte im Führerhauptquartier Wolfsschanze die Aktentasche mit dem Sprengsatz unter dem schweren Eichentisch abgestellt, über sich Hitler beim Studieren der Karte weit vorgebeugt hatte und der die Wucht der Detonation bremste. Dennoch waren neben vier Toten fast alle anderen Anwesenden schwer, der »Führer« dagegen nur leicht verletzt. Hätte die Explosion im Bunker stattgefunden, wo die Besprechung eigentlich vorgesehen war, und nicht in der oberirdischen Baracke, in der der Druck durch die Fenster entweichen konnte, wären alle tot gewesen. Die Intuition Hitlers und die Gunst des Schicksals – oder sollte man besser sagen: Ungunst? – wirkten zusammen. Hitler war sich wieder einmal der göttlichen Vorsehung gewiss: »Nach meiner heutigen Errettung aus der

Todesgefahr bin ich mehr denn je davon überzeugt, dass es mir bestimmt ist, nun auch unsere gemeinsame große Sache zu einem glücklichen Abschluss zu bringen!«[140] Bis auf das Wort »glücklich« hatte er damit in gewisser Weise sogar Recht.

Szenarien des Zweiten Weltkriegs

Hitler handelte – von der bewussten Vernunft aus betrachtet – irrational und wie getrieben. Wenn man ihn aber als Verkörperung der mythischen Kräfte versteht, in deren Bann er unbewusst stand, erscheint alles zielstrebig. Sebastian Haffner meint ähnlich wie Joachim Fest zu der absolut rätselhaften Kriegserklärung an die USA, dass Hitler damit die Niederlage unausweichlich machen wollte.[141] Schon im März 1940 hatte er einem amerikanischen Diplomaten erklärt, es handele sich nicht darum, ob Deutschland vernichtet würde, Deutschland werde sich bis zum Äußersten wehren, aber im allerschlimmsten Fall würden eben alle vernichtet werden.[142] Kurz vor dem Untergang gab er die Weisung, die alliierten Staatsmänner so anzugreifen und persönlich zu beleidigen, damit es zu keinem akzeptablen Angebot von deren Seite kommen konnte.[143] Ich vermute, dass sich bei Hitler im Angesicht des Scheiterns noch zusätzlich der ambivalente Hass auf Amerika auf selbstschädigende und selbstvernichtende Weise seinen Weg bahnte, so wie bei Rumpelstilzchen, das sich mitten entzweireißt, als sein Name bekannt wird, d. h., als es *erkannt* ist. Auch Hitler wusste sich damals schon von den Westalliierten durchschaut und festgenagelt. Auch wenn er bewusst noch eine Zeitlang an den »Endsieg« geglaubt haben mag, so hatten doch längst die dämonischen Kräfte von ihm und der deutschen Kollektivpsyche Besitz ergriffen. Negativität und Lebensverneinung taten ein Übriges. Joachim Fest beschreibt dies mit den Worten: »Ohne eine tief in der Herkunft, früher Prägung und Zeitstimmung verankerte Todesenergie sind Wesen und Verhalten Hitlers kaum zu erklären.«[144]

Das Szenario des germanischen Mythos vom Weltenende mit dem totalen Untergang entfaltete sich im Außen, und das Verhängnis nahm seinen Lauf. Die Verdunkelung, das Verschlingen der Sonne durch den Fenriswolf, wurde in mehrfachem Sinne in Szene gesetzt. Erstens verdunkelte und engte sich das gemeinschaftliche Bewusstsein ein, zweitens wurden die NS-Verbrechen vor der Weltöffentlichkeit wie auch vor der eigenen

Bevölkerung weitgehend verborgen und verdunkelt, drittens war die ständige städtische Verdunkelung ganz konkret ein Muss angesichts der Luftüberlegenheit der Alliierten, und nicht zuletzt handelte es sich bei dieser Zeit um die dunkelste Phase unserer Historie. Auch der Weltenbrand realisierte sich. Die »Brandfackel« des Zweiten Weltkriegs, der weltweit 60 Millionen Tote forderte, setzte einen großen Teil des Globus in Flammen. Die Verbrennungsöfen des Holocaust und die sonstige Todesmaschinerie kosteten ca. sechs Millionen Juden das Leben. Das Geschossfeuer wütete in den Schlachten, und vieles wurde in den überrannten Gebieten in Brand geschossen oder in Brand gesteckt. Beim Rückzug aus Russland wurde die Losung der »verbrannten Erde« ausgegeben, die einzig zurückgelassen werden sollte. Schließlich kam die Lohe in den Luftangriffen wie ein Bumerang auf Deutschland zurück. Sie fiel in Form von Phosphorbomben vom Himmel und entfesselte tödliche Feuerstürme in den Straßenzügen der Städte.

Dass sich in diesem letzten Abschnitt des Weltkriegs der Weltenbrand realisierte, wird besonders anschaulich, wenn man Augenzeugenberichte hinzuzieht – von Opfern des Holocaust oder der Wehrmachtsverbrechen, aber auch von den Deutschen selbst, die zuletzt in das von ihnen ausgelöste Geschehen immer tiefer hineingerissen wurden. Zur Verdeutlichung hier die Schilderung eines damals sechs Jahre alten Kriegskinds vom amerikanischen Vormarsch in einem kleinen Weiler in der Pfalz, bei weitem nicht eines der schlimmsten Kriegsgeschehnisse. Interessant daran ist aber, wie auf einmal inmitten des »Weltenbrands«, in der höchsten Not, das weibliche Prinzip wichtig wird, das in Deutschland – vor allem zur Zeit des Nationalsozialismus – so unterentwickelt bzw. unterdrückt war und teilweise noch ist:

»Meine Schwestern und ich kauerten zusammen mit der Mutter in einer Ecke des Luftschutzkellers. Unsere Mutter hatte sich schützend über uns gebeugt. In ihrem Rücken stand ein alter Schrank. Wie sie später sagte, hatte sie diesen Ort mit Absicht gewählt. Erst sollte der Schrank, dann sie auf uns fallen und so Schutz geben, wenn das Haus einstürzen sollte. Die Erde war in Bewegung, das Haus wankte in seinen Fundamenten. Es war ein Beben und dumpfes Rollen in immer neuen Schüben. Da die Abdeckung des Ausstiegsschachtes weggerissen worden war, konnte man nach draußen sehen, und so war das, was draußen geschah, auch im Keller gegenwärtig.
Am Himmel, der taghell erleuchtet war, spielte sich ein bizarres Schauspiel

ab. Bombengeschwader rückten in immer neuen Wellen heran. Die Scheinwerfer der nahen Flak tasteten den Himmel ab. Brandbomben fielen wie Feuerregen vom Himmel. Man hörte das Zischen der Flakgeschosse, Detonationen von Bomben, das Geräusch von Flugzeugabstürzen, fernes Sirenengeheul. Es ist schwer Worte zu finden, die dies wiedergeben. Inferno, Apokalypse, Weltuntergang sind gewiss keine Übertreibungen.

Das kleine Grüppchen kauerte in der Ecke. Ich höre immer noch unser Beten. Es war ein Beten in einer Inbrunst und Tiefe, wie ich es nie wieder erlebt habe. Es waren Gebete an die Gottesmutter, die ich heute noch in Teilen auswendig kann. Die schützende und bergende Nähe zur Mutter und das Gebet zur Gottesmutter, zum mütterlichen Teil der Gottheit, gaben mir ein Urvertrauen, das schwer in Worte zu fassen ist.«[145]

Nero-Befehle und kulturelle Selbstzerstörung

Was Hitler anrichtete und was die Deutschen sich selbst antaten, ist ohne Beispiel. Vielleicht hat noch nie zuvor ein Volk ein so großes Unheil angerichtet. Und noch nie wurde einem so großen Volk durch eigenes Verschulden eine solch desaströse Zerstörung und grenzenlose Demütigung zugemutet, in der die Bevölkerung alle Übel wie psychischen Terror, Obdachlosigkeit, Vertreibung, Hunger und millionenfache Vergewaltigung erleiden musste. Doch schon 1941 hatte Hitler geäußert: »Wenn das deutsche Volk einmal nicht mehr opferbereit und stark ist, sein Blut für seine Existenz einzusetzen, so soll es vergehen und von einer anderen, stärkeren Macht vernichtet werden. Ich werde dem deutschen Volk keine Träne nachweinen.«[146] Noch im März 1945 gab Hitler die sog. »Nero-Befehle« – die zum Glück nur teilweise umgesetzt wurden –, alle im Reich noch vorhandenen Ressourcen und die ganze Infrastruktur zu zerstören, ehe sie dem Feind in die Hände fallen. Diese Anordnungen hätten nicht in erster Linie die vorrückenden Truppen mit ihren eigenen Versorgungswegen, sondern die deutsche Bevölkerung getroffen, der damit die Lebensgrundlage entzogen worden wäre und teilweise entzogen worden ist. Auch die Kunstschätze und -denkmäler sollten der Vernichtung zum Opfer fallen, z. B. historische Gebäude, Schlösser, Kirchen, Theater und Opernhäuser (wenn Hitler auch an anderer Stelle, wie beispielsweise in seiner Heimatstadt Linz, inkonsequenterweise vieles zu bergen suchte).[147] Im Depot eines Salzbergwerks, das gesprengt werden sollte, lagerten 6755

Gemälde Alter Meister, darunter Werke von Leonardo da Vinci, Michelangelo, Rubens, Rembrandt, Vermeer, van Eyck und anderen. Doch der aus dem Führerbunker in Berlin unter Exekutionsdrohung weitergeleitete Befehl wurde zum Glück nicht ausgeführt.[148]

In den letzten 11 Monaten des an sich längst verlorenen Krieges gab es durch den kollektiven Wahn und den Starrsinn Hitlers mehr deutsche Opfer, besonders unter der Zivilbevölkerung, als in allen Kriegsjahren davor. Hitlers letztes Ziel nach der Judenvernichtung war der vollkommene Ruin Deutschlands, von denen die »Nero-Befehle« nur das letzte Mosaiksteinchen waren. Davor hatte es schon das selbstmörderische Aufbieten des »Volkssturms«, in dem noch viele Alte und ganz Junge, die Hitlerjungen und Flakhelfer, geopfert wurden, und militärisch unverständliche Manöver wie die Ardennenoffensive im Dezember 1944 gegeben. Dieser Gegenangriff gegen die Alliierten im Westen, zu der Hitler Truppen gegen den Rat des Generalstabs von der Ostfront abzog, machte nach Meinung Sebastian Haffners die Tür im Osten weit für die Russen auf, die ja durch die NS-Propaganda bei den Deutschen am meisten gefürchtet waren. Mit der Ardennenoffensive verhinderte der desperate Feldherr, dass die gemäßigteren Alliierten zuerst den größten Teils Deutschlands besetzen konnten. Tatsächlich zerriss sofort die sowieso schon bedrängte Ostfront und die russischen Verbände konnten schnell bis zur Oder vorstoßen und als erste Berlin einnehmen.[149] Ich finde, dass der psychologische Gedankengang Haffners nicht von der Hand zu weisen ist, dass Hitler so die Deutschen der russischen Rache ausliefern und sie möglichst nicht den freundlicher gesinnten Amerikanern und Engländern überlassen wollte.

Ferner wüteten in den letzten Kriegswochen SS-Werwolfgruppen und andere Kommandos auf eigene Faust, die Depots und Gebäude sprengten und alle Menschen töteten, die an Übergabe und Weiterleben-Wollen dachten. Dazu wurde der sog. »Flaggenbefehl« ausgegeben, nach dem alle männlichen Bewohner derjenigen Häuser, die eine weiße Fahne zeigten, sofort erschossen werden sollten.[150] So wurden beispielsweise Bürgermeister, die zum Wohle der Einwohner den Ort den einrückenden Truppen übergeben und mit ihnen kooperieren wollten, noch in letzter Minute ermordet. Die fanatischen SS-Gruppen konkurrierten in ihrem Zerstörungswerk mit dem Bombenkrieg und Artilleriefeuer des Feindes. So waren nicht nur die Opferzahlen auf der Gegenseite entsetzlich hoch – in der Sowjetunion gab es allein 7 Millionen Tote unter den Zivilisten und 3,5 Millionen Kriegsgefangene –, auch bei uns Deutschen hielt der Tod reiche Ernte: Neben den gefallenen Soldaten gab es 1–2 Millionen Tote bei den 12 Millionen Vertriebenen sowie 500 000 durch Bombardierung Getötete.

Es ist erstaunlich, dass diese Tatsachen, die Sebastian Haffner »Verrat Hitlers an Deutschland«[151] nennt, bisher nur wenig ins öffentliche Bewusstsein gedrungen sind und erst seit Oliver Hirschbiegels Kinofilm *Der Untergang* etwas präsenter sind. Wir sind anscheinend in unserer historischen Konfrontation noch nicht so weit vorangekommen, Hitler auch in Bezug auf das eigene Volk als das zu sehen, was er war: ein Massenmörder. Hitler hatte quasi den kollektiven Selbstmord befohlen, und dieser wurde von den NS-Oberen vorgelebt. Die Nazi-Größen und viele untergeordnete Parteifunktionäre und SS-Angehörige töteten sich und ihre Kinder, denen ein Leben unter Fremdherrschaft nicht zugemutet werden sollte. Selbst nach dem »Zusammenbruch« brachten sich schätzungsweise noch 100 000 Deutsche um, wobei Gruppenselbstmord häufig war. Dies zeigt, wie stark man mit dem Gedankengut Hitlers bzw. – tiefer geschaut – mit dem Mythos vom Weltenende identifiziert war.

Kurz vor Schluss gab es noch das merkwürdige Phänomen, den »Untergang« karnevalistisch zu feiern. Statt Trauer, Demut, Selbstbesinnung oder gefasste Entgegennahme der Konsequenzen kam es bei vielen Angehörigen des Regimes und deren Umfeld zu einer unwirklichen Lustigkeit. Man plante nicht über den Punkt der Niederlage hinaus – es gab keine Vorstellung von einem Leben jenseits davon – und dachte nicht daran, bestmöglich für die Übergabe der Macht und das Überleben der Menschen zu sorgen. Man wollte nichts anderes, als zusammen mit der Weltanschauung des Nationalsozialismus unterzugehen. Mit dieser dionysischen Randale z. B. in den letzten Stunden in Berlin dokumentierte man, dass »jetzt alles egal ist«. In diesem Zusammenhang kam es zu ungeheuren Rücksichtslosigkeiten, bis dahin, auch die eigenen Kinder mit in den Tod zu reißen. Zum Glück muss man sagen: nicht bei allen. Als viele Männer vollkommen desorientiert waren und nichts Besseres wussten, als bis zuletzt blind unsinnigen Befehlen zu folgen, hatten besonders Frauen oft ein Herz, halfen weiterhin Juden und versteckten sie, kümmerten sich um das zum Überleben Notwendige, waren also lebenszugewandt und -bejahend und glaubten an die Zukunft, wie von Krockow eindrucksvoll anhand von Berichten aus Pommern beschreibt. Er resümiert: »Im Untergang aber, wenn er unversehens denn eintritt, verliert das einseitig männliche Prinzip jeden Glanz. Auf einmal taugt es nicht mehr, niemand kann es noch brauchen, es zerbricht. Zum Überleben im Untergang wie zum Leben überhaupt ist anderes nötig.«[152]

Tod und Vernichtung

Die Negativität mündet über entsprechend negatives Denken letzten Endes in vernichtende Handlungen ein. Im Begriff »Vernichtung« steckt das Wörtchen »nicht«, das in den Bedeutungszusammenhang von »nichten«, »zunichte machen« und in den Kontext von Verneinung und Negation gehört. Das »Dritte Reich« führte die Negativität des Denkens im großen Stil zu ihrem Höhepunkt: bis zur tatsächlichen Vernichtung von Menschen. Hier zeigt sich auch krass, wie das Denken zu allem benutzt werden kann, wenn ein bestimmtes Ziel vorgegeben wird. Für jeden noch so scheußlichen Plan lassen sich mit Hilfe der Denkfunktion Gründe finden. Der Nationalsozialismus ist eine eindrückliche Mahnung, dass das Denken nicht losgelöst von einem ethischen Wertesystem eingesetzt werden darf, sondern in Menschen- und Wahrheitsliebe eingebunden werden muss. Unter Hitler wurde das Denken bei gleichzeitiger Unterdrückung des Fühlens dazu benutzt, das Töten von sog. »lebensunwertem Leben« oder »rassisch Minderwertigem« zu rechtfertigen. Das geschah mit intellektuell scheinbar stichhaltigen Argumenten. Deshalb konnten auch so viele Deutsche der nationalsozialistischen Ideologie überzeugt und begeistert folgen, weil das schlechte Gewissen wegrationalisiert wurde. Verbrechen wie die Shoah oder die Euthanasie stellen somit den Extremfall einer negativierten Denkfunktion und deren Konsequenzen dar, die bis zum Töten geht. Jede ideologische Denkfunktion gleich welcher Art gilt im psychologischen Sinne als undifferenziert. Sie hat keinen weiten Horizont und keine umfassende Kritikfähigkeit, sondern ist auf bestimmte Voraussetzungen eingeengt. Es ist ein engstirniges und gleichsam zusammengepresstes Denken, meist im Dienst von Egoismus und Machtstreben.

Ein erster Vorläufer von Völkermord und Menschenvernichtung war bereits die brutale Niederschlagung des Herero-Aufstands 1904 in Deutsch-Südwestafrika. Befehlshaber von Trotta, der von Wilhelm II. mit der Angelegenheit betraut worden war, kalkulierte von vornherein die Vernichtung dieses Stammes ein, zu der es dann ja auch weitgehend kam. Es war der erste große Genozid in unserer deutschen Geschichte mit ca.

80 000 Toten. Der Gas- und Vernichtungskrieg des Ersten Weltkriegs gehört ebenfalls in diese Reihe, die bis zu Hitler verläuft, der alles überbot, was Androhung und Ausführung an Vernichtung anbetrifft. Er führte einen »totalen Krieg« und befahl Vernichtung und abermals Vernichtung. Zuerst kamen das ungezählte Foltern und Liquidieren von Regimekritikern oder Denunzierten, sodann die Euthanasie, der sog. »Gnadentod«, mit insgesamt 180 000 Opfern. Besonders Geisteskranke waren betroffen. So wurden ca. 100 000 psychisch Kranke und geistig Behinderte in der sog. »T4-Aktion«, benannt nach dem Berliner Planungsbüro in der Tiergartenstraße 4, ermordet. Dann ordnete Hitler den Vernichtungsfeldzug gegen Russland und dabei die völlige Vernichtung von Leningrad an (die nicht gelang). Bei Stalingrad ließ er die 6. Armee der Vernichtung anheim fallen. Während des ganzen von Deutschland ausgehenden Krieges fand eine Orgie des Tötens statt, mit Millionen von Gefallenen auf beiden Seiten, mit dem Wüten in den überrannten Gebieten und zuletzt mit dem Rückstoß der entfesselten Mächte im Bombenterror und den Feuerstürmen in den Städten und in den Gräueln von Vertreibung und teilweise auch bei der Besatzung.

Doch nicht nur auf den Schlachtfeldern und an der »Heimatfront«, sondern gerade auch in den Todesfabriken von Auschwitz, Majdanek, Treblinka und anderer Konzentrationslager, wo das »Ausmerzen« von Menschen bis zuletzt beschleunigt durchgeführt wurde, erfüllte sich Hitlers Drang nach Vernichtung. Er plante und vollzog weitgehend die Vernichtung der europäischen Juden und anderer sog. »minderwertiger Rassen«, wobei es in den KZs zusätzlich zur direkten Tötungsmaschinerie die »Vernichtung durch Arbeit« gab. Die sog. »Endlösung der Judenfrage«, die durch die Wannsee-Konferenz vom 20. Januar 1942 bezeugt ist, wurde beschlossen, als der deutsche Vormarsch in Russland zum Stillstand gekommen war. Kurz vor dieser Zusammenkunft von hohen NS-Funktionären hatte Hitler noch Amerika den Krieg erklärt. Er machte sich nach Haffners Ansicht auf diese Weise davon frei, auf irgendjemanden Rücksicht nehmen zu müssen, und habe sich so ganz den Verbrechen hingeben können. Auch an dieser zeitlichen Abfolge werde deutlich, dass bei Hitler der Vernichtungswille stärker war als politische und militärische Erwägungen.[153] In der Endphase des schon lange aussichtslosen Krieges wünschte Hitler schließlich die gänzliche Vernichtung der Deutschen.

In all dem trat unmaskiert und brutal die Negativität zutage. Hitlers Wunsch nach völliger Vernichtung seiner eigenen Landsleute hat sich nicht erfüllt. Das Leben ist weitergegangen. Der Weltuntergang ist nicht eingetreten. Doch das Schicksal des damaligen Denk- und Bewusstseinszustands war besiegelt. Für die meisten Deutschen war mit der äußeren Welt, den zerstörten Städten und dem Zerfall des Reiches und des Staates auch die herrschende Weltanschauung eingestürzt. Insofern war es im Erleben der Beteiligten durchaus das Weltende oder der Untergang. Bezeichnenderweise konnte das Ende der Hitler-Zeit 1945 nur von einem kleineren Teil der Bevölkerung als Befreiung erlebt werden. Die meisten sahen es als Niederlage und Zusammenbruch, so wie man sagt: »Eine Welt ist für mich zusammengebrochen.« Erst später konnte zunehmend der Befreiungsaspekt wahrgenommen werden. Doch die vollständige innere Befreiung von negativen kollektiv-unbewussten Wirkkräften steht noch immer aus.

Vernichtung, Untergang und Tod hatten in jener Zeit ihren Kulminationspunkt. Die deutsche Geschichte durchzieht eine Todessehnsucht, die – wie aufgezeigt – schon früh zur Geltung kam und z. B. auch in den Schriften Ernst Jüngers anklingt, wenn er von den Erlebnissen des Ersten Weltkriegs berichtet. Diese latente Todessehnsucht wurde in der NS-Ära zum manifesten Todesinteresse und zur Todesverwirklichung. Diese Zeit war meisterhaft darin, das Gedenken an Tote bzw. den Tod zu feiern. Totenehrungen wurden mit größtem Pomp durchgeführt, und Todesverachtung war einer der höchsten Werte. In der SS hieß es: »Den Tod geben und den Tod empfangen«, was millionenfach – viel mehr noch im Geben – ausgeführt wurde. Der Tod war also Programm, die SS stand offen unter dem Symbol des Todes, und viele eilten davon angezogen zu dieser Organisation. Und die sog. Totenkopfverbände waren für die Vernichtungslager zuständig. Schon die Hitlerjugend pflegte das Motto: »Wir sind geboren, für Deutschland zu sterben«, und in einem HJ-Lied heißt es: »Nun lasst die Fahnen fliegen in das große Morgenrot, das uns zu neuen Siegen leuchtet oder brennt zum Tod.«[154]

Das Totenkopf-Symbol kam allerdings nicht erst im Nationalsozialismus auf. Schon lange vor den Totenkopfeinheiten der SS gab es eine Tradition der Todesembleme in Deutschland. Auch in anderen Ländern spielte zeitweise der weiße Schädel mit den gekreuzten Knochen als Symbol eine Rolle, doch nie so durchgängig und intensiv wie in deutschen Landen. Nach dem Tod König Friedrich Wilhelms I. 1741 übernahm ein preußisches Husarenregiment das Zeichen von ungarischen und polnischen Vorbildern und legte sich eine schwarze Uniform mit dem Totenkopf auf dem

Hut zu. Diese »Mode« wurde von verschiedenen Husaren- und Infanterie-
regimentern übernommen und schließlich zierte der Totenkopf bis 1818
die Mützen aller deutschen Husaren. Im Ersten Weltkrieg wurde der Totenschädel als Verbandsabzeichen von einer großen Zahl verschiedener deutscher Einheiten benutzt. Hinzu kam, dass einige Piloten den Totenkopf in
Abwandlungen als persönliches Abzeichen führten. Gleich nach dem Ende
der Kämpfe 1918 wanderte das Todesemblem zu einzelnen Freikorps und
ab 1923 wurde es vom »Stoßtrupp Hitler« verwendet, der späteren Stabs-
wache und Keimzelle der SS. Schon vor Bestehen der »Schutzstaffel« trugen
nationalistische Veteranen Totenkopfringe, -Manschettenknöpfe und andere privat gefertigte Schmuckstücke zu ihrer Alltagskleidung. Dann wurde
das Totenkopfabzeichen bis zum Ende des »Dritten Reiches« massenhaft an
Kragenspiegeln, Helmen und Mützen sowie auf dem SS-Ring als Status-
symbol getragen. Aber auch in der Wehrmacht und selbst bei der Danziger
Polizei und Feuerwehr wurde das Todeszeichen geführt, was weniger bekannt ist; Sondereinheiten, Kampfwagen-Besatzungen und Panzertruppen
hatten oftmals das Emblem auf ihre Fahrzeuge gemalt. Es soll nicht verschwiegen werden, dass auch manche Eliteeinheiten anderer Nationen ihre
Uniformen mit dem Totenkopf »schmückten«, wenn auch bei weitem nicht
in dem Maße wie in Nazi-Deutschland.[155]

Wir haben dieses Thema noch längst nicht durchgearbeitet, viele dieser Todesenergien sind noch unerlöst, und die Negativenergien von Tod,
Vernichtung und Untergang geistern bis heute durch das kollektive Feld
unserer Psyche. Unsere Kinder, die ja immer die virulenten Kräfte unbewusst übernehmen, offenbaren das und halten uns heute – wie ich
eingangs dargestellt habe – den Totenkopf vor Augen, als Mahnung und
stillen Appell, dass wir noch weiter an der Integration dieses »Todes-
triebs«[156] arbeiten müssen. Noch immer ist der Tod ein Meister aus
Deutschland. Nehmen wir als Beispiel nur Gunther von Hagens' »Körper-
welten«. Seine Plastinationen, seine präparierten Leichen und die Art der
Darbietung zeigen einen eklatanten Mangel an Fühlfunktion, Pietät und
Ehrfurcht. Sie stehen in einer Folge mit den seinerzeit zu »rassekundlichen
Zwecken« in Formaldehyd eingelegten Köpfen und Menschenteilen und
erinnern schaurig an die von der SS für Lampenschirme und Bucheinen-
bände benutzte Menschenhaut oder die zu Hockern verarbeiteten Men-
schenknochen. In beiden Fällen konnten sich die Opfer gegen die Art der
Verwendung und »Präsentation« nicht wehren, weder die ermordeten KZ-
Insassen noch Gunther von Hagens' im Ausland eingekaufte Leichen, über

die es Gerüchte gab, dass es Verstorbene aus Russland und Hingerichtete aus China seien.

Antisemitismus und die Notwendigkeit, die Projektionen zurückzunehmen

Der Antisemitismus ist zwar kein auf Deutschland begrenztes Phänomen, und er ist auch zeitlich nicht auf die NS-Ära beschränkt gewesen, doch aufgrund des ungeheuren Ausmaßes an Verfolgung und Vernichtung in unserer jüngeren Geschichte haben wir Deutschen eine besondere Verpflichtung, uns psychologisch mit diesem Phänomen zu beschäftigen.

Schon im Mittelalter gab es in Europa Judenverfolgungen, besonders im 14. Jahrhundert, als man die Juden für die Pest verantwortlich machte und ihnen Brunnenvergiftung und Ritualmorde unterstellte. Die Juden, die in erster Linie in den Städten siedelten, hatten oft nur ein befristetes Bleiberecht. Als 1424 ein Schutzbrief für die Kölner Juden auslief, wurden ihre Friedhöfe zerstört, ihre Synagoge in eine Ratskapelle umgewandelt und sie selbst entschädigungslos enteignet und vertrieben.[157] Dies war nicht einmal der eklatanteste Vorfall. Die Nazi-Pogrome haben also durchaus ihre Vorläufer über 500 Jahre vorher. Schon von daher kann man der verbreiteten Ansicht nicht zustimmen, dass es in erster Linie Hitlers Privathass gewesen sei und es im Deutschland der Dreißiger Jahre keine größere antisemitische Stimmung gegeben habe. In der Kollektivpsyche war diese Aversion – auch wenn das nicht nur für Deutschland gilt – vielmehr latent vorhanden und konnte durch die nationalsozialistische Propaganda reaktiviert werden, zumindest im Sinne eines passiven Geschehenlassens und Wegschauens.

Psychologisch handelt es sich beim Antisemitismus um eine Projektion von eigenen Anteilen auf einen Sündenbock. All das, was wir Deutschen an uns selbst nicht wahrhaben wollten an Egoismus, Materialismus mit Geldgier und Bereicherungstendenz, Unehrlichkeit mit betrügerischer Falschheit und Übervorteilen, Genusssucht mit sexueller Triebhaftigkeit und Lüsternheit, Charakterlosigkeit und »Weichlichkeit« sowie Überbetonung des Intellektuellen, wurde in einer psychischen Operation aus uns herausgelöst und den Juden angehängt, d. h. auf sie projiziert. Wir konnten all diesen unangenehmen Eigenschaften nicht ins Auge sehen und sie nicht als unseren eigenen Schatten annehmen, und so bedeutete es eine

Entlastung für unsere Psyche, dies alles nach außen auf eine definierte Gruppe zu verlegen und es dort zu bekämpfen. Man ist dann scheinbar befreit vom inneren, unsichtbaren Unhold. Man hat ihn dann außen sichtbar vor sich und kann ihn – so war der Trugschluss – dort für immer vernichten. Auch hier gilt: Wir werden unserer Verantwortung nur gerecht und kommen nur dann weiter, wenn wir diesen Mechanismus der antisemitischen Schuldzuweisung als Eigenes und zu uns Gehörendes erst einmal annehmen. Dazu ist es notwendig, unser Bedürfnis wahrzunehmen, die Schuld für unser Unbehagen an uns selbst anderen zuzuschieben, und zu spüren, welche Entlastung das bedeutet. Denn wie viel schwieriger ist es, unsere gespaltene Seele auszuhalten!

Nun ist das Schuldgeben eine Vorliebe der Denkfunktion. Wenn das Denken der Gebieter ist, überwiegen kausales oder pseudokausales Rückverfolgen und Ursachenforschung. Schuldzuweisungen sind somit ein Werk der negativen Denkfunktion. Was das Denken auf der einen Seite an Aufklärung von Kausalität fruchtbar leistet, z. B. im wissenschaftlichen Bereich, das verfehlt es, wenn es zwischenmenschliche Belange und das Verhältnis von Menschengruppen zueinander kausalistisch untersucht und zu vermeintlichen Fehlern und Schuld gelangt, die dann bis zu Adam und Eva zurückverfolgt werden können. Hier wird aus der Ursache dann eine Schuld im Sinne von Verfehlung.

In Bezug auf den Antisemitismus hat erst nach Auschwitz eine echte Auseinandersetzung begonnen und während der letzten sechzig Jahre eine langsame Einstellungsänderung stattgefunden. Wir müssen allerdings zwischen der bewussten Haltung und den bewussten Äußerungen – da hat sich natürlich am meisten getan – und den unbewussten, vorbewussten oder den nur nicht offen bekundeten Haltungen unterscheiden. Bei Letzteren ist noch viel Arbeit zu leisten, sowohl bei denjenigen Menschen, die ihr weiter bestehendes Ressentiment nur aus Opportunität nicht laut werden lassen, als auch bei denen, die sich noch verborgene dunkle Ecken in ihrer Psyche erhalten haben, also unbewusst antisemitisch eingestellt sind. So gibt es – die erstere oben genannte Gruppe – immer noch Leute, die sich ganz bewusst antisemitische Vorurteile zueigen machen. Bis auf den heutigen Tag halten sich hinter mehr oder weniger vorgehaltener Hand Ansichten von der Presse-, Meinungs- und Geldmacht, die die Juden weltweit und besonders in Amerika angeblich hätten, was an frühere Thesen über das »Finanz- und Weltjudentum« anknüpft. Dass solche Vorurteilskerne in der »Volksseele« weiterhin bestehen, konnte man in der Vergangenheit in geradezu schöner Regelmäßigkeit bei Ausrutschern einzelner Politiker beobachten, die dann jeweils zu Recht von der Bühne verschwinden mussten. Es ist, als wären da noch verdrängte Affekte und diese müssten über ein Ventil von Zeit zu Zeit Druck ablassen. Positiv daran ist nur, dass es den Selbsterkennungs- und Bewusstmachungsprozess vorantreibt, der immer nur graduell und in winzigen, dennoch wesentlichen Schritten vorankommt.

Mit dem Fortschreiten der Geschichte sind uns Deutschen nach und nach alle Projektionsmöglichkeiten genommen worden, zumindest auf politischer Ebene. In unserer Historie haben wir früher immer Feindbilder gebraucht, um als Nation ein Eigengefühl zu entwickeln. Wir konnten anfangs nur mit dem Bewusstsein einer äußeren Bedrohung zu einem dauerhaften Nationalgefühl finden.[158] Inzwischen sind uns Stück für Stück unsere »Feinde« abhanden gekommen. Die Erzfeinde England und Frankreich gibt es nicht mehr. Auch mit Russland haben wir längst Frieden und Freundschaft geschlossen. Und seit der sog. »Endlösung« ist kein auch noch so naiver und scheinbar harmloser Antisemitismus mehr möglich.

Es ist zu hoffen, dass wir heute auch im Inland, im Nachbarschaftskontakt und im Umgang mit Fremden immer weniger die Projektion auf einen »Feind« oder auf »Minderwertige« nötig haben.

Kapitel 8
Die Wende zum Positiven

*Aber nicht nur schöpferisches und genießendes Leben hat
einen Sinn, sondern:* wenn Leben überhaupt einen Sinn hat,
dann muss auch Leiden einen Sinn haben. *Gehört doch das
Leiden zum Leben irgendwie dazu – genauso wie das
Schicksal und das Sterben. Not und Tod machen das
menschliche Dasein erst zu einem Ganzen.*

Viktor Frankl[159]

Der geschichtliche Bewusstwerdungsprozess schritt zunächst allmählich und in den letzten Jahren immer schneller voran. In der Zeit unmittelbar nach dem Krieg stand man zunächst unter Schock, was für einen Moment ganz heilsam war, doch dann wurde erst einmal alles weitestgehend verdrängt. In der Phase nach 1945 musste man sich von der unmittelbaren Vergangenheit abwenden. Es war zu schrecklich und das Wahrhaben wäre zu schmerzlich gewesen. Angesichts der Abgründe galt das, was in Schillers Gedicht *Der Taucher* (wo allerdings auf dem Grunde die »Kostbarkeit« zu finden ist) zum Ausdruck kommt:[160]

Da unten aber ist's fürchterlich,
Und der Mensch versuche die Götter nicht
Und begehre nimmer und nimmer zu schauen,
Was sie gnädig bedeckten mit Nacht und Grauen.

Wie nach dem ersten Hineinschauen in ein gruseliges Kellerverlies – um ein anderes Bild zu gebrauchen – musste man die hochgehobene Bodenklappe zu Tode erschrocken wieder zufallen lassen. Etwa nach dem Motto Nietzsches »›Das habe ich getan‹, sagt mein Gedächtnis. ›Das kann ich nicht getan haben‹ – sagt mein Stolz und bleibt unerbittlich. Endlich – gibt das Gedächtnis nach.«[161] Das heißt, man musste verleugnen und ausblenden. Erst nach einer Weile wurde aus Neugierde, aufgezwungener Weise oder auch notgedrungen ein erneuter kurzer Blick gewagt, um dann den Deckel sofort wieder heftig zuzuschlagen. Wieder brauchte man Zeit, um das Erhaschte zu verdauen, bis man die Luke noch einmal einen Spalt weit aufmachen konnte.

So verhielt es sich in den späten Vierziger bis in die Achtziger Jahre, wobei das Hineinlugen in die »Schreckenskammer Blaubarts« durch die großen Medienereignisse wie z. B. der Nürnberger Kriegsverbrecherprozess im Herbst 1945, die Auschwitzprozesse 1963–1965 und später die bedeutenden Fernseh- und Kinofilme wie *Holocaust* (1979), *Heimat 1* (1984), *Schindlers Liste* (1993) und andere bewerkstelligt wurde.

Schindlers Liste

Ist es nicht ein humorvoller und versöhnlicher Wink des Schicksals, dass gerade ein Amerikaner jüdischer Abstammung, nämlich Steven Spielberg, uns einen konstruktiven Weg weist, mit diesem schwierigsten deutschen Thema des Völkermords an den Juden umzugehen? Es ist diese unvergleichliche angloamerikanische Positivität, die die Auschwitz-Problematik im Kinoereignis *Schindlers Liste*[162] aus der Perspektive des mitfühlenden Deutschen Oskar Schindler beleuchtet, wo das Schlimme durch Gutes gemildert wird und nicht – wie wir Deutschen es zu tun pflegen – unter den Hammerschlägen von schwarzer Schuld und harter Selbstverdammung dargestellt wird. Durch Spielbergs Film wird ein anderer Umgang mit dem Holocaust aufgezeigt. Sein Film enthält die Botschaft: Es gibt auch den anderen Deutschen; er muss sich nur weiter entwickeln. Mit dieser ein Stück weit vergebenden Haltung hat der Erfolgsregisseur sich nicht nur mit seiner eigenen jüdischen Herkunft auseinandergesetzt, sondern insbesondere auch zu unserer modernen deutschen Identitätsfindung und Verarbeitung des Komplexes beigetragen. Man kann sich so wieder etwas leichter mit Deutschland identifizieren, weil es ja auch diese andere, wenn auch vielfach nur im Verborgenen gelebte Seite gab. Und auf dieser Basis wird die Konfrontation mit dem eigenen Schatten und mit dem Schrecklichen der Shoah leichter möglich. Wir können unserem jüdisch-amerikanischen Freund Spielberg dankbar sein für seine Unterstützung.

Die Chronologie der Aufarbeitung

Doch zurück zur Genealogie der Ereignisse. Schon 1945/46 wurde der von den Amerikanern gedrehte Dokumentarfilm *Die Todesmühlen* in den Kinos gezeigt, der drastisch das in den befreiten Konzentrationslagern vorgefundene Grauen schildert. Auch wurde die Bevölkerung in der Umgebung der verschiedenen Lager in den ersten Wochen nach der Kapitulation genötigt, sich die dortigen Leichenberge oder Massengräber und die noch überlebenden, fast verhungerten Häftlinge anzuschauen. Die Reaktionen der mit diesem Grauen Konfrontierten wurden übereinstimmend so beschrieben, dass sie keine Trauer offenbarten, sondern in angstbesetzter Abwehr und Sprachlosigkeit verharrten und damit genau die den Deutschen unterstellte Herzlosigkeit und Härte enthüllten.[163]

Unter anderem kam durch diese »Zumutung«, mit der Nase auf die Verbrechen gestoßen zu werden, recht früh eine Debatte über die Frage der Kollektivschuld auf, die von den einen ganz und gar befürwortet, von den anderen dagegen rigoros verneint wurde. Diese Auseinandersetzung spaltete damals die Gesellschaft, und die Nachkämpfe sind bis heute nicht ganz abgeflaut. Der Philosoph und Psychiater Karl Jaspers äußerte bereits 1946, dass jeder, der sich prüft, etwas finden würde, was er nicht hätte tun sollen.[164] Das wurde damals noch nicht allgemein anerkannt und nachvollzogen. Entsprechend erbittert waren die Abneigung und das Sich-Verwahren gegen jegliches Ansinnen einer Kollektivschuld, die noch dazu die Nachgeborenen umfassen sollte. Interessanterweise gibt es laut Norbert Frei kein einziges Dokument der Siegermächte, in dem der Kollektivschuldvorwurf erhoben wird. Dieser Zeitgeschichte-Historiker sieht in der Unterstellung einer solchen pauschalen Anschuldigung von außen das Gefühl einer verbreiteten persönlichen Verstrickung, also ein schlechtes Gewissen. Mit dem Bekämpfen eines angeblichen Kollektivschuldvorwurfs der ehemaligen Gegner habe man im Bewusstsein, ungerecht behandelt zu werden, die eigene Schuld beiseite schieben können. Alle nicht auf Hitler und die engere NS-Führung beschränkten Anschuldigungen seien so abgewehrt worden.[165] Die fehlenden schriftlichen Belege von offizieller Seite können natürlich nicht darüber hinwegtäuschen, dass damals solch ein kollektiver Vorwurf in der Luft lag, ja teilweise bis heute fortbesteht, und vor nicht allzu langer Zeit hat das Buch *Hitlers willige Vollstrecker* von Daniel Goldhagen für ein Aufleben der Kollektivschulddiskussion gesorgt.[166]

Großen seelenkundlichen Tiefblick verrät der Gedanke von Theodor Heuss, der in der Kollektivschuld eine »Umdrehung« erkennt, »nämlich der Art, wie die Nazis es gewohnt waren, die Juden anzusehen: dass die Tatsache, Jude zu sein, bereits das Schuldphänomen in sich eingeschlossen habe«[167]. Unser erster Bundespräsident verstand die damalige Debatte also als ein Rebound- oder Bumerangphänomen, nachdem wir Deutschen zwölf Jahre lang die jüdischen Mitbürger gemeinschaftlich für vorgebliche

Schandtaten haftbar gemacht hatten. Folglich gab es psychologisch gesehen primär einen Selbstvorwurf, der aber auf das Ausland projiziert wurde.

Ich finde, wir Deutschen sollten unseren generellen Anteil an dem, was damals geschah, annehmen, und zwar auch die, denen die sog. »Gnade der späten Geburt« zuteil wurde, also die nach ca. 1930 Geborenen. Denn mit dieser Wendung, die Helmut Kohl einmal so unglücklich in Israel benutzte,[168] will man sich nur den unangenehmen Wahrheiten entziehen. Allerdings ist es gut, den Begriff Schuld zu vermeiden, da er zu vorwurfsvoll ist und Bestrafung impliziert. Besser ist es, von einer kollektiven Verantwortung zu sprechen, die gerade die heute lebenden Deutschen einlösen müssen. Es ist ein gutes Zeichen, dass von unseren Politikern heute in ruhiger und selbstverständlicher Weise von »unserer Verantwortung« gesprochen wird und der moralisierende Begriff der Schuld nicht mehr so stark die Diskussion beherrscht. Schon an dieser kleinen Einzelheit ist der Bewusstseinsfortschritt erkennbar.

Dann kam – mit dem Schwerpunkt in den sechziger Jahren – eine Zeit, wo von »unbewältigter Vergangenheit« und »Vergangenheitsbewältigung« gesprochen wurde, was bedeutete, dass man irgendwie mit dieser Vergangenheit leben musste. Die »Bewältigung« hat noch vieles geschönt und an das begrenzte Auffassungsvermögen angepasst, wie Norbert Frei überzeugend ausführt.[169] Erst später setzte eine wirkliche Konfrontation mit Aufarbeitung und beginnender Integration ein, die zu einer erneuerten nationalen Identität führen kann.

Seit den neunziger Jahren wird mehr und mehr die Rolle des einfachen Bürgers in der NS-Zeit erforscht.[170] Es kommen auch – kurz bevor es nicht mehr möglich ist – vermehrt Zeitzeugen zu Wort. Man wird konkreter, die Aufarbeitung geht mehr ins Detail, und damit wird man mehr und mehr von der Klitterung weggelangen, dass nur eine Nazi-Clique verantwortlich zu machen sei. Seit Ende des letzten Jahrhunderts wächst dazu der Mut, sich die scheußlichen Fakten der Shoah genauer unter die Lupe zu nehmen. Inzwischen ist eine Fülle von Dokumentationen, Spielfilmen und Büchern erschienen, die das »Dritte Reich« zum Thema haben. Nach der Jahrtausendwende wurden in TV-Produktionen erstmals die SS und die Rolle der Ärzte intensiv beleuchtet. Daran ist ablzulesen, dass sich der Prozess des Durcharbeitens vertieft und beschleunigt. Das sind erfreuliche Signale. Hier bekommen wir Deutschen übrigens viel Lob aus dem Ausland, weil wir ernsthaft und gründlich an die Auseinandersetzung mit unserer Vergangenheit gegangen sind, was in anderen Ländern nicht immer selbstverständlich ist. So schreibt die in Ungarn geborene und nach Großbritannien ausgewanderte jüdische Journalistin und Historikerin Gitta Sereny: »Die Tatsache, dass [...] diese Wunde existiert und seit nunmehr einem halben Jahrhundert nicht aufhört wehzutun, hat den Nationalcharakter der Deutschen verändert. Und wenn Deutschland heute (wenn auch in einem ganz anderen Sinn, als von Hitler geplant) zwar nicht der Herrscher, wohl aber das Herz Europas ist, dann liegt das meiner Meinung nach eben daran, dass sich Deutsche aller Altersgruppen immer wieder auf diese Wunde besinnen.«[171]

Die Deutschen beginnen auch, sich selbst als Opfer wahrzunehmen, was aber noch eine Gratwanderung ist zwischen einer angemessenen Trauer über das erlittene Leid und einem Verdrängen der eigenen Täterschaft bei gleichzeitigem Selbstmitleid und Vorwurf gegenüber dem ehemaligen Gegner. Die Kriegskindergeneration und deren Traumatisierungen werden erforscht, und in der psychiatrischen und tiefenpsychologischen Untersuchung findet der zeitgeschichtliche Aspekt als neue Dimension Eingang in die Diagnostik.[172] Das Schicksal der Vertriebenen und der Ausgebombten rückt in den Vordergrund. Seit dem Jahr 2000 gab es in ARD und ZDF mehrteilige Dokumentationen zu den Kriegsgefangenen und Vertriebenen aus der Perspektive der Zeitzeugen mit meist parallel dazu herausgegebenen Büchern.

In diesem Zusammenhang ist in den letzten Jahren die Forderung laut geworden, eventuell in Berlin ein Zentrum für Vertreibung zu bauen, was besonders in unseren östlichen Nachbarländern auf vehemente Kritik gestoßen ist. Länder wie Polen oder Tschechien spüren sehr genau, was unbewusst mitschwingt. Es funktioniert eben nicht, verkürzt zum Gedenken des eigenen Leids zu kommen (und damit die eigene Urheberschaft auszublenden), ohne den folgerichtigen Weg zu gehen, das den anderen zugefügte Leid voll anzuerkennen. Erst wenn wir zu dieser Anerkennung fähig sind, werden wir glaubhaft auch Orte und Stätten für unsere eigene Trauer haben. Einige Zeilen aus dem Brief eines Wehrmachtsgefreiten von Anfang Februar 1945, der das Elend der Vertreibung seiner Landsleute mit ansehen muss, geben hier Aufschluss: »Mir tun nur die armen Frauen und Kinder leid, die bei so eisiger Kälte ihre Heime verlassen mussten. Es muss schrecklich gewesen sein. Solche Bilder kenne ich ja, nur war es damals nicht unsere eigene Zivilbevölkerung. Als Landser kommt einem das gar nicht so zum Bewusstsein, da gehört so etwas mehr oder weniger zum

Beruf.«[173] Dieses Zeitzeugnis offenbart etwas Wesentliches zum psychologischen Erkenntnisprozess: Erst wenn der angerichtete Schaden, das Zufügen von Schmerz, zu einem selbst zurückkehrt und fühlbar geworden ist, wenn man Grausamkeit und Entbehrung am eigenen Leibe spürt (bzw. bei den Angehörigen seiner Familie oder seines Volkes sieht), beginnt die Bewusstwerdung.

Aufschlussreich waren auch die Querelen um die Entschädigung der Zwangsarbeiter in den neunziger Jahren und um die Wehrmachtsausstellung, die zuerst 1996 eröffnet worden war und nach Protesten wegen offensichtlicher Fehler 2002 in revidierter Form wiederholt wurde. Es dauerte lange, bis die Politik unter dem Druck laufender Prozesse wirklich zu Zahlungen bereit war und sich alle maßgeblichen Firmen zu ihrer Verantwortung für die damals zwangsrekrutierten ausländischen Arbeitskräfte bekannten. Und dass die bis dahin als sauber geltende Wehrmacht teilweise einen Vernichtungskrieg geführt und Verbrechen begangen haben sollte, führte erst zu einem Aufschrei, bis man nach und nach unter der Wucht der Beweise und Argumente auch dies eingestehen musste.

Zum Spielfilm »Der Untergang«

Der bereits erwähnte Film *Der Untergang* aus dem Jahr 2004 ist ein wichtiger Schritt in diesem Konfrontationsprozess mit uns selbst. Man muss in der Tat vom Ende und dem Unheil ausgehen, um die Ereignisse dann weiter zurückspulen zu können. Und zwar muss das wiederholt geschehen, ähnlich wie bei einer Psychotherapie, wo man auch in Spiralbewegungen immer tiefer in das eigentliche Trauma oder den Komplex eindringt. Erst wenn wir im Erinnern eine gewisse Authentizität erreicht haben – und das scheint mit diesem Streifen mit seiner größtmöglichen Wirklichkeitsnähe geglückt –, können die Ereignisse davor vertieft werden. Es wird noch eine Zeitlang dauern, bis wir es wagen werden, auch an die damals ausgelösten euphorischen Gefühle zu gelangen, und z. B. die Anfangsbegeisterung zulassen und darstellen können. Noch haben wir Angst, diese Emotionen in uns zu mobilisieren, die zu jener Zeit die Menschen so unselig verführten.

Es ist gut, dass der ungemein bedrückende Film schonungslos dokumentarisch zeigt, was sich in den letzten Kriegstagen in der Schlacht um Berlin im Führerbunker abgespielt hat. Er mag vielleicht manchen, vor allem filmästhetischen Gesichtspunkten verpflichteten Kritikern nicht genügen, und er ist vom Emotionalen her für den Zuschauer überaus beklemmend – besonders in der lang und breit vorgeführten Szene, in der Magda Goebbels ihre Kinder mit Gift umbringt –, doch für die Bewusstwerdung ist er unumgänglich. Und in der schockierenden Darstellung kommt der positive Zug deutscher rückhaltloser Offenheit und Wahrhaftigkeit zur Geltung, die zu keinem Mittel der Beschönigung greift. Erschreckend und geradezu wütendmachend ist, dass man als Betrachter zur Kenntnis nehmen muss, dass weder Hitler selbst, der diesen Kindern verbunden war und in Einblenden im liebevollen Zusammensein mit ihnen gezeigt wird, noch eine der Frauen im Führerbunker, nicht einmal die eigene Mutter, sich für das Leben der Unschuldigen einsetzte oder einen Versuch zur Rettung unternahm. Hier sieht man, wie verbogen und in Mitleidenschaft gezogen durch die Denk-Ideologie des Nationalsozialismus auch das weibliche Prinzip und das unmittelbare Fühlen waren. Psychologisch gut getroffen ist ferner, wie Frau Goebbels nach der Tat aus dem Kinderzimmer herauskommt und ihr Mann ihre Hand nehmen will, sie sich kalt und starr entzieht und weggeht. Auf der Basis von Mord, noch dazu der eigenen Kinder, ist keine, nicht einmal eine augenblicklange Begegnung zwischen Mann und Frau, ist kein noch so kleiner Liebes- oder Trostmoment möglich.

Ein solches Werk mit diesem authentischen Blick wäre zwanzig bis dreißig Jahre zuvor noch nicht möglich gewesen. Da hätte man durch Satire, Übertreibung oder moralisierende Verzerrung die Furchtbarkeit der Realität noch verschleiern müssen. Die dekuvrierende menschenverachtende Haltung von Hitler und Goebbels gerade auch gegenüber dem eigenen Volk einschließlich Kindern und Alten, wie sie in der Produktion korrekt dargestellt wird, wäre da vom Publikum noch nicht aufgenommen worden. Gerade viele aus der älteren Generation hätten die damit verbundene Entidealisierung und Entheiligung des »Führers« im Grunde noch nicht toleriert. Das kollektive Bewusstsein war da noch nicht so weit.

Mit dem selbst erfahrenen Unglück beginnt das Sich-Öffnen für Mitgefühl und Einsicht. Der Aufarbeitungsprozess hat inzwischen ein Stadium erreicht, wo wir das selbst erlittene Leid umfassender anschauen und unsere Betroffenheit zulassen dürfen, ohne dass uns dies noch als Ablenkung von eigener Täterschaft ausgelegt wird. So hat z. B. das ganze Ausmaß an Grauen bei der Bombardierung Dresdens das allgemeine Bewusstsein erst im Jahr 2006 über einen Fernsehfilm erreichen können. An dieser Stelle wurden heftige Emotionen wach und nur oberflächlich vernarbte Wunden brachen auf. Die erste spontane Schmerzreaktion war bei einer Minderheit zwar immer noch die Schuldzuweisung an die Briten: »Das war nicht nötig, war militärisch unsinnig. Das war ein Verbrechen« usw. Doch es war damit ein Anstoß erfolgt, und die öffentliche Diskussion wie auch die innere Auseinandersetzung mit dem Thema erreichten ein neues Niveau. In der weiteren Ursachenforschung wird man erkennen, dass viele Kriegsereignisse eine Rache der Siegermächte, der Russen, der Franzosen, auch der Briten und Amerikaner waren. So arbeitet sich das Bewusstsein allmählich zu den eigenen Verbrechen oder Grausamkeiten vor, und es kommen die Menschen in den Blick, die unter der deutschen Kriegsführung in Polen, in der Ukraine, in Russland und anderswo gelitten haben, nicht zuletzt die verfolgten und vernichteten Juden. Und schließlich hört die Frage nach dem Vorangegangenen, nach Ursache und Schuld auf. Schmerz entsteht und ein allgemein menschliches Mitgefühl wird wach, das nicht mehr auf eine bestimmte Gruppe begrenzt ist. Hier ist der Punkt, an dem Verantwortung übernommen wird und Wandlung und Reifung stattfinden.

Geschichte des Holocaust-Mahnmals als Symbol unserer Zwiespältigkeit

Dass aber die Beschäftigung mit dem deutschen Kernthema der Verbrechen an den Juden weiterhin zäh verläuft und von Zwiespältigkeit geprägt ist, zeigt die Geschichte des Holocaust-Mahnmals in Berlin. Wie kaum ein anderes Objekt bot sich diese Stätte schon bei der Planung und während des Baus als eine geeignete Projektions- und Präsentationsfläche an, die unsere Ambivalenz, unser Uneinssein und die noch herrschende Unbewusstheit diesem Themenkomplex gegenüber sichtbar werden ließ. Es gab schon im Vorfeld eine Unzahl von unschönen Auseinandersetzungen, bis man sich schließlich für die Version der Betonstelen von Peter Eisenman entschied. Aber auch beim Bau häuften sich Unstimmigkeiten und Pannen. Bei diesem heikelsten aller deutschen Themen, dem Völkermord an den Juden, zeigte sich, dass es kaum möglich war, nur ganz »saubere« Firmen zu beteiligen, die nicht in irgendeiner Weise in die NS-Zeit verwickelt waren. Hier besteht eine ähnliche Situation wie in unserer Sprache, in der ja auch seit Hitler die Fettnäpfchen dicht an dicht stehen. Am Beispiel der Holocaust-Gedenkstätte wurde evident, wie weit auch die Wirtschaft mit dem NS-Regime verwachsen war. Es gab Proteste, als der Auftrag für die Anti-Graffiti-Schutzschicht der Stelen an die Degussa vergeben wurde, die wie viele andere Betriebe eine unrühmliche Rolle im »Dritten Reich« gespielt hatte. Doch die Vergabe an die BASF als Nachfolgeunternehmen der IG-Farben, die das Gift Zyklon B der Gaskammern produziert hatte, ging erst recht nicht, so dass nach einem vorübergehenden Baustopp die Degussa den Zuschlag behielt. Wenn das Thema nicht so ernst wäre, könnte man belustigt sein angesichts der Schicksalsironie, durch die wir immer wieder mit der Vergangenheit konfrontiert werden. Und es hat etwas Tröstliches, dass es fast niemanden gibt, der nicht betroffen ist, der nicht in irgendeiner Weise beteiligt war.

Als das Stelenfeld fertig war und die Stätte am 10. Mai 2005 eröffnet wurde, tollten gleich Kinder zwischen den Blöcken herum und Jugendliche sprangen von Stele zu Stele, was zwar das Gebot der Ehrung der Toten verletzte und teilweise Empörung hervorrief, aber auch als ein friedliches Zeichen neuen fröhlichen Lebens gesehen werden kann. Ich hätte mir zwar als Bauwerk eine schönere Erinnerungs- und Versöhnungsstätte gewünscht, aber vielleicht muss sie so düster aussehen, damit durch dieses monotone »Gräberfeld« oder durch diese kalte Betonwüste das zutiefst Bedrückende und Unbarmherzige der Shoah zur Geltung kommt.

Ein schwieriger Bewusstwerdungsprozess

Der Vorgang der Aufarbeitung, der sich in jedem einzelnen von uns abspielt, ist gar nicht so einfach. Es tut weh und verunsichert zutiefst, sich dem zunächst einmal »Unglaublichen« zu stellen. Deshalb ist die Verleugnungstendenz psychologisch verständlich. Zum Glück ist sie rapide im Abnehmen begriffen. Auch ich habe, als ich in meinen Zwanzigern war, zwar von der Realität Auschwitz gewusst, aber mich nicht für Einzelheiten interessiert. Später war ich bei einer Selbsterfahrung erschrocken, was da aus den verborgenen Schichten des Unbewussten zutage kam. Es war Anfang der 1980er-Jahre in einem 14-tägigen internationalen Workshop, in dem tief kontempliert, also über eine vorgegebene Frage (das Wesen des Menschen betreffend) meditiert wurde, wobei alles Aufsteigende dem Arbeitspartner der jeweiligen Zweiergruppe mitgeteilt werden sollte, der die Aufgabe hatte, nur zuzuhören und sich jedes Kommentars und jeglicher Wertung zu enthalten. Plötzlich kam unabweisbar ein Satz in mir hoch, und zwar bei mir, der ich mir keines Antisemitismus bewusst war, nämlich: »Jews are rats.« Ich war überrascht und entsetzt, konnte aber nicht weitermachen, ohne den Satz mitzuteilen. Der Prozess blockierte an dieser Stelle, wenn ich mich nicht dazu bekannte. Da es mir zu peinlich war und ich mich nicht traute, es meinem Gegenüber zu offenbaren, ging ich zum Leiter, einem Amerikaner, der diese Möglichkeit extra angeboten hatte. Ich sagte: »Jews are rats.« Er verstand mich akustisch nicht. Ich erinnere mich merkwürdigerweise an das Detail, dass er »What?« fragte und nicht »Excuse me?« oder »Pardon?«, also eher wie ein Deutscher in schlechtem Englisch nachhakte. Ich wiederholte den Satz. Er reagierte: »Ah, reds!« Ich dachte, er versteht mich deshalb falsch, weil Amerika das eigene Trauma mit dem Völkermord an den Indianern, den »Rothäuten«, hat. »No«, entgegnete ich und suchte noch deutlicher zu artikulieren: »Rats! The little animals.« Jetzt war es angekommen. In seiner ruhigen, alles akzeptierenden Art schloss er: »Okay. Go on contemplating!« Seine wertfreie Entgegennahme half mir, über diese Klippe hinwegzukommen, diese Schicht in mir zu erforschen und schließlich loszulassen.

Ich glaube, dass diese Episode zeigt, wie sehr wir Deutschen von unserem kollektiven Feld, das in seinen tieferen Ebenen noch die Bilder und Gedanken des Nationalsozialismus in sich trägt, beeinflusst sind. Ich erinnere mich, früher in einer Dokumentation Ausschnitte aus dem NS-Propagandafilm *Der ewige Jude*[174] gesehen zu haben, in dem demagogisch jüdische Menschen und Rattenschwärme in Parallele gesetzt werden. Die dadurch während der Hitlerzeit ins Unbewusste gesendeten Suggestionen und Assoziationen der Vergiftung und Ausrottung von Ungeziefer waren in der Kollektivpsyche angekommen und hatten sich dort festgesetzt. Zusammen mit der noch viel weiter zurückreichenden Geschichte des Judenhasses oder -ressentiments sind hier negative Gedankenkomplexe entstanden, die sich nicht so schnell wieder auflösen lassen. Denn die Kollektivpsyche ist nicht auf eine Generation beschränkt, sondern hat eine Kontinuität über viele Menschenalter. Auch bei mir lagerten ja in einer bisher unzugänglichen Tiefenschicht solche Aussagen.

Das trifft auf viele Deutsche zu. Es passierte ja in der Vergangenheit nicht nur Politikern immer wieder ein Lapsus, auch viele andere Leute des öffentlichen Lebens hatten da ihr »Coming out«. Manche erinnern sich vielleicht noch an den beliebten alkoholkranken Schauspieler Harald Juhnke, der – wie Zeugen berichteten – im Delirium einen schwarzen Kellner als »Nigger« bezeichnet und vor diesen Zeugen gesagt hatte: »Bei Hitler wäre so etwas vergast worden.«[175] Und rumort es nicht vielerorts und in den Psychen vieler, selbst nach dem Krieg geborener Menschen am 20.4., Hitlers Geburtstag? Jahr für Jahr räkelt sich da bei manchen noch der unterirdische Wotan-Hitler. Die Versuche neonazistischer Gruppen, an diesem Datum Treffen einzufädeln, stellen nur die Spitze des diesbezüglichen Eisbergs dar. Dieser Tag bleibt ein Problem und wird im öffentlichen Kalender der Bundesrepublik bewusst ausgeklammert, denn an diesem Datum ist jedwede politische Veranstaltung inopportun. Zum untergründigen Interesse an der Hitlerära sind auch das erlaubte »Gedenken«, die sarkastischen, kabarettistischen oder schwarzhumorig gemeinten Darbietungen und Sketche, mit denen man jene Zeit wieder aufleben lässt, zu zählen.

Die oben geschilderte kleine Szene, die ich selbst erlebt habe, zeigt außerdem Folgendes: Nur in einem Klima, das nicht wertet und nicht moralisiert, können sich die verborgenen Bereiche unserer Psyche heraustrauen, können wir mehr und mehr von unserem Schatten entdecken. Das gilt jedoch nur zum Zweck der Innenschau und Reflexion. Es ist also kein Freibrief für politische Äußerungen. Bei rechtsextremen Umtrieben, die noch keinerlei Abrücken von der alten Ideologie und des Hass-Standpunkts aufweisen, sind natürlich nach wie vor die aktive Entrüstung und die klare ethische Stellungnahme angebracht; ja, dies ist eine Forderung eines wachen Bürgersinns. Im Aufarbeitungsprozess aber brauchen wir – und das wird erst seit kurzem mit der zunehmenden zeitlichen Distanz möglich – eine annehmende Haltung. Annahme hat, wie ich schon einmal sagte, nichts mit Gutheißen zu tun. Sie ist eine psychische Einstellung, die nicht bewertet, weder billigt noch missbilligt, sondern alles mit großem offenen Auge ohne Zurückzucken betrachtet. Jedes vorschnelle Verurteilen würde hier den Vorgang des tieferen Eindringens und Bewusstwerdens sofort abbrechen.

Beachtung der eigenen Träume

Jeder Einzelne ist also aufgerufen, an der Aufarbeitung mitzuwirken, wobei jeder seinen eigenen Schwerpunkt setzen kann. Mir haben meine Träume geholfen. Sie haben die Richtung vorgegeben, mit welchen dunklen Anteilen ich mich beschäftigen sollte. Jeder Mensch kann auf seine Träume achten, die neben vielen aktuellen und persönlichen Fragestellungen manchmal auch die überpersönlichen Themen und Aspekte der Zeit-

geschichte aufgreifen. Man kann da auf Schatteneigenschaften, auf unge-
liebte Anteile von sich selbst stoßen, auf unterdrückende oder tätliche
Gewalt, auf Tötendes, eben auf den »Hitler in uns«. Träume geben ihre
Bedeutung häufig nur preis, wenn sie konsequent auf den Träumer selbst
bezogen werden. Alle im Traum vorkommenden Personen symbolisieren
dann Seelenanteile von uns, sind also Aspekte unserer eigenen Psyche.
Träumen wir z. B. von dem deutschen Diktator, so geht es um das Diktatorische in uns, um eine uns vielleicht gar nicht bewusste Persönlichkeitsseite, die machtbesessen und unduldsam ist. Dies ist eine Möglichkeit, die
Träume zu verstehen. Darüber hinaus können die einstigen historischen
Ereignisse wie Kriegsszenen oder solche von Verfolgung, Vertreibung usw.
direkt in den Träumen auftauchen.[176]

Ich habe hier die Erfahrung gemacht – und Ähnliches berichten andere
Psychotherapeuten[177] –, dass sogar Erlebnisse der Eltern und Großeltern
in die Träume einfließen. Und zwar gerade dann, wenn diese nie darüber
gesprochen haben.

Ich hatte eine Patientin, deren Vater bei der Waffen-SS war und der
»schwieg wie ein Grab«; von ihm erfuhr diese Frau also nicht die kleinste Einzelheit. Doch in ihren Träumen tauchten Szenen auf, die unverkennbar an
grausige Realitäten im kriegsbesetzten Russland oder in der Ukraine gemahn-
ten – mit Räumen voller Leichen, über die man hinwegsteigen musste. Der
Schluss liegt nahe, dass der Vater solche Erlebnisse gehabt hat und vielleicht
an Kriegsverbrechen beteiligt war, deren Bilder sich dem Kind via Unbewusstes mitgeteilt haben. Da die alte, direkt involvierte Generation das Geschehene
nicht aufarbeitete – fast alle haben wie abgesprochen konsequent geschwie-
gen –, ist es Hypothek und Auftrag der Nachgeborenen, diese Komplexe in der
kollektiven Psyche zu lösen.
Nach solchen Träumen und ihrer Besprechung begann sich die Patientin erstmals für die deutsche Vergangenheit und zaghaft auch für die SS zu interessieren, einen Bereich, den sie bisher vollständig tabuisiert hatte. Sie holte ein
altes Fotoalbum des inzwischen verstorbenen Vaters hervor, das sie zuletzt vor
ca. zwanzig Jahren aufgeschlagen hatte. Da stellte sie geschockt fest, dass
sämtliche Fotos des Vaters herausgerissen waren. Der Vater musste alle Auf-
nahmen, die ihn in Uniform zeigten, vernichtet haben. Diese Begebenheit ist
für mich eine Illustration dafür, wie die Vergangenheit ausgelöscht wurde.
Dies ist hunderttausendfach in den Familien passiert. Und auch die Folgege-
neration hat lange Zeit die Verdrängung mitgemacht. Die Behandlung meiner

Patientin, eine Lehrerin um die 50, fand 2001 bis 2003 statt; das Kriegsende lag also über 55 Jahre und der Tod ihres Vater über zehn Jahre zurück. Der oben erwähnte entlarvende Traum blieb nicht der einzige. Wiederholt wurde von den Träumen das Thema mit Anklängen an Mord, »Desinfektions«-Gift, Tod und Verwesung behandelt. Es half dieser Frau, die mit einer Depression in die Therapie gekommen war, als einen Teil ihres Problems die Auseinandersetzung mit der eigenen Geschichte und der Verstrickung ihrer nächsten Angehörigen in Angriff zu nehmen.

Inzwischen habe ich in den Träumen vieler Patientinnen und Patienten solche kollektiven Einflüsse mit Bildern von Gefangenentransporten in Güterzügen, von Verbrennungsöfen usw. gesehen. Ich selbst hatte Träume von jüdischen Massengräbern, verborgen unter Tennisplätzen, von Details aus dem KZ, aber auch einen Traum von einer schönen neuerrichteten jüdischen Gedenkstätte, einer Halle, in der in einem Luftstrom kreisende Blätter auf die Vergänglichkeit hinwiesen. Diese Träume hatten bei mir nichts mit meinem Vater oder anderen Verwandten zu tun, stammten also nicht aus dem familiären Unbewussten, sondern aus tieferen Regionen, eben aus dem kollektiven Unbewussten, das uns alle, das alle Deutschen angeht und betrifft.

Eine befreundete Heilpraktikerin und Psychotherapeutin erzählte mir, dass sie vor wenigen Jahren von einem Bauernhof träumte, in dem eine Kuh den Boden aufscharrte und Kinderleichen ans Licht kamen. Es stellte sich im Traum heraus, dass der Hof auf verscharrten Kindern gebaut war, die allesamt in einer Schule verbrannt waren. Zu dem Zeitpunkt, als sie mir den Traum für mein Buch zuschickte, wurde gerade auf dem Stuttgarter Flughafengelände ein Massengrab mit etwa 30 verhungerten jüdischen Zwangsarbeitern gefunden, die wahrscheinlich vom elsässischen KZ Natzweiler-Struthof zu dieser Außenstelle kommandiert worden waren. Überall stoßen wir mehr und mehr auf unsere »Leichen im Keller«. Die genannte Kollegin hatte übrigens im Alter von 14 bis 19 Jahren aus einem unerklärlichen Impuls heraus ein Halskettchen mit einem Judenstern getragen und sogar behauptet, sie sei Jüdin. Ich weiß auch von anderen Menschen, die aus unbewusster Wiedergutmachung in ihrer Jugendzeit ähnliche Dinge getan haben und z. B. in jungen Jahren den Drang hatten, nach Israel zu reisen. Der Sohn meiner Bekannten, der Anfang 20 ist, hatte ebenfalls einen bezeichnenden Traum, in dem er wusste, dass er Jude war (was er ebenso wenig ist wie seine

Mutter) und bei dem Versuch, Frauen heimlich über einen Gebirgspass zu bringen, von einem »Militäroffizier« erschossen wurde, der dann mit dem Fuß auf seinen Kopf trat. Der Traum endet mit dem Satz des Opfers: »Ich denke, du kriegst mich nicht klein, egal was passiert.«

Das Beispielmaterial ließe sich beliebig erweitern. Vielleicht können noch mehr Menschen durch das nächtliche Durchleben in ihren Träumen und der anschließenden Vergegenwärtigung ein Stück Vergangenheitsverarbeitung erreichen.

Identifikation mit Tätern und Opfern

Eine andere Möglichkeit der Vergangenheitsarbeit ist das Hineinversetzen in die damalige Zeit und in die Rollen von Opfer und Täter. In der Annäherung an dieses Thema wird man sich zuerst einmal mit den Opfern identifizieren, sich primär in diese hineinversetzen und deren damalige unerträgliche Lage, Demütigungen und Qualen nachvollziehen. Das gelingt besonders, wenn man Tatsachenberichte aus Konzentrationslagern oder Lebensgeschichten von Verfolgten liest. Wenn diese Erfahrungen innerlich nacherlebt sind, soweit das überhaupt per Einfühlung möglich ist, kann man versuchen, sich mehr und mehr in die Psyche und das Erleben der beteiligten SS- und Gestapo-Leute oder auch nur in die jener wegschauenden Mitmenschen hineinzubegeben.

Dieses Erkunden der eigenen Schattenregionen ist am allerschwierigsten und oft mit schier unüberwindlichen Widerständen verbunden. Muss ich nicht als Arzt z. B. der Wahrscheinlichkeit ins Auge sehen, dass ich – wie viele andere, die an die damals gültigen Ideale glaubten – in die SS eingetreten wäre, die zu jener Zeit als eine Eliteorganisation galt, auf deren Zugehörigkeit man stolz war. Ich wäre vielleicht in ein KZ beordert und peu à peu in die dortige unmenschliche Maschinerie hineingezogen worden. (Hier schreit alles in einem auf: »Ich doch nicht!«) So wäre ich vielleicht für Tötungen mit- oder hauptverantwortlich geworden. Oder ich hätte meine Unterschrift für Euthanasieselektionen gegeben, hätte der Hinrichtung von »Politischen« – wie es damals hieß – und vermuteten Partisanen »ärztlicherseits« beigewohnt. Kann ich sicher sein, dass ich keine »wissenschaftlichen« Experimente durchgeführt hätte, was ja nicht nur Mengele tat, sondern was in großem Stil damals geschah? Die Deformierung des Denkens durch die NS-Ideologie (»Das sind keine Menschen« und »Die müssen sowieso sterben«) haben viele Gräueltaten und pseudowissenschaftliche Menschenversuche erleichtert. Wäre ich nicht in Versuchung gewesen, im Gefühl der Macht über Leben und Tod, das durch keine äußere rechtliche oder moralische Instanz gebremst wurde, noch andere und vor anderen verborgene Untaten zu begehen?

Von unserem heutigen Bewusstsein her können wir solche Eventualitäten schnell von uns weisen und als unvorstellbar abtun. Aber wer kann für sich die Hand ins Feuer legen, dass er mit einem weniger fortgeschrittenen Bewusstsein und unter dem fast zwingenden Einfluss einer kollektiven Hysterie nicht unter Umständen in so etwas hineingeraten wäre, das sich dann verselbständigt hätte? Auch ist bekannt, dass in Ausnahmesituationen und speziell in Kriegen – wie z. B. im Vietnamkrieg geschehen – sich brave Familienväter und bisher unauffällige Normalbürger zu Massakern und anderen Mordtaten hinreißen oder in solche hineinziehen ließen.

Auch wenn man sich nicht vorstellt, in einem KZ gearbeitet zu haben, sondern wie der Großteil der Bevölkerung des damaligen deutschen Reiches in anderen Funktionen tätig gewesen zu sein – auch dann wäre man verstrickt gewesen in bösartige Diskriminierung, herzlose Ausgrenzung und brutale Verfolgung. Bis auf einige wenige Ausnahmen hatten alle die Augen zugemacht, das Herz verschlossen und ihre innere Stimme zum Schweigen gebracht.

So können wir, jeder auf seine Art und Weise, die Beteiligung und die Mitverantwortung innerlich nachvollziehen. Das funktioniert aber nur dann, wenn wir den Leidensprozess aus der Opfer- *und* der Täterperspektive durchlaufen und dabei unser Fühlen ganz mitnehmen. Auch wenn wir mit der Täteroptik beginnen, kommen wir im Erschrecken über uns selbst und über unsere bisher bestgehüteten Schattenseiten im nächsten Schritt zum Mitfühlen mit den Leiden der Betroffenen.

Kapitel 9
Die Zukunft Deutschlands

> Durch die Ethik der Ehrfurcht vor dem Leben gelangen
> wir in ein geistiges Verhältnis zum Universum.
> Die Verinnerlichung, die wir durch sie erleben, verleiht
> uns den Willen und die Fähigkeit, eine geistige,
> ethische Kultur zu schaffen, durch die wir in einer
> höheren Weise als der bisherigen in der Welt daheim sind
> und in ihr wirken. Durch die Ethik der Ehrfurcht vor
> dem Leben werden wir andere Menschen.
>
> *Albert Schweitzer*[178]

Die Zukunft hat schon begonnen

In den letzten Wochen und Monaten der Ausarbeitung dieses Buches fielen mir verstärkt die bereits mancherorts sich anbahnenden positiven Veränderungen in Deutschland auf. Auf allen Gebieten ist etwas im Fluss. Nach einer langen Phase, in der sich kaum etwas veränderte, häufen sich nun Umgestaltungen und Neuanfänge, die sich manchmal ansatzweise, manchmal schon deutlicher abzeichnen. Positive Entwicklungen allerorten, die ich noch vor kurzem so kaum für möglich gehalten hätte. Natürlich verläuft die Entwicklung immer nach dem Tanzschritt: zwei vor, einer zurück. Aber es stimmt mich froh, dass etwas im kollektiven Feld in Gang gekommen ist, in dem sich diese Vorgänge unbewusst vorbereiten. Dies hat offensichtlich nicht nur mich, sondern auch viele andere ermutigt, am Deutschlandthema zu arbeiten. Und jeder trägt auf seine Weise zu diesem Wandlungsprozess bei. Wie viel positiver beginnen bereits einzelne Zeitungs- und Zeitschriftenbeiträge sowie TV-Sendungen zu werden! Wie viel aufgeräumter, unverbissener, unverkrampfter und gefühlshafter ist zumindest bei bestimmten Anlässen die Gesamtstimmung! Es macht Mut, dies mit dem Ausblick zu verfolgen, wie anders hier das Leben noch aussehen kann. Auf manchen Gebieten scheinen dagegen die Schwierigkeiten und Reibereien erst noch zuzunehmen, z. B. was die Bürokratie und andere Formen subtiler autoritärer Machtausübung betrifft. Doch das könnte ein letztes Aufbäumen sein, bevor dieser Ungeist seinen Geist aufgibt. Also auch beim Vaterkomplexthema ist auf Besserung zu hoffen. International fängt Deutschland jedenfalls an, ohne allzu große Widerstände Aufgaben in einer guten und verantwortungsbewussten Weise zu übernehmen.

Wir können diese Ansätze unterstützen und begleiten, damit sich die Zukunft Deutschlands durch ein bewussteres Fühlen sowie ein darauf abgestimmtes Denken auszeichnet, durch mehr Positivität, einen überwundenen Vaterkomplex mit mehr Verbindlichkeit und Verantwortlichkeit und – darauf werde in diesem Ausblick noch besonders eingehen – durch Einbezug von Intuition und Geistigkeit. Intuition und Geist hängen ja zusammen (vgl. Kapitel 2), und gerade eine transformierte Geistigkeit trägt zur Wende zum Positiven bei. Ein Gutteil Negativität wird schwinden und der Katastropheneinfluss des nur halb verstandenen germanischen Endzeitmythos wird an Kraft verlieren, wenn der Auferstehungscharakter der »Götterdämmerung« mit der Möglichkeit, sich selbst durchgreifend zu verändern, deutlicher sichtbar werden. So kann schließlich gesamtgesellschaftlich ein förderlicheres Klima entstehen, im Arbeitsleben und in der Freizeit, aber auch im Bildungswesen, in Schule und Universität.

Chance und Sinn im Schlimmen

Nach diesen lichten Aussichten vorab geht es jedoch noch einmal kurz in die Finsternis zurück. Entscheidend für die Wandlung sind nämlich die kollektive Schattenarbeit und die Integration des Bösen. Erst danach können eine bewusste Entscheidung zur Positivität und eine Weiterentwicklung von Fühlen und Intuition gelingen, die sozusagen im Schattenbereich noch in unreifer Form festsitzen und wie Edelmetalle aus dem groben und unedlen Gestein herausgeschmolzen werden wollen.

Die vorangegangenen Kapitel sollten verstehen helfen, wie es zur deutschen Katastrophe kam. Der seit 1945 bestehende Stachel in unserer Kollektivpsyche wird allerdings befriedet, wenn man mehr und mehr die Wurzeln der geschichtlichen Entwicklung erkennt. Mit diesen Einsichten erschließen sich Sinnhaftigkeit und Ausblick auf eine Lösung. Es mag jedes Mal merkwürdig klingen, diesem sinnlosen Töten, Morden und Sterben jener Zeit einen Sinn abzugewinnen zu versuchen. Diese Sinngebung des scheinbar jeglichen Sinnes Entbehrenden ist weder eine nachträgliche Rechtfertigung, noch ist sie eine Beleidigung für die Opfer und erst recht keine Aufhebung der schweren Verantwortung. Es handelt sich vielmehr um eine Sicht, die einen Augenblick von der moralischen Entrüstung absieht, um die tieferen Schichten menschlicher Existenz aufscheinen zu lassen. Es ist – für alle Beteiligten – unsere einzige Möglichkeit, den Blick auf die Frage nach dem Sinn und dem Wozu zu konzentrieren. Das gilt gerade für uns Nachgeborene, die wir gar nicht dabei waren, also für die Folgegenerationen der Täter und Opfer. Denn von den Opfern und Tätern leben heute nur noch ganz wenige. Und die Kriegsgeneration war in ihrer Mehrheit noch nicht in der Lage, das Geschehen wirklich anzuschauen, geschweige denn aufzuarbeiten.

Ich möchte im Zusammenhang mit der Frage nach dem Sinn noch an zwei Worte Viktor Frankls erinnern, der das KZ überlebte, aus seiner Leiderfahrung die Quintessenz für alle Menschen zog, ein engagierter Psychotherapeut wurde und den Sinn in den Mittelpunkt rückte:[179] »Was hier Not tut, ist eine Wendung in der ganzen Fragestellung nach dem Sinn des Lebens: Wir müssen lernen und die verzweifelten Menschen lehren, *dass es eigentlich nie und nimmer darauf ankommt, was wir vom Leben noch zu erwarten haben, vielmehr lediglich darauf: was das Leben von uns erwartet!*« Der zweite Ausspruch bezieht sich auf das Ende seiner KZ-Zeit bezogen ist: »Gekrönt wird aber all dieses Erleben des heimfindenden Menschen von dem köstlichen Gefühl, nach all dem Erlittenen nichts mehr auf der Welt fürchten zu müssen – außer seinen Gott.« Diese Seinserfahrungen gelten im Grunde nicht nur für die KZ-Opfer und andere Verfolgte, sondern sie können ebenso für die Täter oder die scheinbar unbeteiligten Deutschen fruchtbar werden, die schließlich selbst in der einen oder anderen Weise Opfer wurden oder persönliches Leid erfuhren – wenn auch kaum je in dem den Juden zugefügten Ausmaß – und sich damit ihnen gefühlsmäßig annähern können. *Sub specie aeternitatis* sollten wir heute in dem schlimmen Geschehen auch die Chancen wahrnehmen, nachdem unsere Eltern- und Großelterngeneration diese Fehler begangen und diese Täterschaft auf sich genommen hat. Letzten Endes haben sie damit Wachstum und Entwicklung angestoßen. Um Missverständnissen vorzubeugen, sage ich nochmals, dass das natürlich niemals rechtfertigt, was sie getan haben. Doch nun, da es passiert ist, können wir feststellen: Ohne sie und ohne ihre Vergehen hätten wir diese rasante bisherige Bewusstseinsentwicklung nicht machen können, und wir hätten nicht diese gewaltige Antriebskraft für den anstehenden Quantensprung im Lernen, für den uns noch bevorstehenden Lernprozess.

Zu dem Thema, dass in großer Schuld die Aussicht auf große Reifung und Entwicklung liegt, sagt C. G. Jung: »Wo die Schuld groß ist, kann sich auch eine noch größere Gnade dazugesellen. Ein solches Ereignis bewirkt innere Wandlung [...]. Der Deutsche hat heute die einzigartige Chance, seinen Blick dem inneren Menschen zuzuwenden, auch wenn sein äußeres Leben schwer ist.«[180] In einem anderen Aufsatz schreibt er: »Wohl ist kein Volk so tief gefallen wie das deutsche, und keines hat sich mit einem solchen Mal gezeichnet, das in Generationen nicht abzuwaschen sein wird. Wo aber ein Pendel so weit nach der einen Seite ausschlägt, da kann es auch ebenso weit nach der anderen schwingen – vorausgesetzt, dass man dieses Gleichnis auf die Seele eines Volkes anwenden darf.«[181] So riet er bereits 1945: »Mit dem einsichtigen Annehmen der Kollektivschuld wäre ein großer Schritt nach vorwärts getan. Aber dies allein bedeutet noch keine Heilung, wie auch kein Neurotiker durch bloßes Verstehen geheilt ist. Noch ist die Frage zu beantworten: Wie lebe ich mit diesem Schatten?«[182]

In großer Schuld liegt also die Chance zu großer Bewusstheit. Vielleicht löst sich hierin das Rätsel, warum uns manche Nationen im Fühlen voraus sind. In Ländern wie England, Spanien, Frankreich und Italien wurde meines Erachtens die Entwicklung eines differenzierten Fühlens durch deren Geschichte schon frühzeitig angestoßen. Diese Nationen machten nämlich als Kolonialmächte Jahrhunderte vor uns Erfahrungen mit Völkermord und Unterdrückung, als sie die Ureinwohner anderer Erdteile auslöschten oder unterdrückten und Sklavenhandel betrieben. Mit diesen Verfehlungen oder »Verbrechen gegen die Menschlichkeit« – wie wir es heute nennen würden – hat man früh in großem Maße Schuld und Verantwortung auf sich genommen. Das geschah natürlich nicht in der Absicht, reifer zu werden, und auch wenn die Kolonialmächte ihre Vergangenheit nicht umfänglich genug aufgearbeitet haben, so hatten die geschaffenen Tatsachen jedoch eine transformierende Wirkung und führten zusammen mit anderen Faktoren in einem langen Prozess letztendlich zu größerer Bewusstheit auch im Bereich des Fühlens und Mitfühlens. Bei uns liegen die begangenen Völkermorde noch nicht so lange zurück, und wir befinden uns erst am Anfang oder in der Mitte dieses Aufarbeitungsprozesses.

Ich möchte übrigens damit keinesfalls behaupten, dass es zu einer kollektiven Entwicklung der Fühlfunktion und von Bewusstheit allgemein nur dann kommen kann, wenn über Schuldigwerden und anschließende Ächtung ein »Stachel« in der Kollektivpsyche gesetzt wird. Dieser Weg, der allerdings bis heute noch im Zusammenleben der Völker geschieht – in der Gegenwart vor allen Dingen noch in Ländern der sog. Dritten Welt in

Form von Genozid und massenhaftem Töten –, kann natürlich niemals gutgeheißen werden. Dass ein Lernprozess über eine ethische Kritikfähigkeit und daraus resultierende Veränderungsimpulse das eigentlich Wünschenswerte ist, steht außer Frage. Ich glaube, dass die Bewusstseinsevolution der Menschheit heute endlich an einem Punkt ist, wo die Entwicklung mehr und mehr in einer friedlichen globalisierten Form fortschreiten kann. Denn der Austausch und die Vernetzung haben ein so hohes Maß erreicht, dass alle von den aktuellen Geschehnissen und den dabei gesammelten Erfahrungen erreicht werden. Sie können davon in ihrem Fühlen berührt werden und somit profitieren. Und vor allem schaut heute das Weltbewusstsein über die Medien zu und völkerrechtlich kriminelle Taten lassen sich kaum noch verdunkeln oder bemänteln.

Kollektive Schattenarbeit und Integration des Bösen

Mit der Annahme des Schattens und des Bösen wird die Schuld überwunden und der Weg in lichtere Bereiche frei. Ohne das Böse verherrlichen zu wollen, möchte ich nun eine Einsicht Nietzsches anfügen, der sich wie kaum einer sonst mit dem Bösen auseinandergesetzt hat und ihm auch – durch geistige Überhebung und Krankheit – in seinem persönlichen Leben nicht entkommen ist. Es ist der Aphorismus 19 mit dem Titel »Das Böse«:

> »Prüfet das Leben der besten und fruchtbarsten Menschen und
> Völker und fragt euch, ob ein Baum, der stolz in die Höhe wachsen
> soll, des schlechten Wetters und der Stürme entbehren könne:
> ob Ungunst und Widerstand von außen, ob irgendwelche Arten
> von Hass, Eifersucht, Eigensinn, Misstrauen, Härte, Habgier
> und Gewaltsamkeit nicht zu den *begünstigenden* Umständen
> gehören, ohne welche ein großes Wachstum selbst in der Tugend
> kaum möglich ist?«[183]

Man spürt auch hier die Gefahr darin; und alles, alles ist ja eingetreten, keiner der genannten Tatantriebe und keine Tat ist ausgelassen worden. Aber ohne dies an sich heranzulassen, ohne Selbsterkenntnis, geht es nicht. Auch an anderer Stelle hat der deutsche Dichterphilosoph wie kein anderer eine tiefe Innenschau in unsere Kollektivpsyche und unseren

Schatten gewagt, wenn er in *Also sprach Zarathustra* im Abschnitt, der überschrieben ist »Der hässlichste Mensch«, schreibt:

»Ich erkenne dich wohl«, sprach er mit einer erzenen Stimme: »*du bist der Mörder Gottes!* Lass mich gehn. / Du *ertrugst* den nicht, der *dich* sah – der dich immer und durch und durch sah, du hässlichster Mensch! Du nahmst Rache an diesem Zeugen!«[184]

Hier haben wir eine Verständnisbasis für das Konzept vom »ugly German«, die Abwendung von Gott im Vaterkomplex, die Sympathie mit dem Bösen und einen weiteren Hinweis auf die Notwendigkeit der Schattenbearbeitung.

Es ist für mich erfreulich zu sehen, dass es immer mehr Mahner und Wegbereiter in Deutschland gibt, die einbringen, was uns bislang unbewusst war und damit zu einer Art Kollektivtherapie und Kulturtherapie beitragen. Immer mehr Stimmen – wie z. B. auch die des Historikers Joachim Fest, der das Böse wie das Gute als eine Möglichkeit des Menschen sieht – plädieren für die Integration des Bösen: »Wir müssen das Böse in unsere Rechnung vom Menschen wieder stärker aufnehmen [...]«[185] In seiner Hitler-Biografie heißt es über Hitler: »Er hat ein ungeheures Zerstörungswerk angerichtet: Menschen Städte, Länder, auch Werte, Traditionen und Lebensformen ausgelöscht. Aber seine folgenreichere Hinterlassenschaft ist der Schrecken darüber, wessen der Mensch gegen den Menschen fähig ist. Jeder trägt seither eine Ahnung mit sich, wie dünn der Grund ist, auf dem wir stehen. [...] Aufs Ganze gesehen hat er die schöne Selbsttäuschung aufgedeckt, die dem seit der Aufklärung herrschenden Menschenbild zugrunde lag. Doch dieses womöglich wichtigste seiner Vermächtnisse ist weder anerkannt noch angenommen.«[186]

Von einer übergeordneten Warte gesehen erscheint es so – und in der Nach- und Erinnerungsarbeit haben wir das nachzuvollziehen und auszuleuchten –, als habe sich Deutschland kollektiv das Thema Tod und Vernichtung, verbunden mit Angst, Qual und Leiden, vorgenommen. Es hat diesen menschlichen Erfahrungsbereich anderen zugefügt, aber auch selbst erlitten, und auf diese Weise bis in die tiefsten Abgründe hinein ausgelotet, und es hat sich zur Aufgabe gemacht, diese Schicht für das Wissens- und Erfahrungsreservoir der Menschheit gründlichst zu »erforschen«. Dabei hat sich die deutsche Kollektivseele zutiefst verstrickt und dadurch die Verpflichtung auf sich genommen, diese Erfahrungen auszuwerten und für uns und die gesamte Menschheit fruchtbar werden zu lassen. Doch was damals gleichsam in einem Nu getan und angerichtet wurde, braucht in der Auflösung viele, viele Jahrzehnte, vielleicht ein bis zwei Jahrhunderte. Wir haben bisher erst einen Teil der Aufgabe bewältigt. Es geht jetzt darum, zu den Dispositionen in unserer Kollektivpsyche, die dies alles möglich gemacht haben, zu stehen und sie zu wandeln. Das müssen wir Nachfolgenden es als Teil des Gesamtwesens Deutschland leisten.

Wie ich deutlich gemacht habe, vagabundieren weiterhin noch viele unverstandene Negativenergien in der Kollektivpsyche herum, und sie treten wie Spukphänomene mal hier mal dort zutage. Die Faszination des Todes ist noch nicht begriffen, und das Töten – heute im Sinne von Töten feinerer Fühlregungen sowie des Herabminderns mittels der negativen Denkfunktion – hat noch nicht aufgehört. Tragen nicht immer noch viele unserer journalistischen, filmischen oder schriftstellerischen Produktionen Elemente des emotionalen oder geistigen Negierens in sich? Ist die Gesellschaft nicht immer noch von viel Negativität durchsetzt? Wie ich schon sagte, beherrschen solche Impulse, Themen und Assoziationen unsere Medien. Die diesbezüglichen Sujets werden wieder und wieder in unbewusster Faszination durchgekaut. Die Negativität kommt dabei entweder unverstellt zum Tragen oder ist in Aussage, Tendenz und unterschwelligem Gefühlsgehalt der Verlautbarungen verpackt. Ohne Einsicht bedeutet dies aber Stagnation. Die reine Wiederholung der alten oder das Ausphantasieren neuer Schreckensszenarien und das immer neue Ausagieren von Ängsten führen nicht weiter, sondern nur die Schattenarbeit im Rahmen der Selbsterkenntnis. Dazu gehört ein immer tieferes dokumentarisches und historisches Eindringen mit einer verstehenden, fühlenden und reflexiven Anteilnahme. Man kann allerdings schon vereinzelt beobachten, dass Verstehen, Fühlen und Reflexion verstärkt für eine vertiefte Aufarbeitung und Bewusstmachung eingesetzt werden. Und nur so können neue Helligkeiten und Hoffnungsschimmer in diesen Dunkelheiten entstehen, die helfen, Mitgefühl, Liebesfähigkeit und engagierte Verantwortlichkeit kollektiv zu entfalten und unumkehrbar im öffentlichen Bewusstsein zu verankern.

Schattenarbeit bedeutet, Aggressionen und alle Boshaftigkeiten der eigenen Kollektivpsyche nicht mehr einfach nach außen zu verlagern. Früher neigten wir ja dazu, das Böse anderen anzuheften, vor allem durch antisemitische und sonstige Projektionen, was heute nicht mehr möglich ist. Ein Großteil dieser negativen Energien »kocht« nun in uns, ohne herauszukönnen. Gerade darin liegt aber die Chance. Ich will hier die

Analogie des geschlossenen Gefäßes aus der Alchemie aufgreifen, die allgemein für den seelischen Wandlungsprozess verwendet wird. Es darf nichts aus dem »Gefäß« der Psyche nach außen dringen, damit die Verwandlung der »Ausgangsstoffe« gelingt. Durch das Leiden eines Menschen an sich selbst – ohne auszubrechen, ohne zu versuchen, sich seines Schattens auf bequeme Art durch Projektion zu entledigen, sondern durch geduldiges Aushalten der Spannung – bleiben alle Energien im Prozessgeschehen, und schließlich kann die »chemische Reaktion« stattfinden. Das heißt, an diesem Punkt kann die Wandlung eintreten. So sehen wir uns heute kollektiv unseren eigenen Schattenkräften und dem Bösen gegenüber, und ein Ausweichen oder Auslagern sind nicht mehr möglich. Dadurch reagieren wir zuerst einmal depressiv und autoaggressiv. Das Klima ist dadurch innerhalb unserer Gesellschaft beeinträchtigt, manchmal vergiftet, denn wir können dies alles nicht mehr bündeln und wie früher auf eine feindliche Nation oder eine unliebsame Minderheit richten. Wir haben damit im Innern zu tun, im Innern des Landes, im Kollektivbewusstsein und letztlich in der Einzelpsyche. Wahrscheinlich gab es noch nie so viele Nachbarschaftskonflikte, Streitfälle und Zivil- wie auch Strafprozesse, nachdem die Projektionsmöglichkeit auf das »böse Ausland« oder die Juden wegfiel. Vielleicht hängt auch die Zunahme chronischer und autoaggressiver Erkrankungen beim Einzelnen – übrigens nicht nur in Deutschland – damit zusammen. Dies ist ein Zwischenstadium, und es bleibt uns nichts anderes übrig als Wandlung, wenn wir nicht kollektiv in Selbsthass, Selbstvorwürfen, psychosomatischen Störungen und Lebensunlust steckenbleiben wollen.

Die Entwicklung des Fühlens

Schattenbewältigung und Entwicklung des Fühlens hängen eng zusammen, und eine Frucht der Schattenarbeit ist die Erweiterung des Fühlens. Wäre die Fühlfunktion in Deutschland schon bewusster und differenzierter gewesen, hätte Hitler keine Chance gehabt, an die Macht zu kommen und seine verbrecherischen Vorhaben durchzuführen. Über die Fühlfunktion, die persönliche Werturteile abgeben kann, hätte man Hitler erkannt und durchschaut. Seine Reden und Vorhaben, ja sein ganzes Auftreten wären einem zutiefst unsympathisch gewesen. Und mit der Öffnung des Fühlbereichs wird sich auch in Bezug auf das Denken eine bedeutsame Veränderung ergeben, denn es wird schließlich vom Fühlen allgemein und von Mitgefühl speziell durchdrungen sein, und wir werden für unsere nun gewandelten Überzeugungen weiterhin entschieden und konsequent, doch jetzt gleichzeitig rücksichts- und verständnisvoll eintreten können. Wenn sich das Fühlen bei uns zu einer kraftvollen und einflussreichen inneren Stimme herausbildet, die sich emanzipiert neben das Denken stellt, dann können Denken und Fühlen gleichsam wie aus einem Munde sprechen. Eine schöne Vorstellung, die nicht nur Theorie bleiben muss, sondern realisierbar ist.

Die Fühlfunktion kann geübt und damit differenziert werden. Und für ihre Entwicklung gibt es Übungsmöglichkeiten für jeden Einzelnen. Das gesamte kollektive Feld kann sich dann wandeln, wenn jeder Einzelne persönlich daran arbeitet und so seinen Beitrag im Kleinen erbringt. Vom Fühlen wird ja vor allem der zwischenmenschliche Umgang bestimmt, und dieser ist ein Prüfstein für ihre Qualität. Wir können uns darüber Rechenschaft ablegen, indem wir uns fragen: Bringen wir genügend ungekünstelte Freundlichkeit dem andern gegenüber auf? Können wir egozentrisches Denken zurückstellen und dem anderen mit mehr Liebe und Wohlwollen begegnen? Können wir mit ihm mitfühlen? Erste kleine Schritte bestehen auch in Checks, in denen man sich in verschiedenen Situationen und bei allen Erlebnissen mehrfach am Tag fragt: »Was fühle ich jetzt?« oder »Wie fühle ich mich jetzt?« oder »Was sagt mein Fühlen dazu?« Man sollte darauf gefasst sein, dass vielleicht erst einmal keine Antwort kommt, das Fühlen noch schweigt oder sich andere Funktionen melden, dass man z. B. anfängt zu denken oder einem etwas von früher einfällt. Es ist anfangs gar nicht so leicht, die Orientierungsfunktionen voneinander zu unterscheiden und sie von aufkommenden Emotionen abzugrenzen. So braucht man für die Entwicklung der eigenen unerschlossenen Fühlfunktion einen langen Atem. Der Weg lohnt sich aber, weil sich schließlich nicht nur Kontakt- und Beziehungsfähigkeit verbessern, sondern überhaupt die Lebensqualität und -freude erhöht wird. Und das haben wir ja kollektiv zur Überwindung von Depressivität, denkerischem Pessimismus und Lebensekel dringend nötig.

Entscheidung zur Positivität

An die Schattenarbeit sollte sich noch ein weiterer Schritt anschließen, nämlich ein konsequenter Entschluss zur Positivität. Das Dunkle der Vergangenheit ganz auf- und anzunehmen und tiefinnerlich den Pakt mit dem Dämon des Neins aufzukündigen ist nur der halbe Weg. Die eigentliche Wende zum Positiven ist erst vollzogen, wenn der Verneinungsimpuls in ein unbedingtes Ja zu Leben und Zukunft umgewandelt wird. Erst aus einer solchen Entscheidung, die bis in die verborgenen Winkel unserer Seele vordringt, entspringen Kreativität und der Mut zu einer zukunftsweisenden Vision. Wir als Deutsche tun uns ja schwer mit dem Positiven und dem Ja. Das Übergewicht der Negativität durchdringt eben – wie es bei solchen Komplexen der Fall ist – alle Lebensbereiche und zeigt sich nicht nur am Vermeiden von Happyends. Es geht freilich nicht darum, zu einem naiven Ja zurückzukehren. Das ist gar nicht möglich und auch nicht erstrebenswert. Wir können und wollen nicht mehr in einen unbewussten Zustand zurück. Wir haben vom Baum der Erkenntnis gegessen, unser Feigenblatt verloren und das Böse getan. Wir haben damit Unterscheidungsvermögen für Gut und Böse gewonnen, und so kann unser Ja nur ein wissendes sein, das die dunklen Erfahrungen mit einschließt.

Manche Völker sind deutlich andere Wege gegangen und tun sich mit der Positivität nicht so schwer. So zum Beispiel die Angelsachsen, die den Glaubenssatz »Das Gute siegt« haben. Das heißt natürlich noch nicht, dass die scheinbar »gerechte Sache« im umfänglichen Sinne gut ist und wirklich oder immer segensreiche Effekte zeitigt. Das Gute wie das Böse ist oft relativ. Das Ethos des Guten hängt stark vom Bewusstsein des jeweiligen Verantwortlichen, z. B. eines Präsidenten oder Kanzlers, aber auch vom ganzen Volkes ab, je nachdem, ob man sich seines Schattens und des im »Guten« verborgenen Bösen bewusst oder ob man dessen eher unbewusst ist. Dennoch ist es notwendig, das Gute bestmöglich anzustreben. »Edel sei der Mensch, hilfreich und gut« – dieses Goethe-Wort aus dem Gedicht *Das Göttliche* hat für uns heute vielleicht einen ungewohnten Klang, ist aber keinesfalls antiquiert. Gerade wir Deutschen könnten uns nach der Erfahrung des Abgründig-Bösen und nach der Auflösung des Vatergott-Komplexes auf einer wissenderen Stufe wieder unserer edlen Wesensseite nähern und Gutes bewirken.

Ferner besitzen andere Länder positive Affirmationen, Stärkungssätze und kollektive Autosuggestionen mit positivem Inhalt, die eine nicht zu unterschätzende Wirkung haben. So heißt es in der inoffiziellen Nationalhymne der USA »*God bless America*«, in England lautet der offizielle patriotische Song »*God save the Queen*«, in weiteren europäischen Ländern gibt es das »*Vive la France*«, das »*Viva Italia*«, das »*Viva España*«, usw., zu denen wir aufgrund unserer Gebrochenheit höchstens noch schwache Gegenstücke haben. Erst wenn wir in unserer Identitätsklärung weiter sind und das ursprüngliche, mit der einst angestrebten Vormachtstellung über andere verbundene »Deutschland, Deutschland über alles« durch Selbsterkenntnis integriert haben, werden wir möglicherweise zu neuen Formeln finden. Die heute gesungene Strophe unseres nationalen Hymnus enthält ja schon wunderschöne, bejahende Formulierungen wie »Blüh im Glanze dieses Glückes«, hinter denen man voll und ganz stehen kann. An den amerikanischen und englischen Slogans könnte manche Deutsche auch das Wort Gott irritieren. Denn zur Negativität gehörte ja der symbolisch zu verstehende Pakt mit dem Teufel, das Nein zu und eine gewisse Abkehr von – konkret oder symbolisch zu verstehen, ganz wie man will – Gott.

In den eben genannten Ländern, besonders in »Engelland«, umgibt man sich dagegen gern mit bejahenden, Positives vermittelnden Sinnzeichen. In der nordenglischen Stadt Newcastle-Gateshead z. B. errichteten die Stadtväter auf einem Hügel die Skulptur eines Engels von beinahe 20 m Höhe und mit einer enormen Flügelspannweite. Das Monument wird täglich von Hunderttausenden passiert, die es von den nahe gelegenen großen Verkehrsadern aus sehen. Es heißt, seitdem gelinge alles, was der Stadtrat initiiere, als ob ein Schutzengel seine mächtigen Schwingen über die bislang verarmte Kohlenregion ausgebreitet habe.[187] Nach meiner eigenen Beobachtung besteht in England ein gutes Milieu für optimistische Gedanken und Symbole.

Auf übernationaler Ebene allerdings hat Deutschland bereits Wesentliches beigesteuert, z. B. die von Schiller gedichtete *Ode an die Freude*, vertont von Beethoven im letzten Satz seiner 9. Sinfonie, deren Melodie nun als Europahymne dient. Dieses »Freude, schöner Götterfunken« und »Alle Menschen werden Brüder« (»und Schwestern« müsste man ergänzen) sind schöne zukunftsweisende Motti, mit denen sich alle Europäer und nicht nur diese identifizieren können. Wenn wir das Wertvolle aus unserem kulturellen Besitz sammeln (aber ohne etwas scheinbar Unwertes auszugrenzen) und Neues in schöpferischer Weise erschaffen, werden sich ein neuer »Mythos« und eine neue positive Vision herauskristallisieren. Dann können wir mit Substanz und Qualität beruhigt nach Europa gehen und eines Tages darin aufgehen, weil unsere Talente mit denen der anderen Partner in eine europäische Kollektivpsyche eingeflossen sind.

Ein Ja zum Positiven und allgemein zum Leben ist auch Voraussetzung, wenn wir wieder zu einer normalen Geburtenrate finden wollen.

Denn dazu gehören Zuversicht und ein Glaube an die Zukunft. Es erfordert ferner, innerlich Konventionen und einer gewissen Normalität zuzustimmen, die Familie zu bejahen und nicht nur das »Besondere« zu wollen. Die Besonderheit liegt in der Individualität, mit der wir unsere Rolle und unser Leben ausfüllen. Auf philosophischem Gebiet tut sich hier bereits einiges. Philosophen sind ja Vordenker und geistige Wegbereiter. Neben den bisher dominierenden Philosophien des Todes gibt es nun auch eine Lebensphilosophie, begründet von Wilhelm Schmid, und eine Philosophie der Geburt oder der »Natalität«, begründet von Ludger Lütkehaus.

Veränderung des gesellschaftlichen Klimas im Forschungs- und Bildungsbetrieb

Entwicklung des Fühlens und Entscheidung zur Positivität werden sich auch günstig auf das gesellschaftliche Klima in Deutschland auswirken, das ja gegenwärtig noch nicht besonders förderlich ist. Wir sind noch nicht so weit, uns – das gilt auch in wissenschaftlicher Hinsicht – gegenseitig zu unterstützen, positiv zu beachten und lobend wertzuschätzen. Zu häufig dominieren die negativen Projektionen, die den Beitrag des anderen, egal ob in der Forschung oder bei jeglichem kreativen Schaffen, ignorieren, als minderwertig apostrophieren, kritisieren oder herabwürdigen. Die Überwindung von Negativität und Antihaltung kann diese innerdeutsche Atmosphäre grundlegend zum Positiven wenden. Auch hier können wir wiederum auf das Vorbild der Amerikaner und Engländer schauen, die diesbezüglich zu einer besseren Haltung gefunden haben. Nicht nur herrscht dort mehr Freundlichkeit untereinander, man fördert sich auch wechselseitig und erhöht eher den Mitmenschen und sogar die Konkurrenten, als dass man sie herabmindert oder ihnen Knüppel zwischen die Beine wirft.[188]

Besonders im Bildungsbereich ist ein grundlegender Wandel von Umgangston und gefühlsmäßiger Einstellung von allen Beteiligten wünschenswert. Denn heute reicht es nicht mehr aus, wenn die Ich-Funktionen Empfinden und Denken getrimmt, also Faktenwissen, Logik sowie weiteres kognitives und rational-intellektuelles Können eingeübt werden. Ja, nicht einmal selbstständiges Arbeiten und Teamfähigkeit reichen aus, heute sind weitergehende Befähigungen im Sozialverhalten gefragt. Darüber hinaus funktioniert die Vermittlung von Lerninhalten nur dann optimal, wenn der

Gefühlston an den Lehreinrichtungen und gesellschaftlich insgesamt stimmt. Die heutige Misere an den Schulen und Universitäten beruht nämlich meiner Meinung nach ebenfalls auf dem zu schlechten Fühl-Klima.

Nach den ungünstigen PISA-Studien und anderen Untersuchungen werden bei dem Versuch, Abhilfe zu schaffen, fast nur Vorschläge aus dem Denken heraus gemacht oder solche Ideen in den Raum gestellt, die eine Verbesserung der Lerntechniken zum Ziel haben. Eine Veränderung im emotionalen Miteinander wird nicht gefordert; dieses Problem wird nicht einmal gesehen. Die Neurobiologie, die neuerdings intensiv mitspricht, kann bei der Lösungsfindung eine Hilfe sein, aber nur wenn die gefühls-mäßigen Belange berücksichtigt werden. Und hierzu gibt es heute über-ragende Erkenntnisse und Befunde, die die Forderung unterstützen, das Emotionale stärker einzubeziehen.[189] Beispielsweise hat die moderne Hirn-forschung den – für einen guten Beobachter eigentlich selbstverständ-lichen, jetzt aber eben wissenschaftlichen – Nachweis erbracht, dass Lernen in einem Umfeld bestmöglich ist, in dem man sich wohl fühlt und mit Inte-resse und Freude dabei ist. Vereinzelt wird in der Schuldiskussion auch schon eine Erhöhung der sozialen Kompetenzen gefordert, was dem Kern der Sache nahekommt, nämlich der Entwicklung der emotionalen Intelli-genz, die die hier entscheidende, bisher noch fehlende Intelligenzparte ist. Ferner sollten eine Wertschätzung von Kreativität und Intuition hinzu-kommen.

Im teilweise verzettelten Schul- und anonymen Universitätsbetrieb gibt es leider kaum noch eine persönliche Beziehung zwischen Lehrenden und Lernenden. Aber nur eine über Jahre bestehende Schüler-Lehrer-Bindung und das Arbeiten in relativ kleinen Gruppen schaffen – falls die »Chemie« stimmt – ein stabiles Beziehungsgefüge, ein Bewusstsein von Zugehörigkeit und Geborgenheit sowie das nötige Vertrauen, in dem erst umfassendes Lernen und Persönlichkeitsreifung möglich sind. Nur so können sich das Fühlen der Einzelnen hervorwagen und soziale Fähigkeiten wie Rück-sichtnahme, Verständnis und Einfühlungsvermögen bei Schülern und Lehrkräften entfalten. Diese Grundsätze gelten auch für Studierende, deren Arbeitsweise naturgemäß noch selbstständiger und stärker eigenverant-wortlich ist und bei denen man ebenfalls mit einer langjährigen Mentor-schaft und menschlichen Gefühlsbindungen viel Positives bewirken kann.

Solche Vorschläge werden aber erst zum Zuge kommen können, wenn der Vaterkomplex in Deutschland ein gutes Stück weit aufgelöst ist, denn bisher stehen dessen psychische Auswirkungen einem solchen kooperativen Miteinander zwischen Lehrenden und Lernenden entgegen. Durch den unaufgearbeiteten Vaterkomplex sind wohlwollende Grenzsetzung und freiwilliges Akzeptieren von Regeln noch kein Allgemeingut. Zu einem erfolgreichen Lernmilieu – bei den Lernenden untereinander wie auch zwischen Lehrer und Schüler bzw. Dozent und Student – gehört aber eine Grundeinstellung von gegenseitigem Respekt: Respekt nicht im Sinne von traditionell deutscher Autoritätsfurcht gegenüber den »Respektspersonen«, sondern Respekt im Sinne von gegenseitiger Achtung und Annahme. Nur so kann es zu einer fruchtbaren Gemeinschaftsbildung kommen. Ich weiß, dass so etwas nicht einfach verordnet werden kann. Und es fehlt da auf beiden Seiten zwar nicht an gutem Willen, aber erst einmal an echtem Verständnis und dadurch an wirklicher Bereitschaft. Es bedarf eines längeren Zeitraumes, bis die Qualitäten des Fühlens als bedeutsam erkannt werden und der Vaterkomplex überwunden sein wird. Aber der Anfang liegt in der Einsicht und einem jetzt beginnenden ernsthaften Bemühen.

Dann werden Anonymität, Vereinsamung und Desorientierung, oft verbunden mit dem Gefühl der Überforderung und Sinnlosigkeit, an unseren Unis aufhören und ein in jeder Hinsicht effektiveres Studium möglich werden. Denn im bisherigen Massenbetrieb der gesichtslosen und kalten Alma Mater bricht ein Drittel der so demotivierten Studierenden das Studium ab. Wenn man nur einmal den pekuniären Aspekt betrachtet (den ich hier für viel weniger wichtig erachte), ist allein dies eine volkswirtschaftliche Vergeudung und ein jahrelanges Brachliegen von »Humankapital«. Bei einer solchen grundsätzlichen Änderung werden auch die Schulen nicht mehr ein Ort des Unbehagens, vielfältiger Negativerlebnisse und Frustrationen sein, sondern die den Kindern per se eigene Wissbegierde und ihren Lerndrang bestärken und allen Beteiligten mehr Bestätigung geben.

Geist und Intuition

Nicht zuletzt führt der Weg von uns Deutschen zu einem erneuerten Selbstverständnis, das der Zukunft gerecht wird, nur über eine Aktivierung, Belebung und Differenzierung, ja Weiterentwicklung der Intuition, die neben der Mäßigung des Denkens und der Befreiung des Fühlens ansteht. Damit würde das Geistige wieder eine größere Bedeutung bekommen. Die deutsche Psyche ist von ihrer Anlage her sehr geistig, wie viele

Deutschlandkenner meinen, die ihr einen Hang zum Geistigen und zur Innerlichkeit attestieren; doch davon ist manches verschüttet. Durch die »Gottesabkehr«, die zunehmend materialistische Weltanschauung weltweit seit dem 18./19. Jahrhundert und besonders durch die Zäsur des »Dritten Reiches« haben wir Deutschen teilweise den Kontakt zum geistigen Gesichtspunkt verloren. Die ehemaligen DDR-Bürger, die noch 40 weitere Jahre einer staatlich verordneten atheistischen Weltanschauung unterworfen waren, haben es teilweise noch schwerer.

Liegt es an Hitler und seiner verderblich mitreißenden Intuition, dass wir Deutsche, die wir in der NS-Zeit die schrecklichen Auswirkungen solch einer unkontrollierten und undifferenzierten Intuition gesehen und uns auch bei anderen Anlässen »blutige Nasen« geholt haben, sehr zaghaft, kleinlaut und übervorsichtig mit der Intuition geworden sind und sie kaum noch als eine innere Stimme und auch nicht im internationalen kulturellen Austausch zulassen? Sie muss allerdings entwickelt sein, denn sonst kann sie sich – wie wir gesehen haben – wirklichkeitsentfremdend und gefährlich auswirken.

Mit der Intuition und der geistigen Seite der Denkfunktion zu operieren, ist die eine Sache. Doch zur Geistigkeit gehört noch mehr, nämlich das Schöpferische, das Kreative, das anlagemäßig bei uns stark ist und das immer wieder einzelne Große auf verschiedenen Gebieten hervorgebracht hat, das aber seit mindestens 150 Jahren zurückgedrängt erscheint und mit dem Trauma von Naziherrschaft und verlorenem Krieg noch weiter in den Hintergrund getreten ist. Die Sehnsucht zum Geistigen ist noch da und wird sich nie ersticken lassen, doch mit dem virulenten Vaterkomplex ist der Zugang dorthin zum Teil verstellt und das Schöpferisch-Geistige und Spirituelle blockiert worden. Besonders seit der Nachkriegszeit wurde meiner Meinung nach nur noch wenig wirklich Neues und Weiterführendes an geistigen Schöpfungen aus Deutschland heraus erzeugt und geboren.

Romantik und Naturphilosophie

Besonders in der Zeit, als noch ein besserer Zugang zum Spirituellen bestand – vom Frühmittelalter bis in die Romantik und vereinzelt darüber hinaus –, gab es große geistige Hervorbringungen. Gefühl und Intuition drängten zuletzt in der deutschen Romantik vom Ende des 18. bis Mitte des 19. Jahrhunderts mit Gewalt nach oben und bildeten ein Gegengewicht zu den materialistischen Tendenzen in Europa. In der Romantik und romantischen Naturphilosophie hatte Deutschland einen Ansatz gemacht, die Intuition wieder in eine führende Stellung einzusetzen und dem Gefühl mehr Raum zu geben. Diese Entwicklung ist leider vorerst unterbrochen. Der Begriff »romantisch« bekam eine abschätzige Konnotation und wird heute fast nur noch im Privatbereich der Liebesbeziehung toleriert.

Romantische Bestrebungen sind auch deshalb in Misskredit geraten, weil gewisse »romantische« Strömungen in den Nationalsozialismus einflossen, z. B. ein »gnostischer Rassismus« oder eine »esoterische Ariosophie«.[190] Hier hatten sich die bis dahin ins Unbewusste der Kollektivpsyche verdrängten Kräfte auf ungute Weise einen Weg gebahnt, der eine üble Vermischung zwischen an sich legitimen Bedürfnissen nach Gefühl und Geist mit Nationalismus und Rassenvorurteilen darstellt. Hineingemengt wurden Hass auf Minderheiten und Fremde sowie der Wunsch nach Macht, während das Prinzip Liebe aufgegeben wurde. In diesem rückwärtsgewandten, als reaktionär und menschenverachtend zu bezeichnenden Treiben war die eigentliche romantische Unterströmung im Grunde nicht mehr erkennbar. Seither ist natürlich jeglicher Anklang an Derartiges tabu, und das berechtigte romantische Bedürfnis der Deutschen hat es noch schwerer. Doch der Drang danach lebt in der Kollektivpsyche weiter, und an die romantische Tradition kann in einem zeitgemäßen und guten Sinne angeknüpft werden.

Die romantische Naturphilosophie des frühen 19. Jahrhunderts war in ihrer konsequenten Ausprägung eine fast rein deutsche Angelegenheit. In England gab es nur vereinzelt derartig orientierte Wissenschaftler und in Frankreich praktisch gar keine. Es setzte sich vielmehr der englische Empirismus durch, eine auf reine Sinnesbeobachtung und Experiment begründete Wissenschaft, und der romantische Ansatz ging unter. Auch wenn manche Aussagen der Romantiker durch die englische Erfahrungswissenschaft widerlegt werden konnten, so haben sie deswegen ihre Gültigkeit in einem allgemeineren Sinne nicht verloren. Sie bleiben in einem symbolischen Verständnis bedeutsam, denn sie beziehen sich im Grunde nicht – darin liegt das Missverständnis, dem die Naturforscher oft selbst unterlegen sind – auf materielle, sondern auf geistige und feinstoffliche Wirklichkeiten. Diese uns Deutschen an sich eigene Wesensart und Sicht der Welt, in der Intuition und Naturgefühl eine hervorragende Rolle spielen, besteht latent bis auf den heutigen Tag. Die keltisch-germanische Tradition, wo die Natur geheiligt war, es viele Naturheiligtümer gab und die geistige Führung durch Zauberer, Barden und Schamanen entscheidend war, ist noch nicht ganz erloschen. Sind nicht auch so das Gefühlsengagement in Bezug auf das »Waldsterben«, das echte Interesse an Umweltschutz und die Naturliebe überhaupt in Deutschland zu verstehen?

Das weit über das Ichbewusstsein hinausweisende Geistige der deutschen Kultur, wie es vor allem in der Romantik zum Tragen kam, musste sich nach dem Siegeszug des Empirismus größtenteils verbergen, blieb aber zumindest als Unterströmung in der Kollektivpsyche bestehen. Dies belegt auch das Wort eines Südosteuropäers, dessen Blick aus der Distanz es besonders gut ermöglicht, das Wesentliche zu erkennen. So äußerte der ungarische Philosoph László F. Földényi, der sich von der deutschen Kultur und ihren romantischen Wurzeln geheimnisvoll angezogen fühlt, im Jahr 2005:

»Für mich ist die deutsche Kultur aus demselben Grund so verlockend, aus dem sie natürlich auch so gefährlich ist: Weil sie als gewaltige Wildnis denjenigen, der dem Genuss nicht um jeden Preis widerstehen will, schnell in sich aufsaugt. Weil sie dazu neigt, die scharfen Konturen des Ich, deren Ausarbeitung sonst zu den großen Errungenschaften und Leistungen der europäischen Kultur zählt, zu verwischen. Aber nicht um das Individuum aufzulösen, sondern im Gegenteil um zu beleuchten, dass hinter dem Ich auch etwas anderes, etwas Breiteres, Tieferes und vielleicht sogar Dauerhafteres lauert: das, was Nietzsche als Terra incognita bezeichnet und mit dem Namen Selbst versehen hat. Auf diesem Gebiet hat die deutsche Kultur meines Erachtens Großes geleistet, hierin liegt ihre große Besonderheit. Und hierin liegen nach wie vor ihre große Chance und einzigartigen Möglichkeiten.«[191]

Damit könne – so Földényi – Deutschland beispielhaft für die ganze europäische Kultur der neuzeitlichen Tendenz entgegentreten, die das Wesen des Menschen auf das vordergründige Ich, d. h. nur auf das Bewusstsein (mit dem Vorherrschen von Realitätswahrnehmung und Denken), beschränken will sowie das Unbewusste und die übergeordnete psychische Ganzheit, das Selbst, außer Acht lässt.

Geistige Innenschau und Intuition

Vielleicht ist mit dem unterschwelligen romantischen und vor allem geistigen Bedürfnis auch das steigende Interesse an psychischer Selbstentwicklung, an Techniken, das kreative und mentale Potenzial zu entfalten, an humanistischen Therapien, am Weisheitsgut indigener Völker, an östlichen geistigen Übungswegen wie überhaupt an jeder Form von geistiger Vertiefung hierzulande zu erklären. Denn durch das aktive Interesse am Geistigen und die Wendung nach Innen haben sich im deutschen Sprachraum viele Erkenntnisse entwickeln können. Diese umfassen philosophische Systeme und Theorien jeglicher Disziplinen, und sie betreffen auch die Psychologie des Unbewussten. Das Unbewusste wurde vom deutschen Philosophen Eduard von Hartmann (1843–1906) entdeckt und auch so benannt, nachdem schon Carl Gustav Carus Mitte des 19. Jahrhunderts sich implizit mit dem Unbewussten beschäftigt hatte. Es entstand die Tiefenpsychologie, als deren Vorläufer und Pionier Nietzsche anzusehen ist und die dann durch Sigmund Freud und Alfred Adler in Österreich und Carl Gustav Jung in der Deutschschweiz und später auch durch andere Deutschstämmige ausgearbeitet wurde.

Sehr frühzeitig hatte bereits die deutsche Mystik mit ihrer Wendung ins Innerliche und Geistige eine bedeutende Rolle gespielt, wobei ich hier nur auf wenige tief spirituelle Menschen wie Hildegard von Bingen, Mechthild von Magdeburg, Meister Eckhart, Johannes Tauler, Heinrich Seuse und Jakob Böhme verweisen will. Über Nikolaus von Kues und andere hat sich die mystische Tradition bei uns in Deutschland durch zahlreiche Persönlichkeiten bis in die Moderne fortgesetzt.

Auch der schon häufiger zitierte Hans-Dieter Gelfert sieht die Tiefe als Markenzeichen deutschen Denkens und erwähnt speziell den spekulativen Idealismus (hinter Idealismus und Ideal steht die Idee, sodass wir auch bei diesem Begriff auf die Intuitionsfunktion verwiesen werden) bei Fichte, Schelling und Hegel und nennt in diesem Zusammenhang auch Heidegger mit seiner Vorstellung vom Urgrund des Seins. Auf dem Boden der Kantischen Kritiken habe sich in Deutschland das spekulative Denken als spezifisch deutsche Form des Philosophierens entwickelt, während die Engländer dagegen als erbärmliche Empiriker gelten würden.[192]

Doch auch die größten Naturwissenschaftler (und zwar aller Nationen) haben in jeder geschichtlichen Ära den Bezug zum Geistigen, zur Intuition oder zur Spiritualität behalten bzw. ihn sich erarbeitet. Viele herausragende

Forscher waren sich – bis in die heutige Zeit – des Zusammenhangs von Materie und Geist bewusst, und ihrer Arbeit lagen eine schöpferische Idee und oft auch eine spirituelle Haltung zugrunde. Gemeint sind hier neben unzähligen anderen Johann Wolfgang von Goethe als Natur- und Geistesforscher, der schon durch sein hoch entwickeltes Fühlen eine deutsche Ausnahmeerscheinung war, der geistig suchende Physiker Johann Wilhelm Ritter, der universelle Naturforscher Alexander von Humboldt, der romantische Naturphilosoph und -wissenschaftler Carl Gustav Carus, der in allen Forschungsobjekten stets die geistige Idee mit sah, und viele andere sowie in neuerer Zeit Werner Heisenberg und Albert Einstein, die eine geistige Ordnung als Grundlage anerkannten und nur über die alle menschlichen Grenzen überschreitende Intuition zu ihren revolutionären Entdeckungen fanden. Die Liste der Namen könnte beliebig um andere Pioniere in den verschiedensten Wissenschaftsbereichen erweitert werden, von denen wir oft nicht mal mehr die Namen kennen und zu deren Forschungsbeitrag das Erinnerungsband weitgehend abgerissen ist.

Auch bei anderen geistgeprägten Hervorbringungen wie z. B. der Literatur waren wir Deutschen von jeher kraftvoll. Der Ausdruck »Volk der Dichter und Denker« verweist eben nicht nur auf das Denken, sondern auch auf den Geist, auf die Gabe der Phantasie und die künstlerische Schöpfungskraft, die der Domäne der Intuition angehören. Nur wenige andere Länder können ähnlich viele Schriftsteller, Dramatiker, Lyriker, Vers- und Prosadichter aufweisen. Eine große Anzahl von ihnen war stark von der Idee oder von der Vision, manchmal sogar von einer Phantastik bis hin zur Weltabwendung, beeinflusst – man denke z. B. an Poeten wie Hölderlin oder Rilke, die eigene, tief bedeutsame innerliche Welten geschaffen haben. Friedrich Schiller, viele andere idealistische Dichter und auch Goethe, der allerdings auch fest in der realen Welt verankert und insgesamt in seinen Ich-Funktionen recht ausgewogen war, lassen ein klares Führen des Geistes- und Intuitionsbereiches erkennen. Die Balladen, Dramen und Gedichte Schillers z. B. bringen nicht nur Gefühl oder Pathos zum Ausdruck, sondern auch den Geist erhabener Ideale und sind in keiner Weise naturalistisch oder realistisch, sondern intuitionsgeprägt. Noch mehr entspringen E.T.A. Hoffmanns Werke einer reinen Traumwirklichkeit. Natürlich gibt es auch dem Realismus verbundene Erzähler und Dichter, doch die bedeutendsten Schriftsteller haben – das gilt für alle Länder – immer eine starke Intuition besessen.

Doch heute heißt es, bei der Intuition und kreativen Phantasie aufzuholen, wenn andere Nationen uns in diesem Bereich nicht hoffnungslos den Rang ablaufen sollen. Führend sind inzwischen nämlich – wenn wir nur einmal das Genre der Fantasy betrachten – die Angelsachsen mit *Der kleine Hobbit, Die Nebel von Avalon, Der Herr der Ringe, Harry Potter,* dem Film *Matrix* als Verfilmung des Romans *Neuromancer* und anderer Science Fiction. Außer Michael Ende mit seinen wunderschönen Märchen *Momo* und *Die unendliche Geschichte* hat sich kaum ein Deutscher mehr an diese Literaturgattung gewagt, während früher die Phantasiedichter und Märchenerzähler Legion waren. Die Fiktion- und Fantasy-Sparte ist dabei natürlich nur ein kleiner Ausschnitt aus der Literatur, in der die Intuition eine bedeutende Rolle spielt.

Die Dominanz der phantasierten oder spekulierten Geisteswelt bei deutschen Dichtern und Denkern ging jedoch manchmal so weit, dass Weltträumerei und Wirklichkeitsfremdheit resultierten. Das ist immer eine der Gefahren der Intuition, wenn ihr keine gleichwertige Außenwahrnehmung und Realitätsfunktion gegenüberstehen, weil dann ein Abgleiten in Unwirklichkeit, Spekulatives und Bodenverlust möglich wird. (Wenn jedoch der Kontakt zur realen Welt und zur Natur gut ist und keine Weltabgewandtheit besteht, ist eine geläuterte Intuition die wertvollste Befähigung, die wir Menschen überhaupt haben. Sie erspart Umwege und führt zu den höchsten Wahrheiten und Grundfragen des Menschseins.) Das spezifisch deutsche Thema des Wunschdenkens und der Realitätsverkennung wird schon im *Struwwelpeter,* dem bebilderten Kinderbuch aus dem 19. Jahrhundert, und zwar in *Der fliegende Robert* und in *Hans Guck-in-die-Luft* aufgegriffen. In ersterer Geschichte ist das Fortgerissenwerden vom Sturm, d. h. vom Geist, von hochfliegenden Phantasien und Vorhaben dargestellt. Beide Figuren halten sich in einem Wolkenkuckucksheim auf. »An die Wolken stößt er schon, […] Stößt zuletzt am Himmel an«, heißt es von Robert. Bei Hans Guck-in-die-Luft, der nicht auf seinen Weg, auf den Boden, auf das »Niedere« achtet, lautet es: »Noch ein Schritt! Und plumbs! Der Hans / Stürzt hinab kopfüber ganz!« Weltfremdheit, Übertreibung oder Hybris der beiden geistigen Ich-Funktionen Denken und Intuition lässt den Absturz auf den Fuße folgen.

Der deutsche Wunderglaube war nirgends eindrucksvoller zu erkennen und grotesker anzusehen als im Verlaufe des Zweiten Weltkriegs, als bis zuletzt ein großer Anteil der hypnotisch zusammengeschweißten »Volksgemeinschaft« noch an den sog. »Endsieg« glaubte. Schon als die Amerikaner den Rhein überschritten hatten und die Russen nicht weit von Berlin waren, hoffte man noch auf die Geheim- und Wunderwaffe, die alles wenden würde. In dieser Hans-Guck-in-die-Luft-Manier war man zumindest davon überzeugt, dass sich die »Amis« schließlich mit Deutschland verbünden und gemeinsam die »Bolschewiken« abwehren würden. Noch am 13. April 1945 – das Kriegsende war am 8. Mai, der amerikanische Präsident Roosevelt war gestorben, doch natürlich hatte dessen Tod nicht den geringsten Einfluss auf den Kriegsverlauf – keimte im Berliner Führerbunker noch einmal die abstruse Hoffnung auf den »Endsieg« auf.

Ein neues Gefühl und ein neuer Geist für Wissenschaft und Kunst

Ich kann hier zu einer gewandelten Gesamtkultur – Wissenschaft und Kunst eingeschlossen –, bei der es nicht nur um ein ökologisches, sondern generell um ein ethisches Bewusstsein geht, nur wenige Andeutungen machen, denn dies ist nicht Gegenstand dieses Buches, würde zu weit wegführen und mich den sicheren Boden meines Kompetenzbereiches überschreiten lassen. Ich kann somit in diesem Ausblick nur einzelne Anregungen aus tiefenpsychologischer Sicht geben.

Wenn in Zukunft das Fühlen und die Intuition kollektiv mehr eingebunden werden, kann bei uns psychisch-geistig ein höheres Niveau erreicht werden. In der globalen Bewusstseinsevolution geschieht das bereits ansatzweise. Mit dem Einbeziehen dieser beiden Ich-Funktionen wird auch das in Vergessenheit geratene Prinzip Seele wieder aufleben, nicht in rückwärtsgewandter, sondern in moderner und mit dem Spirituellen verbundener Form. Schließlich wird das Weibliche dadurch nicht nur rehabilitiert, sondern stärker in unserer Kultur verankert und eine insgesamt größere Bedeutung erhalten. Im Sinne der symbolisch verstandenen »Götterdämmerung« können wir uns nach dem Untergang des alten Weltbilds und Paradigmas auf die dann neu anbrechende Zeit einer aus Geist und Gefühl geborenen Kultur freuen.

Als Teil einer solchen neuen Vision schwebt mir auch eine Veränderung der Wissenschaften vor. Was in der materialistischen Forschung heute im Grunde weltweit fehlt, ist gerade der Einbezug des Fühlens und der Intuition. Das Fehlen des Gefühls und die Notwendigkeit, es in die wissenschaftliche Zielsetzung, Planung und Durchführung der Untersuchungen einfließen zu lassen, wird heute bereits von namhaften Wissenschaftlern erkannt und benannt.[193] Hier liegt für uns Deutsche eine weitere Chance der Mitarbeit, wobei wir uns da nicht von scheinbaren Sachzwängen behindern lassen sollten. Diese Durchdringung der Wissenschaften mit der Fühlfunktion bezieht sich dabei nicht nur auf die Naturwissenschaften oder vornehmlich auf die Biowissenschaften, sondern auch auf die Philosophie und die Geisteswissenschaften insgesamt, die sogar einen besonderen Beitrag zur beschleunigten Umsetzung leisten können.

In den Wissenschaften und in der westlichen Kultur überhaupt fehlt jedoch nicht nur das Gefühl als gewichtige Komponente, auch das Geistige hat ja kollektiv gesehen nur eine untergeordnete Bedeutung, während es im Sinne einer fortgeschritteneren Bewusstheitsentwicklung eine führende Rolle spielen und eine Grundorientierung geben könnte. Der Paradigmenwechsel hin zu einer mehr geistig orientierten Wissenschaft ist natürlich nicht allein eine Herausforderung für uns Deutsche, aber gerade wir können hier aufgrund unserer spezifischen Tradition tatsächlich einen bedeutenden Anteil beitragen.

Wissenschaft und Selbsterfahrung – Versöhnung von Deduktion und Induktion

Eine gewandelte Wissenschaft bedeutet auch, dass das Element der seelischen Erfahrung und der verantwortlichen Beteiligung, unser Involviertsein als Mensch, bei der Beschäftigung mit dem Untersuchungsgegenstand wieder die führende Rolle erhält. Das gilt nicht nur für die Psychiatrie und Psychologie, wo verständlicherweise Selbsterfahrung und Selbsterkenntnis ganz entscheidend sind oder sein sollten – eine in die Tiefe gehende Psychotherapie z. B. ist ohne Lehranalyse, Introspektion und Selbstreflexion der Therapeutin bzw. des Therapeuten undenkbar –, sondern im Grunde für alle Wissenschaften, insbesondere natürlich für die sog. Lebenswissenschaften, die die Trennung zwischen Kultur- und Naturwissenschaften überwinden wollen. Überall können Fühlen und Intuition, Herz und Geist mit dem wissenschaftlichen Arbeiten gekoppelt werden. Nur so kann der Wissenschaftler verbindlich Stellung beziehen; nur so hält seine psychisch-ethische Entwicklung mit den technologischen Möglichkeiten Schritt. Der Forscher, Denker oder Experimentator nimmt sich bzw. sein Menschsein in den wissenschaftlichen Gegenstand mit hinein, erkennt, erfährt und entwickelt sich darin. Ein distanziertes, wie durch eine Glasscheibe getrenntes Verhältnis von Beobachter und Untersuchungsobjekt ist nicht mehr zeitgemäß. Wir können heute erkennen, dass wir unauflösbar und schicksalhaft mit dem Objekt verbunden sind. Ein Gleiches gilt übrigens für den musischen Bereich, für Kunst und Musik.

Ferner bedeutet der Einbezug oder besser die Rehabilitation der Intuition, dass der deduktive Wissenschaftsansatz wieder eine maßgebliche Stellung bekommt. Das Deduktive (die Ableitung des Einzelfalls aus einem allgemeinen Gesetz, zu dem man primär über die Idee, also über Intuition, gefunden hat) hat meiner Meinung nach Zukunft. Damit wird kein Gegensatz zwischen Vision, Eingebung und Spekulation auf der einen und Experiment, Erfahrungstatsache und Beobachtung auf der anderen Seite konstruiert, sondern eine Versöhnung von Deduktion und Induktion angestrebt. Während der induktive Ansatz, die Verallgemeinerung von Detailbefunden, heute alleinig herrscht – die Intuition geht höchstens als Privatphantasie des Forschers ein – könnten in Zukunft am Anfang mehr die Idee, der geistige Überblick und das Überschauen des Ganzen stehen, in dessen Kontext die Einzelbeobachtungen einzuordnen sind und worauf auch eine Forschungsplanung basieren kann. Dazu bedarf es aber eines *consensus omnium* innerhalb einer neuen geistigen Orientierung und dazu müsste sich die Gesellschaft erst mehr gewandelt haben. Da das auf längere Zeit noch nicht abzusehen ist, sind wir von einer deduktiven Forschungsplanung noch weit entfernt.

Jedes Land oder Volk der Welt kann seinen Beitrag zur Weiterentwicklung, Bewusstseinsevolution und Vervollkommnung der Welt leisten, auch die Deutschen. Es ist gut für jede Nation, sich ihres Beitrags bewusst zu werden, weil ihr dies Würde, Selbstwertgefühl, Identität und Sinn vermittelt. Der deutsche Anteil bestand früher hauptsächlich darin, in den Natur- und Geisteswissenschaften Impulse zu setzen. Heute könnten wir vor allem durch die Schattenintegration einen wichtigen Beitrag leisten, da wir aufgrund der jüngeren deutschen Historie hier eine gewisse Vorreiterrolle übernehmen können. Und es gibt kein Volk, das nicht etwas Wesentliches für die Menschheit beisteuern kann. Inzwischen rücken auch die asiatischen Länder langsam ins Blickfeld, deren Zutun in dem großen Verschmelzungsprozess des Bewusstseins immer bedeutender wird. In diesem »East meets West« kommen nun stärker die geistigen Schätze des Ostens und dessen Kulturgut zur Geltung – z. B. aus Indien, Tibet, Japan und China –, und es geschieht eine Amalgamierung, die bereits vor über 100 Jahren angefangen hat, sich immer weiter intensiviert und immer breitere Schichten erfasst.

Das Gold unserer Nationalflagge nach oben kehren

Zum Abschluss möchte ich eine kleine Geschichte erzählen, die sich in den Vereinigten Staaten zugetragen hat, und daran einige Gedanken zu unserer Flagge knüpfen. Erlebt hat sie ein Freund und Kollege von mir während eines früheren Schüleraustauschs.

Bei einem Festakt am Ende der Besuchszeit wurden die Fahnen aller beteiligten Länder aufgestellt. Mein Freund stellte fest, dass die deutsche Flagge verkehrt herum aufgehängt war, und wies den Gastgeber darauf hin. Diesem war dies ungemein peinlich – Amerikaner legen ja großen Wert auf diese nationalen Symbole –, und er korrigierte es sofort. Offenbar war er selbstverständlich davon ausgegangen, dass das Gold oben sein müsse, und ohne darüber nachzudenken hatte er deshalb die Flagge in dieser Ausrichtung befestigt. Dass der schwarze Streifen zuoberst kommen könnte, schien ihm nicht vorstellbar.

Diese Anekdote gibt mir Gelegenheit, auf die Farbsymbolik unserer Nationalflagge spielerisch einzugehen. Es gibt außer Belgien nur wenige Staaten auf der Welt (vor allem arabische Länder wie Irak, Afghanistan, Ägypten, Jemen, Syrien, Vereinigte arabische Emirate), die Schwarz in der Fahne haben. Es gehört noch mehr Chuzpe dazu, das Schwarz nach oben hin zu orientieren, was nur ganz selten der Fall ist, so bei dem zentralafrikanischen Staat Uganda, in dessen Nationalfahne es einen schmalen Streifen Schwarz oben und in der Mitte gibt, und bei den Ländern Jordanien, Kenia und Westsahara, deren Flaggen oben einen schwarzen Balken tragen, bei allen dreien allerdings grafisch etwas aufgelockert.

Was bedeutet das symbolisch für uns? Schwarz ist die Farbe der Dunkelheit, des Unbewussten, des Schattens (wie ja der verborgenste Bereich des Unbewussten genannt wird), in dem auch »das Böse« zu Hause ist. Schwarz ist ferner die Farbe der Trauer, der Depression, aber auch der Eleganz und des Machtstatus. All dies haben wir Deutschen inzwischen ganz nach oben kommen lassen, sozusagen zuoberst gekehrt. Unser Weg, auf dem wir ja bereits ein gutes Stück gegangen sind, besteht ja darin, uns durch dieses Dunkle ganz hindurchzuarbeiten, durch unsere schwärzeste Vergangenheit mit dem größten Missbrauch der Macht, durch unseren Schatten mit dem Wirklichkeit gewordenen Bösen, durch die Trauer um den »Verlust der Unschuld«, durch das Entsetzen über und die Trauer um die vielen Millionen Ermordeten, Toten und ungeheuren kulturellen und materiellen Einbußen, schließlich durch unsere kollektive Depression – bis wir zur roten Schicht unserer Nationalflagge durchstoßen.

Das Rot ist einerseits die Farbe der Affekte, z. B. der Aggression, die ja im Blutrausch des Zweiten Weltkriegs und des Genozids reichlich gelebt wurde, und sie ist andererseits die Farbe des Fühlens und der Liebe. Das Rot der unbewussten Affektivität und Emotionalität kann durch Verfeinerung und Differenzierung zum Rot der bewussten Fühlfunktion werden. Das ist – wie ich es sehe – eine unserer vorrangigen Aufgaben.

Wenn wir uns die Qualität des Fühlens angeeignet haben und das Rot zur gelebten Farbe des Herzens geworden ist, wird der Zugang zum goldenen Boden, zur am stärksten verschütteten Schicht frei. Golden ist unter anderem die Lichtfarbe der Sonne, die ja im germanischen Mythos zeitweise vom schwarzen Fenriswolf verschlungen war. Das Gold ist schlechthin eine göttliche Farbe. Als Farbe des Edelmetalls symbolisiert es das Wertvolle an sich, doch es meint nicht nur das materielle Element Aurum, sondern verweist im übertragenen Sinne auf die unzerstörbare geistige Kostbarkeit in der Tiefe der Seele. Nietzsche kontempliert über das Gold und die Frage, wie es zum höchsten Wert kam: »Darum, dass es ungemein ist und unnützlich und leuchtend und mild im Glanze; es schenkt sich immer. / Nur als Abbild der höchsten Tugend kam Gold zum höchsten Werte. Goldgleich leuchtet der Blick dem Schenkenden. Goldesglanz schließt Frieden zwischen Sonne und Mond.«[194]

Gelb oder Gold ist die Farbe der geistigen Intuition, ist ein Ausdruck des Geistes an sich einschließlich der Spiritualität. Wie schon gesagt haben wir eine »Durchfühlung« und »Durchgeistigung« unserer Kultur, d. h. der Wissenschaften, der Künste wie auch des ganzen Lebens, dringend nötig. Wenn wir zum Gold auf dem Grunde kommen, wenn wir in dieser Weise fündig geworden sind, haben wir den vorgegebenen Pfad unserer Flagge umgesetzt. Rot und Gold als Sinnbilder von Fühlen und Intuition fordern uns auf, mit dem Fühlen das Weibliche und mit der Intuition das Geistige hervorzuholen, die beide Deutschland noch so fehlen. Und nach der Erlösung des Gefühls und des Geistigen können wir nun mit Hilfe unseres gewandelten Bewusstseins vielleicht die Fahne umdrehen, wie es der Amerikaner in liebenswürdiger Naivität und wohlmeinendem Optimismus schon vorweg für uns getan hat.

Anhang

Anmerkungen

1 Aus: Wolfgang Büscher, »Deutschland, eine Reise«. Copyright © 2005 by Rowohlt Berlin Verlag GmbH, Berlin.

2 Vgl. Kluge (1995²³).

3 Vgl. Deutsches Wörterbuch von Jacob und Wilhelm Grimm.

4 Auch der Ausdruck »morphogenetisches Feld« von Rupert Sheldrake kommt diesen hier unterbreiteten Vorstellungen nahe und beschreibt im Grunde ähnliche Phänomene. Sein wichtigstes Buch ist »A New Science of Life« von 1981, deutsch »Das schöpferische Universum. Die Theorie des morphogenetischen Feldes« (1983, 1993).

5 Vgl. Tann (1991).

6 C. G. Jung charakterisiert Hitler als Hysteriker mit einer Pseudologia phantastica (erfundene Lügen, an die man selbst glaubt): »Das deutsche Volk hätte auf die dem Ausländer (bis auf wenige schwerbegreifliche Ausnahmen) als lächerlich erscheinende, pathetische, das heißt offenkundig hysterische Geste Hitlers und auf seine weibisch kreischenden Reden niemals hereinfallen können, wenn diese Gestalt, die mir auf Grund eigenen Augenscheins wie eine psychische Vogelscheuche vorkam (ein Besenstiel als ausgestreckter Arm), nicht ein Spiegelbild der allgemeinen deutschen Hysterie gewesen wäre. Man wagt es ja nicht gerade ohne schwere Bedenken, sozusagen ein ganzes Volk als ›psychopathisch minderwertig‹ aufzufassen, aber es war – weiß Gott – die einzige Möglichkeit, sich die Massenwirkung dieses Popanzes einigermaßen zu erklären.« (GW 10, § 419.) »Minderwertig« ist die Fühlfunktion, die solche hysterischen Phänomene ermöglicht, weil sie kein Werturteil fällen kann.

7 In: Wehr (1985), S. 273 ff.

8 Vgl. Obrist (1990).

9 Leopold von Ranke: Politisches Gespräch. Mit einer Einführung von Friedrich Meinecke. München und Leipzig 1924. Zitiert nach: Krockow (2002), S. 111.

10 Stürmer (1983), S. 407. Zitiert nach: Krockow (2002), S. 52. Von Krockow erörtert gut nachvollziehbar die gesellschaftlichen Auswirkungen dieses europäischen Krieges in Deutschland.

11 Krockow (2002).

12 Aus: »Alle Lieder« von Wolf Biermann. © 1991 by Verlag Kiepenheuer & Witsch, Köln.

13 Asserate (2003), S. 14.

14 Es fängt zaghaft an, dass manche Autoren wieder »wir« sagen. Siehe z. B. das Buch von Matthias Matussek Wir Deutschen. Warum uns die anderen gern haben können (2006). Auch im Titel *1945 und wir. Das Dritte Reich im Bewusst-*

sein der Deutschen (2005) des Historikers Norbert Frei ist dieser Pluralis. Dass »wir« und »die Deutschen« in einer Überschrift vorkommen – wie ja auch im vorliegenden Buch –, trifft genau den beginnenden Umbruch, reflektiert aber auch die Mischung von Distanz und Nähe, die dem Thema angemessen ist.

15 Siehe dazu auch Sebastian Haffners Buch *Geschichte eines Deutschen. Die Erinnerungen 1914–1933.* (2002). Es ist interessant, dass Haffner dieses wichtige Zeitzeugenbuch, das lebendig und aus persönlicher Perspektive Geschichte vermittelt, zu Lebzeiten geradezu schamhaft verschwiegen hat und nur wenige Ausschnitte daraus veröffentlichte. Damals war es einfach noch nicht statthaft, über diesen Teil der deutschen Vergangenheit zu schreiben, selbst wenn man wie Haffner so unverdächtig und antinazistisch war. Das Schweigen der älteren Generation hat offenbar auch solche kritischen Geister angesteckt. Haffner macht in diesem autobiografischen Büchlein übrigens die Sprachregelung mit, »die Nazis« zu sagen, was aus seiner Sicht als Gegner Hitlers und Emigrant verständlich ist.

16 Asserate (2003), S. 246.

17 Krockow (1999), S. 35.

18 Neben den vier genannten Ich-Funktionen, mit denen viel in der Jung'schen analytischen Psychotherapie gearbeitet wird, gibt es noch weitere Ich-Funktionen, die in der Freud'schen Psychoanalyse herausgearbeitet wurden.

19 C. G. Jung hat sein Modell der vier Orientierungsfunktionen Denken, Fühlen, Empfinden und Intuieren zusammen mit Extraversion und Introversion in seinem Buch *Psychologische Typen* (1921/1950, 1971), Gesammelte Werke (GW) 6, dargestellt. Diese Typologie Jungs wurde seither von Ursula Eschenbach (in ihrem Buch *Der Ich-Komplex und sein Arbeitsteam. Topographie der Selbstentfaltung* [1986]) und von mir weiterentwickelt. Siehe dazu mein Buch: *Therapeutisches Arbeiten mit dem Ich. Die vier Ich-Funktionen Denken, Fühlen, Empfinden und Intuition* (2003). Hier sind ausführlich die vier psychischen Ich-Funktionen dargestellt und in ihrer Rolle für die Psyche erläutert.

20 Zur Intuition siehe auch das gut lesbare Buch *Intuition – die innere Stimme* (2006) von Ang Lee und Theodor Seifert, das das Thema umfassend behandelt.

21 Auf Madame de Staël und das Hölderlingedicht bin ich durch Gelfert (2005 a, S. 133) aufmerksam gemacht worden.

22 Zum unterentwickelten Fühlen siehe das nachfolgende Kapitel 3.

23 Wassily Kandinsky: Das Geistige in der Kunst.

24 Genaueres hierzu vgl. Adam (2003), S. 58–67.

25 Gelfert (2005 a), S. 45.

26 Gelfert (2005 b), S. 26.

27 *Volk ohne Raum* ist der Titel eines Buches von Hans Grimm, das erstmals 1926 erschien und in der Weimarer Zeit mit über 200 000 Exemplaren verkauft wurde.

28 Jung (1981): GW 18/I, § 96. Jung gab mir mit seinen verschiedenen Hinweisen in seinem Werk neben eigenen Beobachtungen entscheidende Anregungen, diesem Sachverhalt des Mankos der Fühlfunktion in Deutschland nachzugehen. An anderer Stelle sagt Jung in Bezug auf die deutschen Minderwertigkeitsgefühle: »Minderwertigkeitsgefühle sind in der Regel minderwertiges Gefühl, was nicht

etwa ein Wortspiel ist. Keine intellektuelle oder technische Leistung der Welt vermag die Minderwertigkeit des Gefühls wettzumachen. [...] Ich bin ja keineswegs der erste, dem das deutsche Minderwertigkeitsgefühl aufgefallen wäre. (Was haben GOETHE, HEINE und NIETZSCHE über ihr eigenes Land gesagt?) Minderwertigkeitsgefühl bedeutet ja eben gerade nicht, dass es unberechtigt wäre. Es gilt nur nicht für die Seite oder Funktion, an der es erscheint, sondern bezieht sich auf eine zwar undeutlich geahnte, aber wirklich vorhandene Minderwertigkeit.« (Ebd. [1945/1946, 1974]: GW 10, § 416 f.)

29 Fontane (1998 b), S. 29.

30 Ders. (1998 a), S. 367.

31 Ders. (1998 c), S. 35.

32 In einem Radiointerview in SWR2 im Mai 2006.

33 Vgl. Gelfert (2005 b), S. 26 und Davies (1999), S. 664 ff.

34 Vgl. Gelfert (2005 b), S. 65 f.

35 Ders. (2005 a), S. 170.

36 Aus der Zeitschrift »Die Gartenlaube«, 1912. Zitiert in: Craig (1999), S. 241. Auch die anderen Informationen zur Situation der Frau im 19. Jahrhundert sind weitgehend diesem Werk Craigs entnommen.

37 Gelfert (2005 b), S. 116 f.

38 Vgl. Krockow (1998).

39 Vgl. ders. (1999), S. 74–80.

40 Vgl. ders. (1995), S. 75.

41 Vgl. Fest (1973), S. 85.

42 Vgl. ebd., S. 349; 465 ff.

43 Albert Speer: *Erinnerungen*. Zitiert in: Fest (1973), S. 745.

44 Zitiert in: ebd., S. 844.

45 Helmuth Plessner (1895–1985, deutscher Philosoph und Soziologe, Vertreter der Philosophischen Anthropologie. Das gemeinte Werk heißt: *Die verspätete Nation. Über die politische Verführbarkeit bürgerlichen Geistes* von 1959.

46 Jung sagt in den Zarathustra-Seminaren: »Die extreme Abhängigkeit von der Autorität war jedoch eine typisch deutsche Schwierigkeit. [...] es ist noch die Psychologie eines Jungen, der einen Vater hat; eine Zeitlang stellt er den Vater viel zu sehr zufrieden und dann missfällt er ihm wieder völlig. [...] es gibt keine Anima in dem ganzen Spiel, genau wie im Fall Nietzsches.« [Übersetzung der englischen Seminartexte von mir]. (Jung [1988], S. 535.)

47 Allert (2005). Siehe auch die Rezension in der NZZ vom 19./20. Nov. 2005.

48 Vgl. Allert (2005), S. 46.

49 Über die Homosexualität und den damit verbundenen Analverkehr lässt sich auch von der Farbgebung her ein psychologischer Bogen zum Bereich des Analen in der »braunen Zeit« schlagen, wo es z. B. die »kackbraunen« Uniformen der SA gab. Tiefenpsychologisch kann man sagen, dass in Deutschland gemeinschaftlich eine Fixierung, d. h. eine psychische Bindung an den Bereich des Analen bestand und teilweise noch besteht. Damit ist gemeint, dass ein zumindest unbewusstes Interesse an den Ausscheidungsorganen, -vorgängen und -produk-

ten vorhanden ist. Diese Fixierung und das Interesse am Analen bei Männern zusammen mit einer negativen Vaterbeziehung werden von Freud'schen Psychoanalytikern gemeinhin als »latente Homosexualität« bezeichnet. Ich möchte es hier aber lieber bei dem Ausdruck »Jünglingsstufe der Entwicklung« belassen, weil der erstere zu pathologisierend klingt. Sigmund Freud hat ferner bei Menschen, die aufgrund einer Fixierung auf das Anale bestimmte Charakterzüge aufweisen, vom »analen Charakter« gesprochen. Bei uns Deutschen sind solche analen Charakterzüge ein Teil unserer Kollektivpsyche. Der unbewussten Beschäftigung mit Ausscheidung und Exkrementen steht im äußeren Leben eine Kompensation durch besondere Sauberkeit, Hygienebewusstheit, ja Zwanghaftigkeit und Kontrolle gegenüber. So gehören zu den Attributen des analen Charakters Reinlichkeit, Korrektheit, Ordentlichkeit bis zur Pedanterie, Genauigkeit und »Pünktlichkeit« (genau bis auf den Punkt), Sparsamkeit bis zum Geiz, sodann Gründlichkeit, Zuverlässigkeit und Gewissenhaftigkeit, aber auch Eigensinn, Trotz und Jähzorn.

50 *Independence Day*. USA 1996. Regie Roland Emmerich.

51 *Armageddon – das jüngste Gericht*. USA 1998 mit Bruce Willis. Regie Michael Bay.

52 *Godzilla*. USA 1998. Regie Roland Emmerich.

53 *The Day After Tomorrow*. USA 2004. Regie Roland Emmerich.

54 Inhaltsbeschreibung nach eigener Kenntnis und nach Töteberg (1995).

55 Fest (1973), S. 397.

56 Siehe dazu auch die Publikationen von Bert Hellinger, der in dem von ihm entwickelten Familienstellen eine Versöhnung zwischen Tätern und Opfern herbeizuführen sucht.

57 Vgl. Cooper (2003).

58 C. G. Jung sagt bezüglich der linksdrehenden Swastika Hitlerdeutschlands in den Zarathustra-Seminaren: »[...] die Swastika, die sich rückwärts bewegt. Sie wissen, im Buddhismus ist die Bewegung nach links weniger eine Rückwärtsbewegung, es ist eine falsche Bewegung. In Indien und auch in Tibet gibt es allgemein die Vorstellung, dass man beim Herumgehen um einen Stupa oder um das, was sie *Tchorten* nennen (eine Art Schrein, ein Äquivalent zu unserem Kreuz oder diesen kleinen Kapellen auf dem Lande mit einem Heiligenbild), dem Sonnenlauf entsprechend herumgehen muss; sonst ist es falsch. [...] das ist die Weise, in der das Licht rotieren und die Weise, in der man gehen muss. Wenn Sie dem entgegenlaufen, ist es böse, denn Sie machen den regulären Gang der Dinge zunichte; deshalb wird es mit schwarzer Magie in Verbindung gebracht.« [Übersetzung von mir.] Jung (1988), S. 373.

59 Vgl. Fest (1973), S. 74.

60 Vgl. Goodrick-Clarke (2004), S. 133/134.

61 Hierzu sagt Jung: »Indem nun die Deutschen die schwarze linksdrehende Swastika wählten, haben sie zweifellos die rückwärtsgewandte Bewegung in vielerlei Hinsicht zum Ausdruck gebracht. Zum Ersten ist die Swastika ein heidnisches Symbol trotz der Tatsache, dass es überall auf der Erde anzutreffen ist; sie ist ein

überaus archaisches Sonnensymbol. Zweitens dann ihre Rückwärtsbewegung und drittens die schwarze Farbe, die Farbe des Bösen. Das sind Regressionen ins Archaische, hin zum Pfad der linken Hand, welcher die dunkle unbewusste Seite darstellt.« [Übersetzung von mir] Jung (1988), S. 377. Dies sprach Jung bereits 1935 aus! Mangelnde Einsicht in das Wesen des Nationalsozialismus kann man ihm damit bestimmt nicht vorwerfen.

62 Vgl. Goodrick-Clarke (2004), S. 213.

63 Vgl. Fest (1973), S. 45.

64 Vgl. Rovan (1998), S. 350/351; vgl. Fontane (1991).

65 Ebd., S. 352.

66 Heinrich Gotthardt von Treitschke (1834–1896) in seinen Vorlesungen, zitiert in: Craig (1999), S. 67.

67 Craig (1999), S. 167 und 185.

68 Vgl. ebd., S. 184–186.

69 Vgl. Fest (1973), S. 196.

70 Auch von Krockow ist unser diesbezügliches Ressentiment aufgefallen. Er berichtet: Als 1914 der Britenhass hochkochte, wurden Briefe mit »Perfides Albion – Gott strafe England« unterzeichnet. Damals gab ein deutscher Gelehrter, Ulrich von Wilamowitz-Moellendorff, den Gefühlen in Hinblick auf England Ausdruck: »Dort ist der eigentlich treibende böse Geist, der diesen Krieg emporgerufen hat aus der Hölle, der Geist des Neides und der Geist der Heuchelei.« (Krockow [1999], S. 56 und 125.) Der Projektionsmechanismus des Emporkömmlings Deutschlands, das scheel auf England blickte und auch »einen Platz an der Sonne« haben wollte, wird hier sehr deutlich. Zu Kriegsbeginn 1914 wurde auch der Hassgesang gegen England von Ernst Lissauer gesungen: »Dich werden wir hassen mit langem Hass /[…] Hass zu Wasser und Hass zu Land / […] Drosselnder Hass von siebzig Millionen, / Sie lieben vereint, sie hassen vereint, / sie haben alle nur einen Feind: / ENGLAND«. Zitiert in: Bruhns (2004), S. 58.

71 Vgl. Radebold (2005).

72 Das Buch von Alexander Mitscherlich *Auf dem Weg zur vaterlosen Gesellschaft* (1963/2003) meint nicht die reale Väter-Ausdünnung, sondern den Verlust in einem übertragenen Sinne und das Abschiednehmen von Vorbildern.

73 Der deutsche Film »*Das Wunder von Bern* wurde 2003 produziert und kam 2004 in die Kinos. Regie Sönke Wortmann, Hauptdarsteller Louis Klamroth.

74 Dennoch ist auch in der Paarbeziehung eine gewisse Weiterentwicklung zu entdecken. Anhand eines Nebenrollenpaares wird eine weitgehend positive Beziehung vorgelebt (gut von Hollywood gelernt!), vermischt natürlich mit einigen deutschen Übertriebenheiten. Aber hier auf diesem Nebenschauplatz kann schon mehr als anderswo ein Ja zu Liebe und Leben vorgebracht werden.

75 Vgl. Dorst (1997), S. 287 ff.

76 Vgl. Richter (2005).

77 Fest (1973), S. 150.

78 Vgl. Rovan (1989), S. 266/267.

79 Vgl. ebd., S. 260.
80 Ebd., S. 272.
81 Vgl. Craig (1999), S. 208.
82 Vgl. ebd., S. 89/90.
83 Zitiert in: ebd., S. 91.
84 Ebd., S. 92.
85 Vgl. ebd., S. 94–95.
86 Französisches Büro des Informationsdienstes über Kriegsverbrechen (2001).
87 Vgl. Fest (1973), S. 976; 980.
88 Der Bau des Limes geht auf die Varusschlacht 9 n. Chr. zurück, als die Eroberung und Befriedung ganz Germaniens misslang. Das Bollwerk gegen die »Barbaren« hielt bis ins 3. Jahrhundert.
89 Vgl. Gelfert (1999), S. 31; 36.
90 Jung (1918, 1974): GW 10, § 17. Siehe dazu auch das in diesem Kapitel weiter unten zitierte Gedicht von Georg Heym, S. 161.
91 Vgl. Jung (1936/1946, 1974): GW 10, §§ 371–399. Auch anhand dieses Aufsatzes (»Wotan«) kann man erkennen, dass der Vorwurf der anfänglichen Sympathie Jungs für den Nationalsozialismus weitgehend unbegründet ist. Jung war einer der wenigen, die frühzeitig die Entwicklung in Deutschland deutlich voraussahen und sich über dieses deutsche Phänomen des Nationalsozialismus keine Illusionen machten.
92 Vgl. Golther (1985), S. 292–303.
93 Vgl. Jung (1936/1946, 1974): GW 10, §§ 371–399.
94 Diese Zusammenfassung lehnt sich weitgehend an Wolfgang Golthers Darstellung im *Handbuch der germanischen Mythologie* an (vgl. Golther [1908/1985], S. 531–537; 366–368). Für unsere Zwecke ist dies eine ausreichend genaue Quelle. Der Name der aus Island stammenden Edda bedeutet »Urgroßmutter« im Sinne von »Urahnin aller Dichtung«. Die Edda-Lieder schildern die gesamte nordische Mythologie, die sich in Island besonders gut erhalten hat, weil das Land erst um 1000 und noch dazu freiwillig christianisiert wurde, so dass es nicht zu solch einer harschen Verdrängung der »heidnischen« Mythen wie auf dem Festland kam. Man unterscheidet die »Jüngere Edda«, auch Prosa-Edda genannt, und die »Ältere Edda«, die Lieder-Edda in Versen. Weitere Information und Publikation des Edda-Textes einschließlich der Völuspá unter www.geocities.com/Athens/Olympus/5342/myths/edda.html. Passagen der Völuspá haben Entsprechungen in althochdeutscher Dichtung und sogar in den indischen Veden.
95 Thor unterstehen Blitz und Donner, Regen und Wind. Aber Thor donnert, um die Erde zu segnen, nicht um sie zu vernichten. Er ist damit ein Gott der Fruchtbarkeit.
96 Siehe hierzu auch Steiner (1992).
97 Aus: Georg Heym: *Der Krieg* (1911), in: Conrady (2003), S. 590. Den Hinweis auf das Gedicht verdanke ich meiner Kollegin Monika Rafalski.
98 Fest (1973), S. 1062.

99 Ebd., S. 33.

100 Aus: Stefan George (1928): *Der Dichter in Zeiten der Wirren,* in: Conrady (2003), S. 557.

101 Vgl. Fest (1973), S. 242.

102 Zitiert nach: Deutsches Wörterbuch von Jacob Grimm und Wilhelm Grimm (1854–1960).

103 Fest (1973), S. 740.

104 Aus der Fünften Rede an die deutsche Nation von Johann Gottlieb Fichte, in: ders. (1808/1978).

105 Vgl. Gelfert (2005 a), S. 123/124.

106 *Der Untergang* mit Bruno Ganz, Deutschland 2004, Regie Oliver Hirschbiegel.

107 Vgl. Koch (2005).

108 Vgl. Gelfert (1999), S. 118.

109 Vgl. ders. (2005 b), S. 156.

110 Otto von Bismarck: *Briefe an seine Frau und Gattin.* Stuttgart 1900. Zitiert in: Craig (1999), S. 18.

111 Craig (1999), S. 27.

112 Ebd., S. 37.

113 Einzelne geschichtliche Beschreibungen in diesem und den folgenden Abschnitten lehnen sich an die Darstellung Haffners an, vgl. Haffner (1987).

114 Vgl. Craig (1999), S. 147–158.

115 Darin und im Folgenden, die anti-englische Politik betreffend, folge ich Craig (1999), S. 144–147.

116 Vgl. ebd., S. 144/145.

117 Vgl. ebd., S. 252–257.

118 Vgl. ebd., S. 269–272.

119 Ebd., S. 276.

120 Vgl. ebd., S. 277.

121 Vgl. Haffner (1987), S. 97.

122 Eingearbeitet in dieses Kapitel sind Gedanken aus Haffner (1987), S. 111–136.

123 Informationen aus: www.pharmtech.tu-bs.de/pharmgesch/Seminar/haber/haber.htm.

124 Bruhns (2004), S. 109; 113 ff. Wibke Bruhns' Vater ist einer der Männer, die nach dem versuchten Hitlerattentat am 20. Juli 1944 hingerichtet wurden. Die Autorin zieht die Parallele zwischen Ludendorff und Hitler auch insofern, als es zum Ende des Ersten Weltkriegs zu einem ähnlichen Inferno wie beim Zweiten Weltkrieg kam.

125 Vgl. Fest (1973), S. 126.

126 *Sophie Scholl – Die letzten Tage,* Film von Marc Rothemund, mit Julia Jentsch, 2005.

127 Scholl/Scholl (1989), S. 245.

128 Vgl. Goodrick-Clarke (2004), S. 71.

129 Vgl. Fest (1973), S. 717.

130 Vgl. Fest (1973), S. 790–792.

131 Vgl. ebd., S. 824; 828.

132 Vgl. ebd., S. 825.
133 Vgl. ebd., S. 839.
134 Vgl. ebd., S. 841.
135 Ebd., S. 914; 876.
136 Vgl. ebd., S. 1058.
137 Zitiert in: ebd., S. 915.
138 Vgl. ebd., S. 52–55.
139 Vgl. ebd., S. 988/989.
140 Zitiert in: ebd., S. 999–1000.
141 Vgl. Haffner (1978), S. 135–139.
142 Vgl. Fest (1973), S. 882.
143 Vgl. ebd., S. 1029.
144 Ebd., S. 21.
145 Zitiert nach: Garthe/Weber (2005), S. 88.
146 Zitiert in: Haffner (1978), S. 300.
147 Vgl. Fest (1973), S. 1022; 1030.
148 Vgl. ebd., S. 754; 759.
149 Vgl. Haffner (1978), S. 175–179.
150 Vgl. Fest (1973), S. 1030.
151 Vgl. Haffner (1978), S. 168–188.
152 Krockow (1988), S. 9.
153 Vgl. Haffner (1978), S. 165 ff.
154 Zitiert in: Bruhns (2004), S. 279.
155 Vgl. www.pzaufkl.de/totenkopf.htm.
156 Sigmund Freud sprach vom Todestrieb. Ich hatte schon darauf hingewiesen, dass seine Psychoanalyse sehr viel typisch Deutsches erfasst und meiner Meinung nach nicht in jeder Hinsicht universell gültig ist. Es ist vielleicht kein Zufall, dass er es ist, der diesen Todestrieb »entdeckte«, denn er gehörte ja als Österreicher dem deutschen Sprach- und Kulturraum an und erkannte viel von der deutschen Seele, ja war ihr selbst zu einem großen Teil unterworfen. Seine Konzepte wie Todestrieb und Ödipus-Komplex spiegeln akzentuiert die speziellen Grundstrukturen der deutschen Psyche wider – den kollektiven Einfluss des Endzeitmythos und den typisch deutschen Vaterkomplex –, weshalb sie meines Erachtens nur in modifizierter Form auf die Psyche anderer Völker übertragbar sind bzw. dort nur einen untergeordneten Ausschnitt aus der Kollektivpsyche abbilden.
157 Vgl. Rosendorfer (2002), S. 132/133.
158 Dies hat besonders von Krockow herausgearbeitet, vgl. Krockow (1995), S. 38–55.
159 Aus: Viktor E. Frankl: ... trotzdem Ja zum Leben sagen, Kösel-Verlag, Verlagsgruppe Random House, München.
160 In Friedrich Schillers Ballade von 1797 gelingen der Tauchgang und die Entdeckung der Tiefe nur unvollständig. Beim zweiten Tauchgang bleibt der heroische Jüngling (symbolisch das deutsche Bewusstsein), der nach dem ersten Mal

von schrecklichen Ungeheuern (symbolisch gesehen Aspekte unseres Schattens) berichtete, im Orkus verschwunden. Das Gedicht entspricht der Jünglings-Entwicklungsstufe, auf der das Bewusstsein noch nicht stark genug ist, den Kräften der Tiefe standzuhalten. Inzwischen ist aber unser deutsches Kollektivbewusstsein – nicht zuletzt durch die Erfahrungen der NS-Zeit – gereift, so dass nunmehr das Tauchen und der Fischzug, d. h. die Integration des Schattens, sowie der neuerliche Aufstieg zu einem gewandelten Bewusstsein gelingen könnten.

161 Dieser Aphorismus Friedrich Nietzsches aus *Jenseits von Gut und Böse* wurde von Sigmund Freud in seiner Schrift *Psychopathologie des Alltagslebens* im Rahmen des Themas Verdrängung aufgegriffen.

162 Der 195 Minuten lange Spielfilm *Schindlers Liste* von Steven Spielberg berichtet von der historischen Person Oskar Schindler, einem sudetendeutschen Kaufmann, der in seinen Emaillefabriken fast nur jüdische Mitarbeiter beschäftigte, die er mit verschiedenen Tricks unter Ausspielen seiner Nazi-Verbindungen vor den Krematorien von Auschwitz bewahrte.

163 Vgl. Frei (2005), S. 148.

164 Vgl. Jaspers (1946).

165 Vgl. Frei (2005), S. 145 ff. Frei erwähnt auch Hannah Arendts Aufsatz *Organisierte Schuld*, veröffentlicht 1946, in dem sie die Vernichtungsaktionen gegenüber den Juden als »Verwaltungsmassenmord« bezeichnet, was in die empfindliche Kerbe der Kollektivschuldthese einschlug.

166 Goldhagen (1996). Goldhagen stellt die provokante These auf, dass nur in Deutschland der Antisemitismus so weit ging, die physische Ausrottung der Juden zu diskutieren. Ich meine, dass Goldhagen als »Stachel im Fleisch« eine wichtige Funktion hat und uns Deutsche mahnt, weiterhin an unserem Schatten zu arbeiten.

167 Geäußert 1949 bei der Feierstunde der Gesellschaft für Christlich-jüdische Zusammenarbeit, zitiert in: Frei (2005), S. 217.

168 »Fettnäpfchen-Kohl« gebrauchte diesen von Günter Gaus geprägten Ausdruck bei einem Besuch Israels 1984 in einer Rede vor der Knesset. Vgl. Frei (2005), S. 16.

169 Der Historiker Norbert Frei unterscheidet mehrere Phasen im Umgang mit der NS-Vergangenheit: eine erste Phase der »Säuberungspolitik« (Entnazifizierung), eine zweite der »Vergangenheitspolitik« (in den fünfziger Jahren), dann die Phase der »Vergangenheitsbewältigung«, die erst in den siebziger Jahren ausklang, und seither die Phase der »Vergangenheitsbewahrung«, in der die erinnernde Vergegenwärtigung in den Vordergrund tritt. Mit dem Wechsel in die letzte Phase ist laut Frei ein Wechsel vom »Erinnerungskampf« (verschiedene Auffassungen der Vergangenheit bekämpfen sich) in die »Erinnerungskultur« verbunden. Vgl. Frei (2005), S. 26–40.

170 In neuester Zeit rückt durch Götz Alys Buch *Hitlers Volksstaat. Raub, Rassenkrieg und nationaler Sozialismus* (2005) nach dem Mord der Raub an den Juden in den Vordergrund. Der Autor unterstellt, dass das deutsche Volk materiell bestochen worden sei, indem es Nutznießer des von den Juden Geraubten war.

Ich bin aber der Meinung, dass nicht in erster Linie Habgier der Grund für die NS-Begeisterung gewesen ist, sondern tiefere psychische Gründe den Ausschlag gegeben haben. Alys Buch zeigt aber noch einmal detailgenau, wie jeder in den Nationalsozialismus verwickelt war und vom Elend der Juden und der besetzten Gebiete profitiert hat.

171 Sereny (2002), S. 19 f.

172 Das Schicksal und die Folgesymptomatiken der Kriegskinder sind erst seit wenigen Jahren substantiell in den Blick der psychotherapeutischen Forschung gekommen. Nachdem wir als Deutsche ein Stück weit unsere Verantwortung angenommen haben, dürfen wir nun anerkennen, dass auch wir Opfer geworden sind. Vgl. Radebold (2005).

173 Zitiert in: Hirschfeld/Renz (2005), S. 41.

174 *Der ewige Jude*, Deutschland 1940, Regie Fritz Hippler. Durch diesen antisemitischen Film wurde die Bevölkerung auf die bereits im Gang befindliche Judenvernichtung psychisch vorbereitet.

175 Vgl. Winkler (2005).

176 Zum allgemeinen Umgang mit Träumen in der Therapie oder in der Selbstanalyse unabhängig von der hier behandelten zeitgeschichtlichen Dimension siehe mein Buch *Therapeutisches Arbeiten mit Träumen. Theorie und Praxis der Traumarbeit* (Adam [2005]).

177 Vgl. Schmidt (2003).

178 Aus: Albert Schweitzer: *Die Ehrfurcht vor dem Leben. Grundtexte aus fünf Jahrzehnten.* Verlag C. H. Beck oHG, München.

179 Aus: Viktor E. Frankl: ... *trotzdem Ja zum Leben sagen*, Kösel-Verlag, Verlagsgruppe Random House, München.

180 Jung (1945/1946, 1974): GW 10, §§ 441 f.

181 Ders. (1946, 1974): GW 10, § 485.

182 Ders. (1945/1946, 1974): GW 10, § 443.

183 Nietzsche (1966): (*Die fröhliche Wissenschaft*) [Aphorismus 19].

184 Ebd., (*Also sprach Zarathustra*) [Kapitel »Der hässlichste Mensch«].

185 Joachim Fest in einem Interview in der NZZ vom 15. 11. 2005.

186 Fest (1973), S. 24.

187 Neue Zürcher Zeitung, Bericht vom 30.6.05.

188 Das hat auch Jung bei seinem Amerikabesuch erkannt, der den Amerikanern zugesteht, dass sie sich gegenseitig fördern und dass dort ein unterstützendes Klima herrscht. Siehe den Aufsatz »Komplikationen der amerikanischen Psychologie« in: GW 10, §§ 946–980.

189 Siehe z. B. Spitzer (2002). Spitzer hat das Verdienst, die Ergebnisse der Neurobiologie mit einer positiven Grundeinstellung für den Alltag nutzbar zu machen, indem er Argumente von naturwissenschaftlichen Seite beibringt, die unseren Ansprüchen an Denken und Faktensinn, aber auch unserer Freude am Lernen Genüge tun.

190 Vgl. Goodrick-Clarke (2004), S. 112–176.

191 Der Philosoph und Literaturwissenschaftler László F. Földényi im Frühjahr

2005 in seiner Dankesrede anlässlich der Verleihung des Friedrich-Gundolf-Preises der Deutschen Akademie für Sprache und Dichtung (Földényi [2005]).

192 Gelfert (2005 a), S. 61; 157; ders. (2005 b), S. 153.

193 Vgl. z. B. Atmanspacher/Primas/Wertenschlag-Birckhäuser (1995), wo gefordert wird, die Fühlfunktion in den wissenschaftlichen Diskurs einzubeziehen.

194 Nietzsche (1966): (*Also sprach Zarathustra*), S. 336.

Literatur

Adam, Klaus-Uwe (2003): Therapeutisches Arbeiten mit dem Ich. Die vier Ich-Funktionen Denken, Fühlen, Empfinden und Intuition. Walter, Düsseldorf/Zürich.

Adam, Klaus-Uwe (2005): Therapeutisches Arbeiten mit Träumen. Theorie und Praxis der Traumarbeit. 2. Aufl. Springer, Berlin.

Allert, Tilman (2005): Der deutsche Gruß. Geschichte einer unheilvollen Geste. Eichborn, Frankfurt a. M.

Aly, Götz (2005): Hitlers Volksstaat. Raub, Rassenkrieg und nationaler Sozialismus. 5. Aufl. S. Fischer Verlag, Frankfurt a. M.

Asserate, Asfa-Wossen (2003): Manieren. Eichborn, Frankfurt a. M.

Atmanspacher, Harald / Hans Primas / Eva Wertenschlag-Birckhäuser (Hg.) (1995): Der Pauli-Jung-Dialog und seine Bedeutung für die moderne Wissenschaft. Springer, Berlin.

Bair, Deirdre (2005): C. G. Jung. Eine Biographie. Knaus, München.

Biermann, Wolf (2006): Heimat. Neue Gedichte. Hoffmann und Campe, Hamburg 2006.

Bruhns, Wibke (2004): Meines Vaters Land. Econ, Berlin.

Büscher, Wolfgang (2002): Drei Stunden Null. Deutsche Abenteuer. Alexander Fest, Berlin.

Büscher, Wolfgang (2005): Deutschland, eine Reise. Rowohlt, Berlin.

Conrady, Karl Otto (Hg.) (2003): Der Neue Conrady. Das große deutsche Gedichtbuch von den Anfängen bis zur Gegenwart. Erw. und aktualisierte Neuausg. 3. Aufl. Artemis & Winkler, Düsseldorf/Zürich.

Cooper, J. C. (2003): Das große Lexikon traditioneller Symbole. Goldmann, München.

Craig, Gordon A.(1999): Deutsche Geschichte 1866–1945. Vom Norddeutschen Bund bis zum Ende des Dritten Reiches. 2., durchges. Aufl. C. H. Beck, München.

Davies, Norman (1999): The Isles. A History. Pan Macmillan, London.

Deutsches Wörterbuch von Jacob Grimm und Wilhelm Grimm (1854–1960). 16 Bde. [in 32 Teilbänden]. S. Hirzel, Leipzig. In Internet verfügbar unter: http://germazope.uni-trier.de/Projects/DWB.

Dorst, Brigitte (1997): Wiederkehr der Göttin und Abschied vom Vatergott. Anima und Animus als Spiegelungen in weiblichen Gottesbildern. In: Wege zum Menschen 49, S. 281–295.

Eschenbach, Ursula G. (1986): Der Ich-Komplex und sein Arbeitsteam. Topographie der Selbstentfaltung. Bonz, Leinfelden-Echterdingen.

Fest, Joachim (1973): Hitler. Eine Biographie. Ullstein, Berlin.

Fichte, Johann Gottlieb (1808, 1978): Reden an die deutsche Nation. Hg. und eingeleitet von Reinhard Lauth. 5., durchges. Aufl. Meiner, Hamburg.

Földényi, László F. (2005): Deutschland – so nah, so fern. Ein ungarisches Kind entdeckt das Vermächtnis der Romantik. In: NZZ vom 9. Juli 2005. (Online-Ausgabe: www.nzz.ch/2005/07/09/li/articleCUHX4.html.)

Fontane, Emilie/ Theodor Fontane (1998a): Dichterfrauen sind immer so. Der Ehebriefwechsel. Bd. 1. Große Brandenburger Ausgabe. Aufl. Aufbau, Berlin

Fontane, Emilie / Theodor Fontane (1998b): Geliebte Ungeduld. Der Ehebriefwechsel. Bd. 2. Große Brandenburger Ausgabe. 2. Aufl. Aufbau, Berlin.

Fontane, Emilie / Theodor Fontane (1998c): Die Zuneigung ist etwas Rätselvolles. Der Ehebriefwechsel. Bd. 3. Große Brandenburger Ausgabe. 2. Aufl. Aufbau, Berlin.

Fontane, Theodor (1863, 1991): Die Katte-Tragödie. In: Wanderungen durch die Mark Brandenburg. Band 2. Hanser, München.

Frankl, Viktor (2005): Trotzdem Ja zum Leben sagen. Ein Psychologe erlebt das Konzentrationslager. 25. Aufl. dtv, München.

Französisches Büro des Informationsdienstes über Kriegsverbrechen (Hg.) (2001): Konzentrationslager Dokument F 321 für den Internationalen Militärgerichtshof Nürnberg. Durchgesehen, erläutert und mit einem Nachwort versehen von Peter Neitzke und Martin Weinmann. 17. Aufl. Zweitausendeins, Frankfurt a. M.

Frei, Norbert (2005): 1945 und wir. Das Dritte Reich im Bewusstsein der Deutschen. C. H. Beck, München.

Garthe, Michael / Annette Weber (Hg.) (2005): Das Kriegsende in der Pfalz. Rheinpfalz-Leser erinnern sich. Rheinpfalz Verlag, Landau.

Gelfert, Hans D. (1999): Kleine Kulturgeschichte Großbritanniens. Von Stonehenge bis zum Millennium Dome. C. H. Beck, München.

Gelfert, Hans D. (2005 a): Was ist deutsch? Wie die Deutschen wurden, was sie sind. C. H. Beck, München.

Gelfert, Hans D. (2005 b): Typisch englisch. Wie die Briten wurden, was sie sind. 5., durchges. C. H. Beck, München.

Goldhagen, Daniel (1996): Hitlers willige Vollstrecker. Ganz gewöhnliche Deutsche und der Holocaust. Siedler, München.

Golther, Wolfgang (1985) Handbuch der germanischen Mythologie. 2. Aufl. Magnus, Essen.

Goodrick-Clarke, Nicholas (2004): Die okkulten Wurzeln des Nationalsozialismus. Marix, Wiesbaden.

Grünewald, Stephan (2006): Deutschland auf der Couch. Eine Gesellschaft zwischen Stillstand und Leidenschaft. Campus, Frankfurt a. M.

Haffner, Sebastian (1978): Anmerkungen zu Hitler. Kindler, München.

Haffner, Sebastian (1987): Von Bismarck zu Hitler. Kindler, München.

Haffner, Sebastian (2000): Geschichte eines Deutschen. Die Erinnerungen 1914–1933. DVA, Stuttgart/München.

Hirschfeld, Gerhard/Irina Renz (2005): Vormittags die ersten Amerikaner. Stimmen und Bilder vom Kriegsende 1945. Klett-Cotta, Stuttgart.

Jaspers, Karl (1946): Die Schuldfrage. Von der politischen Haftung Deutschlands. Lambert Schneider, Heidelberg/Zürich.

Jung, C. G. (1918, 1974): Über das Unbewusste. In: Zivilisation im Übergang. GW 10. Hg. von Lilly Jung-Merker/Elisabeth Rüf. Walter, Olten, §§ 1–48.

Jung, C. G. (1921/1950, 1971): Typologie. GW 6. Hg. von Marianne Niehus-Jung/ Lena Hurwitz-Eisner, Franz Riklin/Leonie Zander. Walter, Olten.

Jung, C. G. (1930, 1974): Komplikationen der amerikanischen Psychologie. In: Zivilisation im Übergang. GW 10. Hg. von Lilly Jung-Merker/Elisabeth Rüf. Walter, Olten, §§ 946–980.

Jung, C. G. (1936/1946, 1974): Wotan. In: Zivilisation im Übergang. GW 10. Hg. von Lilly Jung-Merker/Elisabeth Rüf. Walter, Olten, §§ 371–399.

Jung, C. G. (1945/1946, 1974): Nach der Katastrophe. In: Zivilisation im Übergang. GW 10. Hg. von Lilly Jung-Merker/Elisabeth Rüf. Walter, Olten, §§ 400–443.

Jung, C. G. (1946, 1974): Nachwort zu »Aufsätze zur Zeitgeschichte«. In: Zivilisation im Übergang. GW 10. Hg. von Lilly Jung-Merker/Elisabeth Rüf. Walter, Olten, §§ 458–487.

Jung, C. G. (1971 ff.): Gesammelte Werke (GW). 20 Bde. Hg. von Lilly Jung-Merker /Elisabeth Rüf/Leonie Zander et al. Walter, Olten.

Jung, C. G. (1981): Das symbolische Leben. GW 18/I. Hg. von Lilly Jung-Merker/ Elisabeth Rüf. Walter, Solothurn/Düsseldorf.

Jung, C. G. (1988): Nietzsche's Zarathustra. Notes of the Seminar given in 1934–1939. (Bollingen Series 99) Princeton University Press, Princeton, NJ.

Kluge, Friedrich (1995): Etymologisches Wörterbuch der deutschen Sprache. 23. Aufl. De Gruyter, Berlin.

Koch, Manfred (2005): Verbrechen ohne Ende. In: NZZ v. 8./9. Oktober 2005.

Krockow, Christian von (1988): Die Stunde der Frauen. Bericht aus Pommern 1944 bis 1947. DVA, Stuttgart.

Krockow, Christian von (1995): Von deutschen Mythen. Rückblick und Ausblick. DVA, Stuttgart.

Krockow, Christian von (1999): Über die Deutschen. List, München.

Krockow, Christian von (2002): Die Zukunft der Geschichte. Ein Vermächtnis. List, München.

Matussek, Matthias (2006): Wir Deutschen. Warum uns die anderen gern haben können. 4. Aufl. S. Fischer, Frankfurt a. M.

Mitscherlich, Alexander (1963/2003): Auf dem Weg zur vaterlosen Gesellschaft. Ideen zur Sozialpsychologie. Beltz, Weinheim.

Neumann, Erich (1974): Ursprungsgeschichte des Bewusstseins. Mit einem Vorwort von C. G. Jung. Kindler, München.

Nietzsche, Friedrich (1966): Werke in sechs Bänden. 5. Aufl. Hanser, München/Wien.

Obrist, Willy (1990): Archetypen. Natur- und Kulturwissenschaften bestätigen C. G. Jung. Walter, Olten/Freiburg im Breisgau.

Plessner, Helmuth (1959): Die verspätete Nation. Über die politische Verführbarkeit bürgerlichen Geistes. 2., erweiterte Auflage Kohlhammer, Stuttgart.

Radebold, Hartmut (2005): Die dunklen Schatten unserer Vergangenheit. Klett-Cotta, Stuttgart.

Richter, Horst-Eberhard (2005): Der Gotteskomplex. Die Geburt und die Krise des Glaubens an die Allmacht des Menschens. Neuausgabe der Ausgabe von 1979. Psychosozial, Gießen.

Rosendorfer, Herbert (2002): Deutsche Geschichte. Vom Morgendämmern der Neuzeit bis zu den Bauernkriegen. Nymphenburger, München.

Rovan, Joseph (1998): Geschichte der Deutschen. Von ihren Ursprüngen bis heute. dtv, München.

Schmidt, Christa (2003): Das entsetzliche Erbe. Träume als Schlüssel zu Familiengeheimnissen. Vandenhoeck & Ruprecht, Göttingen.

Scholl, Hans/Sophie Scholl (1989): Briefe und Aufzeichnungen. S. Fischer, Frankfurt a. M.

Schweitzer, Albert (2003): Die Ehrfurcht vor dem Leben. Grundtexte aus fünf Jahrzehnten. Hg. von Hans W. Bähr. 8. Aufl. C. H. Beck, München.

Seifert, Ang Lee/Theodor Seifert (2006): Intuition – die innere Stimme. Walter, Düsseldorf.

Sereny, Gitta (2002): Das deutsche Trauma. Eine heilende Wunde. Bertelsmann, München.

Sheldrake, Rupert (1983, 1993): Das schöpferische Universum. Die Theorie des morphogenetischen Feldes. Ullstein, Berlin.

Spitzer, Manfred (2002): Lernen. Gehirnforschung und die Schule des Lebens. Spektrum Akademischer Verlag in Elsevier, Heidelberg.

Steiner, Rudolf (1992): Das Mysterium des Bösen. Themen aus dem Gesamtwerk 19. Verlag Freies Geistesleben und Urachhaus, Stuttgart.

Stierstorfer, Klaus (Hg.) (2003): Deutschlandbilder im Spiegel anderer Nationen. Rowohlt, Reinbek bei Hamburg.

Stürmer, Michael (1983): Das ruhelose Reich. Deutschland 1866–1918. 2. Aufl. Severin und Siedler, Berlin.

Tann, Matthias von der/Arvid Erlenmeyer (1991) (Hg.): C. G. Jung und der Nationalsozialismus. Texte und Daten. Im Auftrag der Deutschen Gesellschaft für Analytische Psychologie zusammengestellt und eingeleitet von Matthias von der Tann und Arvid Erlenmeyer. DGAP, Berlin.

Töteberg, Michael (Hg.) (1995): Metzlers Filmlexikon. J. B. Metzler, Stuttgart/Weimar.

Wehr, Gerhard (1985): Carl Gustav Jung: Leben, Werk, Wirkung. Kösel, München.

Winkler, Willi (2005): Harald Juhnke ist tot. Ewige Öffentlichkeit. Der große Rausch, der große Mann: Zum Tod des Überlebens- und Schauspielkünstlers Harald Juhnke. In: SZ vom 2.4.2005. (Online-Ausgabe: www.sueddeutsche.de/kultur/artikel/477/50427.)

Erwähnte und besprochene Filme

Armageddon – das jüngste Gericht. USA 1998. Mit Bruce Willis. Regie: Michael Bay.

Das Wunder von Bern. Deutschland 2004. Mit Louis Klamroth. Regie: Sönke Wortmann.

Der blaue Engel. Deutschland 1930. Mit Emil Jannings und Marlene Dietrich. Regie: Josef von Sternberg.

Der ewige Jude. Deutschland 1940. Regie: Fritz Hippler.

Der Hauptmann von Köpenick. Deutschland 1956. Mit Heinz Rühmann. Regie: Helmut Käutner.

Der Untergang. Deutschland 2004. Mit Bruno Ganz. Regie: Oliver Hirschbiegel.

Die Blechtrommel. Deutschland, Polen, Frankreich, Jugoslawien 1979. Mit Mario Adorf, David Bennent und Katharina Thalbach. Regie: Volker Schlöndorff.

Die Ehe der Maria Braun. Deutschland 1979. Mit Hanna Schygulla und Klaus Löwitsch. Regie: Rainer Werner Fassbinder.

Godzilla. USA 1998. Mit Matthew Broderick. Regie: Roland Emmerich.

Große Freiheit Nr. 7., Deutschland 1944. Mit Hans Albers, Ilse Werner, Hans Söhnker und Gustav Knuth. Regie: Helmut Käutner.

Independence Day. USA 1996. Mit Jeff Goldblum, Will Smith und Bill Pullman. Regie: Roland Emmerich.

Kolberg. Deutschland 1945. Regie: Veit Harlan.

Luther. Deutschland 2003. Mit Joseph Fiennes. Regie: Eric Till.

Mephisto. Deutschland, Ungarn, Österreich 1981. Mit Klaus Maria Brandauer. Regie: István Szabó

Schindlers Liste. USA 1993. Mit Liam Neeson und Ben Kingsley. Regie: Steven Spielberg.

Sophie Scholl – Die letzten Tage. Deutschland 2005. Mit Julia Jentsch. Regie: Marc Rothemund.

The Day After Tomorrow. USA 2004. Mit Dennis Quaid. Regie: Roland Emmerich.